Con sueños
se escribe la vida

Con sueños se escribe la vida

Autobiografía de un revolucionario salvadoreño

EDICIÓN AMPLIADA

Salvador Sánchez Cerén (Leonel González)

Edición de Claudia Sánchez y Iosu Perales

ocean
sur

una editorial latinoamericana

ISBN: 978-1-921438-16-5
Library of Congress Control Number: 2009920507

Primera edición 2009
Impreso en México por Quebecor World S.A., Querétaro.

PUBLICADO POR OCEAN SUR

OCEAN SUR ES UN PROYECTO DE OCEAN PRESS

México: Juan de la Barrera N. 9, Col. Condesa, Del. Cuauhtémoc, CP 06140, México D.F.
                Tel: (52) 5553 5512 • E-mail: mexico@oceansur.com
EE.UU.:   E-mail: info@oceansur.com
Cuba: E-mail: lahabana@oceansur.com
Venezuela: E-mail: venezuela@oceansur.com

DISTRIBUIDORES DE OCEAN SUR

Argentina: Cartago Ediciones S.A. • E-mail: ventas@e-cartago.com.ar
Bolivia: Ocean Sur Bolivia • E-mail: bolivia@oceansur.com
Chile: Editorial "La Vida es Hoy" • Tel: 2221612 • E-mail: lavidaeshoy.chile@gmail.com
Colombia: Ediciones Izquierda Viva • Tel/Fax: 2855586 • E-mail: ediciones@izquierdaviva.com
Cuba: Ocean Sur • E-mail: lahabana@oceansur.com
Ecuador: Libri Mundi S.A. • Tel: 593-2 224 2696 • E-mail: ext_comercio@librimundi.com
EE.UU., Canadá y Puerto Rico: CBSD • Tel: 1-800-283-3572 • www.cbsd.com
El Salvador y Centroamérica: Editorial Morazán • E-mail: editorialmorazan@hotmail.com
Gran Bretaña y Europa: Turnaround Publisher Services • E-mail: orders@turnaround-uk.com
México: Ocean Sur • Tel: 5553 5512 • E-mail: mexico@oceansur.com
Australia: Ocean Press • Tel: 613 9326 4280 • E-mail: info@oceanbooks.com.au
Venezuela: Ocean Sur • E-mail: venezuela@oceansur.com

ocean
sur

www.oceansur.com
www.oceanbooks.com.au

Índice

Prefacio de Lorena Peña

Al terminar de leer la autobiografía de Salvador Sánchez Cerén, el legendario comandante Leonel González, o Antonio que ha sido su seudónimo «familiar», tuve la sensación de haberme transportado en el tiempo, tanto hacia el pasado como hacia el futuro. Pude revivir, reflexionar y redimensionar la gran gesta del pueblo salvadoreño, desde las luchas populares en los años sesenta y setenta hasta la guerra popular de los años ochenta y noventa del siglo XX; valorar el heroísmo y el sacrificio que ofrendamos en pro de la justicia social, la igualdad, la liberación y la verdad y ponderar los valiosos logros obtenidos en el Acuerdo de Paz, así como los retos que tenemos en este nuevo siglo.

Y me sentí de nuevo en los *charrales*, caminando entre los cerros, bajo lluvia y sol y recibiendo el amor, la solidaridad y el ánimo de los compañeros y las compañeras. Sentí de nuevo que miraba aquellas infinitas noches estrelladas a campo abierto, al pie del fogón haciendo un *cafetazo*. Y de repente me imaginaba a aquel hombre recio, no muy alto, humilde y decidido que marchaba delante de mí en la columna guerrillera, con su fusil al hombro igual que nosotros, cuando yo iba a darle parte de mi trabajo a su puesto de mando en Chalatenango. Me imaginaba justamente a Leonel González, con esa mirada entre seria, sonriente y comprensiva, con esa convicción de piedra que le caracteriza y ese gran sentido de solidaridad que emana por todos sus poros.

Quiero por ello, en primer lugar, darle las gracias por haber escrito su biografía y memorias, por haber hecho en esta obra un excelente recuento y análisis de lo que ha significado nuestro proceso revolucionario, y por el reconocimiento al esfuerzo de todos y todas las combatientes del Frente Farabundo Martí para la Liberación Nacional (FMLN) que con decisión realizamos la hazaña de luchar y vencer a la tiranía militar de este país.

Leonel ha hecho algo más que su biografía: ha planteado con una minuciosidad y profundidad que le es muy propia los diferentes períodos de nuestra lucha, la definición de las estrategias que aplicamos, el análisis de nuestros aciertos y errores, y a la vez nos plantea con claridad los desafíos que, como izquierda revolucionaria, democrática y socialista, tenemos en El Salvador en este siglo XXI que comienza cargado de esperanzas, de transformaciones y de rebeliones.

Examina los cambios en el escenario nacional, regional e internacional y concluye que «En América Latina está en marcha un proceso de cambios que permiten superar el modelo neoliberal dominante, el cual en El Salvador está agotado».

Califica como urgente lograr la democratización del país, «que la democracia no sea formal sino real, no excluyente sino participativa» (...), «superar un sistema judicial que ha estado en función de una minoría y consolidar una justicia ejercida con verdadera independencia». «Sentar ciertas bases que permitan superar el grave problema de la pobreza, de la extrema pobreza...», pero además ir trasladando ciertos medios de acumulación a manos de los trabajadores que deben tener acceso a la propiedad. De manera que podríamos decir que entramos en una etapa de la historia de El Salvador en la que hemos de consolidar las reformas alcanzadas por los Acuerdos de Paz y, a la vez, seguir avanzando. Hemos de trabajar por alcanzar una mejora en la calidad de vida de nuestra sociedad, en lo social, en la cultura y el ocio, en las relaciones humanas, en la defensa de la vida misma.

Nos insta a «profundizar los Acuerdos de Paz». Señala además que el contenido revolucionario de este proceso que estamos viviendo radica en que «la igualdad formal en el terreno político no basta sino que tenemos que buscar también igualdad en lo económico, en las oportunidades sociales».

Y concluye de manera contundente que es necesario lo que él llama «democratizar la democracia», nos recuerda que «la fortaleza de la democracia está en el pueblo» y nos convoca a «ensanchar la base de la revolución democrática» incorporando en nuestro programa y en nuestras alianzas los planteamientos de todos los sectores golpeados por el neoliberalismo, desde el sector informal, integrado por estudiantes, maestros, comunidades, hasta los empresarios formales.

Esta obra tiene otra gran virtud y es la de su concepción y planteamiento con una gran honestidad política e intelectual que no escatima esfuerzos por develar los problemas y señalar aciertos y desaciertos, con un enfoque revolucionario. Leonel, al tiempo que critica, propone, y sobre todo confirma y reafirma en coherencia con sus ideas y con su práctica la necesidad y la viabilidad de las transformaciones económicas, sociales y políticas que el país necesita.

Es asimismo, un trabajo hecho con el orgullo y el honor de ser un hombre de izquierda, militante del FMLN, proveniente de las filas del pueblo, y con la amplitud de miras de un patriota, un convencido promotor de la integración de América Latina y de la solidaridad internacionalista, un estadista que se sobrepone a la coyuntura y propone un proyecto de país, justo, democrático e incluyente, donde todos y todas podamos vivir en armonía entre nosotros y con el medio ambiente.

El pecado y virtud de Leonel es su profundo *nosotros*, el escaso *yo* que utiliza en este trabajo, y que por cierto caracteriza su actuación política incesante. Ha sido de hecho parco al destacar su aporte personal, ha sido extremadamente modesto al señalar su conducta en cada circunstancia, y permítanme los lectores y lectoras decirles que las decisiones y acciones de Leonel González en diferentes momentos de nuestro proceso revolucionario han sido muchas veces determinantes en la superación y el avance, en el logro de muchas de nuestras victorias.

Cuando Leonel asume la coordinación de las Fuerzas Populares de Liberación (FPL) «Farabundo Martí», tras la muerte de las dos principales figuras conductoras de la organización, el FMLN y las FPL estaban en uno de los momentos más difíciles de la guerra revolucionaria, se enfrentaban a la política de Tierra arrasada del ejército de la dictadura. Logró mediante un trabajo sistemático, persistente y abierto al diálogo con todos los mandos militares y políticos, revertir esta crisis y relanzar la ofensiva en todos los frentes de guerra en aquel momento. Su clave fue compartir opiniones, escuchar inquietudes, y sobre todo delegar y confiar en ese grupo de jóvenes de entre 25 y 30 años que estábamos a cargo de todos los frentes de guerra. Tampoco él era un hombre viejo, para ese tiempo tendría unos 35 años.

Nos decía entonces: «Me va a ser difícil la tarea que me proponen de ser el primer responsable de la organización porque yo soy uno más entre nosotros», y supo no obstante convertirse en el jefe superior, sabiendo siempre ser uno más, lo que le valió el respeto y la autoridad que hasta esta fecha le reconocemos.

Le vimos cambiar de dirigente magisterial, tesorero de ANDES 21 de Junio, a dirigente clandestino urbano, luego a miembro de una conducción político-militar revolucionaria, y más tarde ser el Jefe de nuestro ejército guerrillero. Se convierte también en miembro integrante de la Comandancia General del FMLN, responsabilidad que desempeñó desde 1983 hasta la finalización del conflicto armado en 1992 y durante estos años creció en su visión estratégica, pero jamás creciendo la soberbia ni el autoritarismo.

Ya después de los Acuerdos de Paz, lo hemos visto como activista y dirigente político, como Coordinador General del FMLN. Como diputado y jefe de nuestra fracción legislativa. Cambió el traje guerrillero de fatiga por la ropa civil, y en muchos casos por el saco y la corbata, pero jamás se ha transformado de revolucionario a posmodernista, y jamás ha renunciado a su sencillez por el boato y la «farándula política», lo cual no le ha convertido en una persona indecisa, ni mucho menos; me atrevo a decir que es una de las personas de izquierda más respetadas por la derecha de este país y que al mismo tiempo da más confianza a toda la militancia del FMLN. Solo este aspecto de su personalidad significa ya un ejemplo y un aporte a la formación político-ideológica de nuestra militancia. Y con esto tendría bastante.

Sin embargo, no terminan ahí los aportes de Leonel: supo en el momento justo conducir el viraje del proceso revolucionario para pasar de la guerra a las negociaciones de paz y a la lucha político-social que hoy determina nuestra estrategia. Comprendió a plenitud las transformaciones nacionales e internacionales y ponderó los cambios logrados en las negociaciones, el inmenso poder social y político que la revolución salvadoreña había instaurado.

Supo igualmente comprender el profundo valor de la unidad del FMLN, y promovió por ello disolver la propia organización en que militábamos —las FPL— para iniciar de manera irreversible la conformación del FMLN como un partido unificado, con una sola conducción, una sola estrategia, y un ideario común que fuese capaz de organizar y movilizar al pueblo hasta alcanzar sus legítimas aspiraciones.

Y estos virajes los ha asumido siempre tras la deliberación;

el mismo Acuerdo de Paz lo consultó con todos los mandos guerrilleros en diciembre de 1991, antes de la firma del acuerdo de
Nueva York en diciembre de ese año y que se ratificó definitivamente en Chapultepec en enero de 1992. Recuerdo que nos
ordenó sacar con apoyo de Naciones Unidas a todos los mandos
medios de nuestra organización, por una semana desde cada
frente de guerra hasta México, para discutir ampliamente con todos y todas la posibilidad, las ventajas y desventajas de concluir
con los Acuerdos de Paz ese mismo año.

Por ello no pudo el enemigo confundirnos, ni desarticularnos,
pues gracias a ese estilo colectivo que Leonel practica pudimos
reflexionar en el momento decisivo con el conjunto de compañeros
y compañeras acerca de que nos tocaría meses después llevar
adelante la transición histórica de convertir a nuestro ejército
guerrillero en partido político.

Sin embargo, es necesario que conozcamos otras características
de este hombre, una de ellas es su amor y lealtad no solo al FMLN
sino a la militancia y a los cuadros. Ha sabido ser jefe y ser subor-
dinado desde una posición de compañerismo y respeto. Sin discri-
minar a hombres o mujeres. Al lado de Mélida Anaya Montes fue
un excelente segundo al mando del movimiento popular en los
años setenta. Junto a los compañeros Dimas Rodríguez, Medardo
González y Atilio Montalvo, supo ser el Comandante General de
las FPL, al tiempo que, en colectivo, coordinaba todas las tareas
revolucionarias con espíritu de cooperación y dirección colegiada.
Luego escribió páginas de amor y de lucha junto a nuestro querido
Schafik Hándal. Leonel reconoció en él su liderazgo y su visión
estratégica, y no vaciló en apoyarle, en construir junto a él y a
otros compañeros y compañeras lo que hoy es el FMLN.

Leonel además ha sabido comprender e incluir en su imagi-
nario, en su práctica y en la política del FMLN los aportes de las
feministas, de los ecologistas, de los intelectuales.

Es un hombre abierto a los cambios, a veces algunos sienten que va despacio, pero luego sorprende con su determinación cuando asume nuevos conceptos y desafíos. Con los años yo he comprendido que no es que vaya despacio, sino que analiza los asuntos desde todos los ángulos, no es esnobista, valora lo nuevo, y cuando lo asume lo hace plenamente con entusiasmo y decisión.

Es un hombre que no se escurre del trabajo práctico, ha sido responsable de las más grandes movilizaciones de contacto con el pueblo en los últimos años, lo hemos visto recorrer palmo a palmo el país visitando casa por casa a la población, repartiendo volantes, explicándole al pueblo los planteamientos del FMLN y recogiendo los aportes de la gente. Le podemos ver con megáfonos, en mítines, en barrancas, cerros, lomas y calles acompañando las brigadas de trabajo político de nuestros comités de base, por eso conoce de primera mano la situación del pueblo y de nuestro partido.

Es además un hombre de hogar, de los que hace oficios domésticos sin escándalo ni exhibicionismo. He sido testigo de sus faenas con la escoba y el trapeador en su casa, aun siendo coordinador del FMLN, y si bien esa debería ser la norma, lo cierto es que pocos asumen trabajo doméstico al tiempo que desarrollan un liderazgo político. Es normal verlo cuidando de sus nietos y nietas, así como lo hizo, en los momentos escasos que compartía con ellos, con su hijo y sus hijas.

La dureza de la guerra y el trabajo político no le han endurecido el corazón, por ello en su biografía nos dice con sencillez y convicción, a más de 30 años de casado, que su compañera Margarita, «era de las mujeres más lindas» de su pueblo y que su aporte fue y sigue siendo valioso para su vida familiar y para nuestra lucha.

Sabe disfrutar de un rato de descanso, así como sabe aplicarse con disciplina a la elaboración, a la concertación, a la organización y al trabajo legislativo.

Y tiene sobre todo gran voluntad política de construir un nuevo país, una nueva sociedad, para que la vida de nuestro pueblo se dignifique y para que podamos todos y todas ejercer nuestros derechos.

Por eso pienso y siento que la autobiografía que Leonel González nos presenta ahora tiene un gran valor histórico y político, porque es un recuento sistemático de la lucha de nuestro pueblo, y tiene un gran peso por la trayectoria, calidad política y moral de quien la escribe.

Hoy vemos a un Leonel, ya entrado en años, como el primer día en que se incorporó a la lucha revolucionaria, con la misma energía, con la misma esperanza, con la misma decisión, y con la audacia y la madurez que le ha brindado la experiencia.

Les invito a leer *Con sueños se escribe la vida...*, disfrutarlo, analizarlo, compartirlo. Les permitirá transportarse a lo profundo de la lucha del pueblo salvadoreño, conocer mejor las causas que la han motivado, sus propósitos y los nuevos horizontes que el FMLN propone al pueblo, a la nación entera, además que deja ver el pensamiento, la madurez y la honestidad de su autor, el compañero Leonel González.

Finalmente, quiero agradecer a Leonel la oportunidad que me ha dado de escribir estas líneas. Y, más aún, quiero agradecerle la oportunidad que me ha dado de conocerle, de criticarle, de compartir amistad, trabajo y pensamiento, de coincidir y disentir en ocasiones, sin perder por ello la fraternidad y la camaradería a lo largo de tantos años.

Y le felicito por la decisión de haber trabajado en esta obra que es sin duda un valioso aporte a la memoria histórica colectiva del pueblo salvadoreño y a la construcción de la identidad y la definición de la estrategia revolucionaria de las fuerzas populares y democráticas de mi país.

San Salvador, junio de 2007

Prólogo del padre Miguel D'Escoto

Oligarquía, decía Aristóteles, hace ya más de 2000 años, es la corrupción de la aristocracia que, en su definición etimológica, es un sistema de gobierno encabezado por gente sabia, de nobles ideales y propósitos. Oligarquía, por el contrario, no tiene nada que ver con sabiduría y mucho menos con nobles propósitos ya que más bien es un sistema de explotación que encabezan los ricos y grandes terratenientes cuyas ansias por adquirir cada vez mayor riquezas parecen insaciables, importándoles poco que la inmensa mayoría perezca en la miseria.

He escogido intencionadamente la palabra oligarquía para iniciar este prólogo a la autobiografía de mi querido amigo Salvador Sánchez Cerén, más conocido como Leonel González, o simplemente Leonel, por ser este el seudónimo que desde 1978 utilizó como combatiente y miembro de la dirección de las Fuerzas Populares de Liberación «Farabundo Martí» y después del Frente Farabundo Martí para la Liberación Nacional junto a otro entrañable compañero, el siempre presente Schafik Hándal. Ha sido intencionado el uso de la palabra oligarquía y es que me parece necesario, para entender mejor la vida de Salvador Sánchez Cerén, conocer el contexto político, social y religioso en que se desenvuelve esa existencia. Es imprescindible entender bien la naturaleza del sistema oligárquico salvadoreño, sus sostenes y cómo estos han imposibilitado un cambio político pacífico y ordenado para así, a la vez, entender la trágica historia del *Pulgarcito de América*, como se llama a El Salvador por ser este el más pequeño (aunque también el más densamente poblado) país de Centroamérica y de toda América continental.

Sigue siendo cierto aquello de que quienes imposibilitan que se logre instaurar pacíficamente los cambios que la justicia exige, hacen inevitable que los pueblos recurran a la fuerza de las armas en defensa de la vida y de su dignidad humana. «Por la Razón o la Fuerza» leemos en el escudo nacional de la hermana República de Chile y ese lema recoge el sentir de todos los pueblos de América y el mundo. Todo ser humano que no haya sido insensibilizado por el dinero y el poder intuye que hay que luchar en defensa de los desposeídos y de los que han sido condenados a vivir en la miseria por sistemas que, mediante leyes criminales, legalizan la usura y la explotación de los trabajadores del campo y la ciudad.

La lucha del pueblo salvadoreño ha conmovido al mundo entero. Conocer esa lucha desde adentro es un privilegio. Por eso, los latinoamericanos y revolucionarios en cualquier parte del mundo, celebramos el hecho de que Claudia, hija de Leonel, haya podido convencer a su padre de escribir su biografía y, haciéndolo, nos permitiera conocer mejor los detalles de esa lucha en las últimas tres décadas y la nobleza y heroísmo de sus protagonistas. Nuestro prólogo tiene como única intención ayudar a recordar las raíces de esa lucha.

La oligarquía salvadoreña tiene sus raíces en la colonia y posiblemente antes. Lo mismo se podrá decir de todos, o casi todos, los países latinoamericanos. Sin embargo, El Salvador se convirtió, desde hace mucho, en una especie de país emblemático en cuanto a oligarquía se refiere. Es probable que esa dudosa distinción le haya tocado al país de los guanacos por lo de las catorce familias que desde el siglo antepasado se vienen mencionando como los *dueños* de El Salvador. En la segunda mitad del siglo xix las tierras que los campesinos usaban para el cultivo de sus alimentos fueron expropiadas mediante decreto gubernamental, consolidadas en grandes latifundios para el cultivo del café y distribuidas entre dichas familias que se convirtieron así en la médula de la emergente oligarquía salvadoreña que controla todos los granos de exportación y, particularmente, el café.

¿Cómo es que un pueblo que se ha dado a conocer mundialmente por su combatividad y heroísmo ha podido soportar de manera pasiva y por tanto tiempo su expolio y sometimiento a condiciones infrahumanas de pobreza, miseria y desesperanza? ¿Qué pasó con esos seguidores de aquel Jesús que se presentó al mundo diciendo que había venido a proclamar la liberación de los esclavos y que, en otra oportunidad, dijo que había venido a traer fuego a este mundo y que Él deseaba que ese fuego, (compromiso apasionado en defensa de la vida, la paz y la justicia) ardiera de verdad?

No es el momento de entrar muy a fondo a dilucidar estas interrogantes. Basta con decir que en El Salvador, como en todo el mundo, los encargados de propagar las enseñanzas y compromisos libertarios de Jesús se confabularon con las fuerzas opresoras para suprimir todo intento de sublevación y mantener un *status quo* claramente contrario a esas enseñanzas. Así fue que nuestra Iglesia católica se fue haciendo cada vez más romana, más comprometida con el poder y menos con la vivencia y la proclamación del evangelio. A pesar de que esta haya sido la norma en nuestros países latinoamericanos, desde los tiempos de la conquista, a lo largo de la colonia, la independencia y hasta la actualidad, ha habido y sigue habiendo muchas memorables excepciones de valientes prelados, sacerdotes, religiosas o laicos católicos, hombres y mujeres que han preferido seguir la voz de su conciencia sobre lo que exige su compromiso con Jesús, aunque esto implicara represalias de Roma o enfrentar las balas de los militares por solidarizarse con los oprimidos.

Vale la pena recordar que el gran prócer de la independencia y benemérito padre de la patria salvadoreña fue el padre José Matías Delgado, quien nunca fue nombrado Obispo por el Vaticano a pesar del clamor generalizado del pueblo que así lo demandaba. Pero claro, el pecado era que Roma estaba contra la independencia, el republicanismo, el liberalismo, la confederación y Morazán. Las preferencias y caprichos políticos de Roma tenían que ser asumidos por todo católico que no quisiera correr el riesgo de ser considerado como *no leal* a su santidad el Papa, y atenerse a las consecuencias.

Monseñor Jorge de Viteri y Ungo sí que reunía las cualidades y virtudes que a Roma le parecían óptimas para un Obispo. En 1842 se creó la diócesis de El Salvador y se nombró a Viteri y Ungo como su primer Obispo, quien, desde sus primeros días en el obispado, se condujo como todo un príncipe romano del Renacimiento, más entregado a quehaceres políticos que a la pastoral. A decir verdad, lo apolítico no existe. Todo es político, aunque lo político no sea todo. El tan cacareado apoliticismo de la Iglesia es, y siempre ha sido, una mentira, puesto que el apoliticismo en sí ya es político, sobre todo cuando se trata de uno acrítico como el que siempre se ha pretendido inculcar al clero y a las víctimas de la codicia humana, las grandes mayorías despojadas por el capitalismo.

Pero el nuevo Obispo Viteri y Ungo fue político en una forma mucho más activa y explícita. Su complicidad con los poderosos no fue solo con el silencio. Comenzó, apenas fue nombrado Obispo, una enérgica campaña contra *El Amigo del Pueblo*, periódico publicado por los liberales, y otra contra Francisco Morazán, símbolo de la unión centroamericana, siempre apoyado en la encendida retórica de uno de sus frailes, el español Eduardo Vázquez, quien después de un virulento sermón que predicó en la Catedral de San Salvador contra la unión, el 19 de octubre de 1843, recibió el apodo de Fray Veneno.

En los primeros tres meses de su obispado, Viteri y Ungo se las ingenió para lograr la renuncia del presidente de la República, Juan José Guzmán, confabulándose con el Hombre de aquella época, el general Francisco Malespín, para que después la Asamblea Legislativa, bajo influencia del flamante Obispo, y en forma totalmente irregular, eligiera presidente a Malespín. Cuando finalmente el comportamiento del Obispo fue considerado insoportable por los salvadoreños, incluso en aquella época de excesivos y constantes abusos de nuestra Santa Madre Iglesia, Roma optó por trasladarlo a la diócesis de Nicaragua, donde tomó posesión del Obispado de León el 15 de junio de 1850 como su Obispo número 41. Según don José Dolores Gámez, historiador nicaragüense, Viteri y Ungo se comportó como enemigo de la Confederación Centroamericana y agente caracterizado de la camarilla de Guatemala. En Nicaragua el Obispo comandaba la oposición reaccionaria y, como para no perder su reputación golpista, también allí, en agosto de 1851, pretendió dar golpe de Estado a Laureano Pineda confabulándose para ello con el general José Trinidad Muñoz aunque solo duró tres meses.

Los que siguieron a Monseñor Jorge Viteri y Ungo en el obispado de El Salvador no fueron tan explícitamente políticos, pero todos cumplieron con lo que nuestra Iglesia, tristemente y a lo largo de la mayor parte de su historia, comprendía ser su obligación principal, es decir, adormecer las conciencias de los fieles para que no se rebelaran contra los abusos de la autoridad. La Iglesia pretendía que los pobres se resignaran fatalistamente a la vida de vejámenes y miserias a que el régimen oligárquico los había condenado. Según la ideología propugnada en Roma, por siglos se manipuló el sentido de las palabras de Jesús en el *Sermón de la montaña*, como si esta invitación a una valiente, profética e intransigente lucha no-violenta por la justicia y la verdadera paz fuera, más bien, la promoción de una resignación pecaminosa ante la explotación del hombre por el hombre.

Y no era solo en sus sermones que la Iglesia cumplía su misión como domesticadora de los pueblos, lo hacía en la catequesis y, sobre todo, en las escuelas que, antes de Paulo Freire, jamás se les ocurrió pensar en la función crítica y liberadora de la educación. Pero si toda esta domesticación desde el púlpito y las escuelas no tuviera el efecto deseado y, a pesar de todo, se dieran movimientos que la oligarquía pudiera considerar peligrosos o amenazantes para la continuación de su sistema político, social y económico, siempre podía contarse con que los militares actuaran en defensa del orden establecido.

El peor ejemplo de esto fue la Matanza de 1932 en que 30 000 campesinos, un 4% de la población total de El Salvador, fueron asesinados.[1] En el caso de que sacerdotes, monjas u Obispos decidieran romper el silencio, los militares también estaban preparados para actuar de igual manera contra ellos. Así lo hicieron contra el sacerdote jesuita, padre Rutilio Grande, en Aguilares el 12 de marzo de 1977, por su apoyo inclaudicable a los justos reclamos del campesinado. Este asesinato, que ocurrió casi al mismo tiempo de la instalación de Monseñor Óscar Arnulfo Romero como Arzobispo de San Salvador, conmovió profundamente a la ciudadanía y provocó que la Iglesia avanzara de su posición de protesta contra el terror militar y paramilitar, hacia el reconocimiento de la «admisibilidad de una insurrección cuando todos los medios pacíficos se han agotado» (Romero, 19 de marzo de 1980).

Pasados cinco días de haber expresado estas ideas, San Romero de América recibió la palma del martirio. Después siguieron los martirios de las hermanas Maura Clarke e Ita Ford de Maryknoll, de la ursulina Dorothy Kazel y de la misionera laica Jean Donovan el 2 de diciembre de 1980. El 16 de noviembre de 1989 el de los seis sacerdotes jesuitas, Ignacio Ellacuría, Ignacio Martín Baró, Segundo Montes, Amando López, Joaquín López y López, Juan Ramón Moreno, su cocinera Julia Elba Ramos y su hija Celina, precedidos estos por un impresionante número de asesinatos de catequistas, religiosas y personal eclesiástico en general. En todos estos crímenes la mano pachona del imperio yanki siempre estuvo presente como también lo había estado en todos los otros grandes crímenes y matanzas del siglo pasado en El Salvador. Si el *peligro* no se podía sofocar con los medios del ejército local y los Escuadrones de la Muerte, los militares y gobierno oligárquicos entreguistas sabían que podían contar con toda la asistencia militar gringa necesaria, como ocurrió en los ochenta.

Ya para comienzos del siglo xx, el 90% de la población salvadoreña vivía en una situación de empantanamiento total de la esperanza. En la misma medida en que las riquezas de la oligarquía aumentaban, la pobreza y padecimientos de los campesinos se hacían más insoportables. Como consecuencia de la situación económica mundial provocada por la Gran Depresión estadounidense y la tremenda baja del precio del café en el mercado mundial, las cosas en El Salvador se tornaron aún peores. Para finales de 1930 la paga en las haciendas llegó a ser tan solo dos tortillas y dos cucharadas de frijoles salcochados cuando comenzaba y cuando terminaba la jornada. El valor que el hacendado daba al trabajador difícilmente podía ser más bajo. El jefe de la misión diplomática estadounidense en San Salvador en aquella época, el señor W.J. McCafferty, escribió a su gobierno diciendo que las cosas estaban tan mal que «un animal de labranza tenía más valor que un trabajador».

Suficiente dicho para los efectos de este prólogo sobre la naturaleza del sistema oligárquico que ha causado tanto daño y sufrimiento a nuestras hermanas y hermanos salvadoreños. Hemos mencionado los sostenes de ese sistema, vale decir, militares, Iglesia e imperio. En este contexto también hemos recordado cómo, periódicamente, se han visto notables ejemplos de eclesiásticos que han decidido romper la alianza con la oligarquía para asumir el papel que les correspondía, como seguidores de Jesús, al lado de las desposeídas y ultrajadas mayorías, prefiriendo el martirio y/o las sanciones de Roma a seguir coludidos con las fuerzas de opresión.

Nos queda recordar cómo es que se produjo el despertar de las conciencias y el rompimiento de las cadenas del fatalismo de ese pueblo heroico (que tanto costó a los españoles subyugar). Así como Carlos Marx fue, a mediados del siglo XIX, la voz de la conciencia de la humanidad que sufría las consecuencias de la voracidad del capitalismo manchesteriano a inicios de la Revolución industrial, fue a un hijo espiritual de Marx, Agustín Farabundo Martí Rodríguez, a quien le tocó ayudar a promover esa nueva toma de conciencia hacia la lucha revolucionaria en El Salvador. Esa lucha se inicia en los años treinta, se agudiza notablemente en los ochenta y sigue hoy en el empeño de vencer el egoísmo de los poderosos, pregonando la solidaridad y el unionismo latino-americano y caribeño.

Farabundo era el nombre del hombre que la Providencia había escogido desde siempre para ser el prócer de la segunda y definitiva independencia de El Salvador, aunque él solo fue su principal precursor ya que, a 75 años de su muerte, la lucha continúa. Su padre fue Pedro Martí y su madre Socorro Rodríguez. Cuando él nació, como sexto de catorce hijos, en Teotepeque, La Libertad, el 5 de mayo de 1893, dos años y trece días antes del nacimiento de Augusto César Sandino, lo bautizaron con el nombre de Agustín Farabundo.

Don Pedro, el padre de Farabundo, era lo que podríamos considerar un campesino rico, con tierras en la faja de terreno llamada Cordillera del Bálsamo por las codiciadas esencias que se extraen de la savia de sus árboles. Podría pensarse que era todo un ambiente paradisíaco, muy lejos de la realidad en que vivía la mayoría de los salvadoreños. Pero no era así. Las tierras de don

Pedro Martí colindaban con grandes haciendas donde vivían o, mejor dicho, existían, esclavos en la modalidad de colonos y jornaleros asalariados. Para un niño de nobles sentimientos, honestidad y temperamento inquisitivo, esta vecindad con la miseria fue una gran oportunidad de crecimiento espiritual. Nunca quedó satisfecho con las justificaciones que se daban sobre por qué las grandes y obvias diferencias entre él y los desarrapados, mal alimentados y descalzos muchachitos con quienes a él le gustaba jugar. Notaba también que, a pesar de que los padres de sus amiguitos se mataban trabajando de sol a sol durante todo el año, nunca podían vestir limpia y buena ropa como lo hacían su papá y su mamá. Desde muy niño trató de paliar esta clara e injusta desigualdad regalando todo lo que él tuviera como propio. Era claro que la Providencia lo estaba preparando para la entrega total a la lucha revolucionaria por la justicia social y la solidaridad.

Habiendo concluido sus estudios secundarios y obtenido el bachillerato en un colegio salesiano, se matriculó en la Universidad Nacional de El Salvador —en la carrera de Jurisprudencia y Ciencias Sociales. Pero el llamado a la lucha revolucionaria, más el convencimiento de que los códigos de la justicia oligárquica solo servían para *justificar* y legalizar le explotación del hombre por el hombre, lo hizo abandonar los estudios universitarios. Encarcelado y desterrado por sus labores de concientización política, en 1920 se va a Guatemala.

Habiendo ya avanzado bastante en la lucha revolucionaria, antes de profundizar su compromiso, Farabundo quiso hacer su *noviciado* sumergiéndose anónimamente en la vida del pueblo y trabajando como ellos para subsistir. No quiso aceptar las comodidades que una hermana, que residía en Guatemala, le ofreció. Ese período de noviciado, o de autoimpuesta disciplina para profundizar más su identificación física y espiritual con los explotados, llevó a Farabundo a trabajar como albañil y como peón asalariado en las plantaciones de la United Fruit Company.

Las características de este hombre que por propia voluntad optó por pasar su vida entre los más humildes, es decir, por encarnarse en ellos para poder luchar mejor por redimirlos, están elocuentemente expresadas por Miguel Mármol en el libro de Roque Dalton,[2] pero no es el momento de detenernos a reflexionar sobre las características morales y espirituales del gran revolucionario que fue Farabundo Martí. Por sus frutos los conoceréis, decía Jesús, y no cabe duda de que uno de los grandes frutos de Farabundo (y de Jesús) es precisamente Leonel, como tendremos la oportunidad de constatar en su autobiografía

Vale la pena recordar que, como los salvadoreños, los nicaragüenses también estamos muy endeudados con Farabundo Martí. En 1925 se funda en Guatemala el Partido Comunista Centroamericano, primera organización política de la clase obrera en Centroamérica, y a Farabundo Martí en virtud de sus conocimientos, de su compromiso con la lucha revolucionaria y de sus ideales unionistas, se le nombró secretario para las relaciones internacionales del Partido. Lo deportan a El Salvador y de allí a Nicaragua desde donde pronto logra regresar clandestinamente a su país para dedicarse de lleno a la organización de los trabajadores y el fortalecimiento de la Federación Regional de Trabajadores de El Salvador.

Encontrándose Farabundo Martí en 1928 en Nueva York, debido a sus tareas revolucionarias, la dirección central de la Liga Antiimperialista de las Américas lo envía a Las Segovias como representante ante Augusto Sandino, allí alcanzó el grado de coronel del Ejército Defensor de la Soberanía Nacional y, además de combatiente, también fungió como secretario privado de Sandino, el *General de Hombres Libres*, como Henri Barbusse lo bautizara. En 1930, después de una breve estadía en México, Farabundo Martí regresa a El Salvador y se pone a la cabeza de trabajadores y campesinos descontentos con la injusticia impuesta por los regímenes oligárquicos.

El 30 de marzo de 1930 Martí funda el Partido Comunista de El Salvador cuando la crisis mundial del capitalismo estaba provocando despidos masivos de trabajadores del campo y la ciudad y aumentando dramáticamente el desempleo, el hambre y la miseria a lo ancho y largo del país. El Primero de Mayo de ese mismo año, 80 000 trabajadores y campesinos marchan en San Salvador exigiendo salario mínimo para los trabajadores del campo y la creación de centros de asistencia para los desempleados. La oligarquía terrateniente siente que su régimen de privilegios está siendo amenazado y da inicio a una violenta persecución. El gobierno de Pío Romero Bosque emitió decretos que prohibían las reuniones de los trabajadores, la agitación y la propaganda comunista. Se hicieron reformas de carácter anticomunista al Código Penal y sobre la base de esas leyes se justificaría la masacre de obreros y campesinos y se procedería al encarcelamiento de centenares por participar en manifestaciones de oposición al gobierno.

En 1931, Arturo Araujo, un rico terrateniente casado con una inglesa, ganó las elecciones presidenciales con el apoyo de un importante sector del movimiento sindical. Había prometido medidas para aliviar la situación de los trabajadores pero la depresión económica empeoró y las promesas no fueron cumplidas. A mediados del año las huelgas de los campesinos fueron violentamente reprimidas por el déspota vicepresidente y ministro de Guerra, Maximiliano Hernández Martínez, más conocido en El Salvador por Martínez, su apellido materno. Aunque durante su corto gobierno (1 año) se produjeron atrocidades en la represión de manifestaciones populares, el hecho es que Araujo permitió la fundación del Partido Comunista Salvadoreño en 1930 y participación en diciembre de 1931 en las elecciones municipales. Esa fue la primera y última vez en que la *democracia* oligárquico-militar permitiría la participación del Partido Comunista en elecciones salvadoreñas.

El general Martínez, representante y defensor de los *derechos* oligárquicos llegó a la conclusión de que Araujo no era competente para calmar el convulsionado estado de ánimo de la sociedad salvadoreña. Encabezó un golpe militar contra Araujo y el 2 de diciembre de 1931 se hizo del poder. Ya en el gobierno del general Martínez se celebraron las elecciones municipales de 1932. Martínez rechazó la clara victoria comunista en varios departamentos y no permitió que los nuevos concejales asumieran sus cargos.

Este hecho fue el detonante del estallido social que se produjo. En varios lugares, donde el triunfo comunista era previsible, se suspendió la votación. Enardecido, el pueblo se subleva con machetes y garrotes al anochecer del 22 de enero de 1932 y la respuesta del sanguinario general Martínez fue la gran matanza que se inicia a partir del día 24 y a la cual ya nos hemos referido. Sin duda alguna esta fue una de las peores, o quizás la peor, atrocidad cometida contra un pueblo latinoamericano en lucha por su liberación.

El general Martínez era admirador de Hitler y de Mussolini. Por congraciarse con los yankis, cuando estos entraron a la guerra dejó, al menos públicamente, de manifestar su admiración. Es muy conocido lo que pensaba el energúmeno general Martínez sobre el valor de la vida humana. Él mismo se encargó de que lo supiéramos cuando declaró que «es un crimen más grande matar a una hormiga que a un hombre, porque el hombre al morir se reencarna, mientras que la hormiga muere definitivamente». Otra de sus frases, que Roque Dalton nos transmite, tiene que ver con los beneficios de que los niños no tengan zapatos. Ante el ofrecimiento de la colonia gringa en San Salvador de regalar sandalias de hule a los niños descalzos de las escuelas públicas, Martínez respondió: «Es bueno que los niños anden descalzos. Así reciben mejores los efluvios benéficos del planeta, las vibraciones de la tierra. Las plantas y los animales no usan zapatos».

Los yankis y los ingleses de inmediato movilizaron buques de guerra para apoyar a Martínez en la matanza, pero este no estaba anuente a compartir la gloria de su criminal *pacificación* ni con los gringos ni con nadie. Cuando ya estaba seguro del *éxito* de la masacre, contestó con un telegrama a los yankis e ingleses, con su característica arrogancia:

> En saludo a honorables comandantes declaramos situación absolutamente dominada fuerzas gobierno El Salvador. Garantizadas vidas propiedades ciudadanos extranjeros acogidos y respetuosos leyes de la república. La paz está restablecida en El Salvador. Ofensiva comunista desechada sus formidables núcleos dispersos. Hasta hoy, cuarto día de operaciones, están liquidados 4 800 comunistas.

Farabundo Martí, que había sido encarcelado días antes de la insurrección, el 31 de enero fue llevado ante un consejo de guerra que lo juzgó y lo condenó junto a dos líderes estudiantiles que habían sido detenidos con él. Martí y los dos compañeros regresaron a la casa del Padre Celestial el 31 de enero de 1932. Martí tenía 39 años de edad cuando lo asesinaron, igual que Sandino. El sacerdote católico Pedro Jesús Prieto Villafañe, su admirador y amigo personal, lo acompañó hasta el último momento.

El viernes 5 de febrero, con el cinismo típico de los medios de comunicación de la oligarquía, en *El Diario* de El Salvador, aparece en primera plana el siguiente titular: «Los cadáveres sepultados a escasa profundidad son un peligro para la salud. Los cuervos, cerdos y gallinas los desentierran para luego devorarlos». Y sigue la macabra crónica:

> Actualmente en el departamento de Sonsonate y en muchos lugares de Ahuachapán y algunos de Santa Ana la carne de cerdo ha llegado a desmerecerse de tal manera que casi no tiene

valor. Por el mismo camino va la res y las aves de corral. Todo se debe a que los cerdos comen en grandes cantidades la carne de los cadáveres que en los montes han quedado. La gente, por intimación, se está negando también a comer la carne de res y aves de corral. Desde luego, ellos tienen razón; pero en cambio, esta industria está sufriendo fuertes golpes.

A la oligarquía salvadoreña solo le preocupaban los «fuertes golpes que estaban sufriendo los empresarios».

Después de la matanza, la población indígena salvadoreña dejó de ser la misma: había un temor generalizado de ser identificado como *indio* y por eso muchos depusieron su vestimenta típica y dejaron de hablar públicamente en su idioma. Pero, como se decía en los primeros siglos del cristianismo, la sangre de mártires es la semilla de nuevos conversos. Martí se ha venido así multiplicando. Entre sus más conocidos y valiosos retoños en las últimas décadas está Salvador Sánchez Cerén (Leonel).

La historia durante y después de los gobiernos militares que se iniciaron con el general Martínez está suficientemente relatada en la autobiografía de Leonel que, además de autobiografía, es una excelente historia de El Salvador contemporáneo. Por años será una obligada referencia para todos los que quieran comprender mejor la dramática historia de El Salvador.

He querido que este prólogo sea una contextualización histórica a la autobiografía de Leonel. El libro está escrito en un estilo que me recuerda mucho a él, inteligente, humilde, sincero y transparente. No puede esconder el inmenso amor que tiene a sus padres, sus hermanos, sus compañeros de sueño y de lucha y a su queridísimo Quezaltepeque. Su amor es contagioso. Cuando nos habla de su padre o de su madre, despierta un inmenso deseo de ir corriendo a la carpintería de don Toño (su padre) o a la comidería de la niña Lola (su madre) en el mercado, para conocerlos, darles un beso de agradecimiento y platicar con ellos. Con doce hijos, era gente de no muchos recursos materiales, pero de una inmensa riqueza espiritual que se manifestaba sobre todo en la solidaridad para con los que tenían menos. La actitud siempre caritativa de su madre y el ambiente de valores éticos en que don Toño y la niña Lola criaron a sus hijos, más el ejemplo de su hermano mayor, Alfonso, activo opositor y luchador por la justicia social, eran todos ingredientes esenciales para ir formando a Chambita, como de chico llamaban a Leonel, en uno de los grandes revolucionarios salvadoreños y latinoamericanos.

Leonel siempre ha sido un hombre consecuente, perseverante y transparente. Tomó ese seudónimo en honor al valiente seminarista, poeta y guerrillero nicaragüense del Frente Sandinista, Leonel Rugama, y la verdad es que se parece mucho a él. Yo doy gracias a Dios por el privilegio de haber conocido a Salvador Sánchez Cerén desde hace ya más de 28 años y pido por que Él siempre lo siga iluminando y fortaleciendo, ya que necesitaremos por mucho tiempo a revolucionarios como Leonel en El Salvador y en toda nuestra América Latina.

Como bien dijo una vez el gran maestro de todo auténtico revolucionario en América Latina y el Caribe, Fidel Castro: Con armas podrán matar en El Salvador a los hambrientos y explotados; pero (de esa forma) no podrán matar el analfabetismo, la insalubridad y la injusticia que reinan en el país. Tampoco podrá matarse el justo y milenario derecho de los pueblos a rebelarse contra la tiranía. Y nadie se haga ilusiones de que la revolución en El Salvador es débil. El movimiento patriótico en ese país es y será cada vez más fuerte e invencible, y no podrá ser aplastado por las armas.

Ojalá que el imperio y la oligarquía salvadoreña escuchen.

19 de julio de 2007

I. Tiempo de juventud

Los pasos de mi infancia

En los últimos años, tras la firma de los Acuerdos de Paz el 16 de enero de 1992, visito con frecuencia Quezaltepeque, ubicado en el Departamento de La Libertad. Mi pueblo, paraíso de mi infancia. El lugar donde vine a la vida y crecí en el seno de una familia numerosa, humilde, en la que me eduqué con valores humanos que procuro me acompañen siempre. Cuando camino por sus calles me vienen a la memoria aquellos días felices de los años cuarenta y cincuenta y puedo verme a mí mismo por las calles empedradas y polvorosas en las que jugábamos chibola, mica, capiruchos y elevábamos piscuchas,[3] entre risas, gritos jubilosos y algún que otro pleito. Son raíces profundas las que me devuelven siempre a este pueblito mío, mostrándome que en cierto modo la vida es un eterno retorno y que a pesar de los años no hay olvido sino necesidad de abrazar el paisaje de la niñez. Es verdad que la ciudad de hoy es muy diferente a la pequeña ciudad que fue, una belleza en calma, donde el tiempo se movía lentamente y los años parecían más largos. Pero, a pesar de los cambios, yo conservo en mis retinas, intactas, las fotografías del ayer: la alameda de árboles de fuego y aceituno, el mercadito donde mi mamá tenía un puesto de cocina, la alcaldía de construcción de madera, la iglesia con su lindo campanario y el atrio donde jugaba en las tardes, la gran plaza con su esplendorosa ceiba en la que los días festivos se reunía la gente para escuchar a la banda municipal, y recuerdo mi barrio Concepción, territorio cómplice de mis primeros pasos, donde realmente fui descubriendo la vida. El barrio era como un país. A los 8 ó 10 años no se tiene conciencia nacional de ser salvadoreño, pero sí se tiene una fuerte identificación con el barrio, la calle en que se vive, los amigos, al menos era así en una época en la que apenas conocía uno de la existencia de otros pueblos y regiones dentro del propio país. Recuerdo que cuando los de Concepción íbamos a otros barrios de Quezaltequepe teníamos nuestros piques, nuestros pleitos, con la ingenuidad de los pleitos infantiles, todo por defender nuestra identidad de muchachos del barrio. El barrio era nuestro universo en el que nos sentíamos seguro. También hacíamos amistad con la juventud de otros barrios, hacíamos pactos y competíamos noblemente en deportes. Creo que este fenómeno identitario de pertenencia a un barrio era parte de las condiciones y características que se daban en la mayoría de los pueblos salvadoreños. Y creo que aún sucede pero desgraciadamente, con frecuencia, hay rasgos de violencia desconocidos en mi época de infancia y juventud.

Yo nací el 18 de junio de 1944. Ha pasado ya mucho tiempo y, sin embargo, en Quezaltepeque sigo sintiendo la sustancia del mundo. No puedo asegurar que el pasado que actúa en mí a través de los recuerdos coincida exactamente con el pasado que fue. No lo puedo asegurar porque cada cual tiene un mundo subjetivo, una memoria y unos sentimientos propios que fabrican el pasado o al menos un pasado personal. Pero puedo decir que el mío fue feliz. Del mismo modo puedo afirmar que quiero a mi pueblo sin discutir si es hermoso o feo, fecundo o baldío, grande o pequeño, sino porque a él asocio mi infancia, el olor a maíz asado en el mercado, las pupusas,[4] la yuca con chicharrón, las piezas de alfarería colgando en las paredes, la naturaleza que nos rodeaba plagada de árboles y nos regalaba frescor; una pequeña ciudad de la época en la que por las noches los jóvenes dedicaban serenatas a las muchachas, una de las actividades más apasionantes. Sobre todo, quiero a mi pueblo porque fue y aún lo es, el hogar de mi familia, un cordón que nos une a pesar de las distancias. Mi hermana Angelita que vive en Canadá no ha dejado de vivir nunca en Quezaltepeque. Yo mismo, cuando andaba en la guerra, en las montañas o fuera de nuestro país en misiones políticas llevaba conmigo el amor a mi pueblo, pueblito que habita en mí. Su nombre proviene del náhuatl y significa «montaña o cerro de quetzales». El quetzal es un ave de bellísimo plumaje verde resplandeciente tan querido en Guatemala que hasta da nombre a su moneda nacional. En mi infancia la ciudad, que obtuvo su título de ciudad por decreto legislativo el 6 de abril de 1905,* estaba formada por cinco barrios y los cantones que constituían el área rural.

Quezaltepeque fue la cuna de mi familia. Mi mamá y mi papá nacieron a inicios del pasado siglo, mi padre nació el 13 de agosto de 1900 y mi madre en 1902. Mi padre, Antonio Alfonso Sánchez, era carpintero y murió a los 81 años, el 3 de abril 1981; su madre se llamaba Dolores Rodas y su padre Vicente Sánchez. Mi madre murió el 10 diciembre de 1974, a los 72 años, se llamaba Dolores Hernández de Sánchez; su mamá se llamaba Juana Hernández Cerén y su padre Acisclo Galán Colocho, un sastre que poseía un tallercito, pues había en la época en Quezaltepeque muchos talleres de sastrería, zapatería y carpintería, y también talleres de plateros y de artesanía de flores de papel.

Soy el noveno hijo de doce que tuvieron mis padres. Tres de mis hermanos murieron siendo muy pequeños, a dos les pusieron el mismo nombre, Mario, y la tercera fue una niña que se llamaba Loly; no los conocí. Yo me debí haber llamado Salvador Sánchez Hernández, pero me inscribieron Sánchez Cerén por una confusión en el registro. Hoy hay mayor rigor pero en los años

---

*   Comité Pro-Centenario de Quezaltepeque: *Hace 100 años Quezaltepeque dejó de ser una Villa*, Quezaltepeque, Alcaldía de Quezaltepeque, 2005.

cuarenta ocurrían estas cosas. Mi tío Juan, que es muy mayor pero conserva bien la memoria, dice que el familiar que fue a inscribirme dijo el apellido Cerén que era en realidad el segundo apellido de mi abuela Juana Hernández Cerén. A mí siempre me llamaron Chambita, que es costumbre en El Salvador. De pequeño Chambita, y de mayor Chamba. Más tarde, en la clandestinidad, fui Luis, Carlos, en mi casa Antonio, y finalmente Leonel González.

Mi niñez la asocio a mis padres y también a mis hermanos porque las familias numerosas en ese tiempo solían ser muy unidas y los mayores velaban por los menores, se dedicaban a cuidarnos y ejercían como padres. Vivíamos en la pobreza, no en condiciones de extrema pobreza, pero éramos una familia humilde en la que mis padres y hermanos mayores se afanaban para que la vida de los menores tuviera un desarrollo normal con todas las condiciones mínimas posibles que se pudiera tener. Mi padre era artesano y tenía una carpintería que en aquel tiempo era una de las más famosas de Quezaltepeque. Mis hermanos mayores también se dedicaron al oficio, fueron buenos artesanos y lograron adquirir los conocimientos de mi padre. Ese esfuerzo de mi papá y de los tres hermanos mayores fue fundamental para que los menores pudiéramos estudiar. Alfonso, nuestro hermano mayor, tuvo gran influencia en nuestra formación, en nuestra forma de ver la vida. Era opositor del gobierno, un luchador por la justicia social, y por ello fue torturado por la Guardia Nacional de Quezaltepeque en las vísperas de unas elecciones.

Los recuerdos de mi mamá desde que tengo conocimiento, están vinculados en buena medida a la actividad económica. Tenía en el mercado una venta de comida y parte de su tiempo lo pasaba dedicada a ese trabajo, a la casa llegaba cansada, por la noche, alrededor de las siete de la noche, cuando ya el sol había caído. Pero se las arreglaba para vernos durante su larga jornada, pues venía a la casa al menos dos veces, trayendo fruta y comida que esperábamos religiosamente. Tenía uno de los puestos más grandes y mucha clientela porque era una señora muy sociable, humana y comprensiva. Un almuerzo costaba quince centavos, pero allí comía todo el mundo llevara o no dinero. Recuerdo que había gente que no tenía cómo pagarle y ella no les negaba una ración; era muy humana y por eso le tenían un gran cariño y respeto en el mercado, por su actitud caritativa. Esa forma de ser solidaria, inculcó en nosotros, sus hijos, valores que nos han marcado.

Mi infancia no solo estuvo unida al ambiente hogareño sino también a ese escenario tan tradicional y único que son los mercados en nuestro país, ya que para estar con mi madre teníamos que convivir con ella en su puesto de trabajo. Por eso mis primeros años estuvieron muy ligados a dicho espacio, a sus voces y gritos, a sus olores, a la visión multicolor de las frutas y verduras, al ambiente popular.

Muy de mañana, como a las cinco, aún sin haber salido el sol, ayudábamos a mi mamá a trasladar los productos y utensilios que utilizaba en el puesto. A veces limpiábamos trastes, o nos tocaba freír plátanos o frijoles, o servir a la clientela. También pasaba tiempo en la carpintería donde mi papá trabajaba con habilidad la madera. Mi niñez y juventud estuvieron pues, vinculadas a tareas en esas dos faenas. Solíamos ayudar a mi padre a trasladar la madera de los aserraderos a la casa, para lo que teníamos que caminar varios kilómetros con la madera al hombro. Otras veces teníamos que lijar, barnizar muebles, o ayudar en cosas menores dentro de la carpintería. Mi hermana Ángela, que tiene buena memoria, me recuerda cómo los varones limpiábamos la habitación que servía de taller y que, una vez limpia, se convertía en nuestra sala de estar. Recogíamos colochos[5] que metíamos en sacos de yute y por las mañanas, muy temprano, llevábamos al puesto del mercado. A veces pienso que si no me hubiera dedicado al estudio, mi profesión hubiera sido la de carpintero. De mi papá recuerdo su extremo rigor: castigaba nuestras conductas negativas y nos vigilaba de cerca para que hiciéramos las tareas escolares; no le gustaba que saliéramos por largo tiempo a jugar a la calle y a pesar de ello a veces salíamos a escondidas sabiendo que de vernos nos regañaría. Hoy su figura me inspira gran afecto y puedo comprender que aquel hombre con tantos hijos optó por imponer su autoridad para poder educarnos. Mi padre, siempre trabajando por y para su familia, estaba muy unido a mi mamá y ambos lograron un ambiente de unidad familiar que nos educó en valores éticos y en la responsabilidad ante las situaciones que depara la vida.

La actividad económica de nuestra madre y de nuestro papá les permitía mantenernos a los nueve hermanos en una situación digna, no de comodidades, pero sí darnos una vida con educación y un mínimo de condiciones materiales.

La responsabilidad que tenían los hermanos mayores de cuidar a los menores era un código sagrado en nuestra familia. Lo que ganaban lo compartían con mis padres y de este modo la economía familiar era la suma de varios esfuerzos. Así, en las fiestas patronales, en las de Fin de Año y en las de Semana Santa podíamos estrenar ropa. También cuando comenzaba el período escolar nos compraban el uniforme y siempre, aunque éramos familia numerosa, íbamos vestidos de manera digna. Esperábamos esas fechas con la seguridad de que íbamos a estrenar una camisa, un pantalón, un par de zapatos o unos calcetines. Nunca nos faltó lo imprescindible, tuvimos alimentación y cuidados de salud. Ello fue posible porque mis padres eran muy laboriosos y aun a avanzada edad continuaron trabajando hasta que la enfermedad les obligó a quedar postrados en la cama. Su manera de ser, su afán, su trabajo, fue lo que hizo posible que un matrimonio humilde de una vendedora del mercado con un artesano pudiera formar una familia numerosa y darnos estudios a varios hijos. A partir del cuarto se sacrificaron mucho y contribuyeron a que alcanzáramos una carrera profesional Como en el pueblo no había donde estudiar, tuvimos que trasladarnos a San Salvador y eso ya implicaba gastos serios que nuestros padres y hermanos carpinteros asumieron con la alegría de saber que los menores estábamos dedicados al estudio. Dos de mis hermanas son maestras, un hermano es contador público, el otro fue motorista, la menor es secretaria y yo fui maestro. En este marco familiar, mis primeras amistades fueron hijos e hijas de vendedoras del mercado. En los tiempos libres en que no íbamos a la escuela, era frecuente reunirnos junto a la parroquia porque en mi pueblito, Quezaltepeque, como en otros muchos pueblos salvadoreños, el mercado está cerca de la iglesia. Durante mi primera niñez permanecí muy cerca de ésta y ayudaba al párroco, a todos los párrocos que llegaban, pues nosotros éramos parte de la comunidad. Allí nos enseñaron el catecismo, a ayudar durante las misas y, en Semana Santa que se celebraba la Pasión de Jesucristo con personajes, más de una vez actué como apóstol, aunque no recuerdo cuál de ellos. A los muchachos nos gustaba hacer de apóstoles porque siempre el párroco nos daba unos centavos y nosotros nos sentíamos felices. También en el recinto religioso practicábamos deportes —recuerdo que había una canchita de básquetbol—, por entonces mi actividad infantil estaba vinculada a ese ámbito, a todo ese entorno.

Ángela suele decir que los días de Navidad eran días alegres, de devoción para nuestros padres y era mi papá el encargado de colocar el día 24 a las doce de la noche al niño en el pesebre. Luego reventábamos con mi papá los cohetes de Año Nuevo. Lo cierto es que los valores que fui asimilando tienen que ver con mi formación cristiana, con mi madre, persona caritativa que ayudaba a resolver sus problemas a cualquier ser humano necesitado. En esa época frecuentaba bastante la iglesia y formaba parte de los grupos que se organizaban para estudiar el catecismo. Como grupo convivíamos con el cura, en la casa parroquial, y desarrollábamos actividades culturales y deportivas; el deporte que más me gustaba era el fútbol, luego el básquetbol. En ese sentido mi formación es pareja a la de muchos compañeros y compañeras de las Fuerzas Populares de Liberación (FPL) y del Frente Farabundo Martí para la Liberación Nacional (FMLN). Un cristianismo comprometido con el cambio social, con la lucha contra la pobreza, está en la base de muchas biografías personales y colectivas en El Salvador. Con el tiempo me hice marxista pero nunca he olvidado lo que me legó el cristianismo liberador que pone en el centro los derechos de las personas, sus anhelos de una vida mejor, de libertad. Esos valores que dotaron de creencias mi juventud, me permitieron descubrir un prójimo explotado y oprimido en nuestro país, y me empujarían más tarde a la militancia política bajo la idea de construir otra sociedad, un país y un mundo más justos.

Mi casa, en el barrio Concepción, estaba situada en una esquina. Cerca vivía mi abuela materna y también cerca mi abuelo paterno. Yo recuerdo que regularmente íbamos donde mi abuela con mis hermanos y con ella pasábamos parte de la mañana y de la tarde; como toda casa de pueblo tenía árboles frutales. También iba a casa de mi abuelo, que era sastre, persona muy amena y popular, le decían Colocho. La gente del barrio le tenía mucho cariño, pues era una persona alegre; siempre en la sastrería donde otras personas le ayudaban. Todavía puedo verlo a través de la memoria, sonriente, contando chistes, porque el carácter de mi abuelo era de esos que hacen frente a las adversidades desde una actitud de agradecimiento a la vida. Esta forma de ser lo hacía querido por la gente.

En la esquina de mi casa nos reuníamos todos los muchachos del barrio. En ese mismo lugar nos reuníamos también los hermanos, por las tardes y especialmente los largos fines de la semana. La calle era de tierra, nos juntábamos para jugar chibola, jugar libre, todo lo que se jugaba en aquel tiempo. Eso hacía que nos relacionáramos con una buena cantidad de niños y muchachos; entre nosotros había de todo, bromas, pleitos, chistes, malas palabras, y todo eso en un ambiente de pueblo donde se fueron forjando las primeras amistades y donde aprendimos a convivir con los demás. Mi tío Juan suele recordarme que yo era un cipote[6] al que le gustaba bromear, tenía una camada de cipotes con los que me gustaba jugar capiruchos, piscuchas, trompo, yoyos, tarjetas. También dice que yo era introvertido, que era muy reservado para todo. Seguramente era así. Lo que ocurre es que muchos años después uno pierde un poco la perspectiva acerca de su propio carácter en un tiempo ya lejano, y son otras personas cercanas las que más objetivamente pueden decir cómo se era y la forma en que uno se comportaba. Mi niñez se desarrolló en esos escenarios de pueblo donde todo el mundo se conoce y las familias forman una especie de red de ayuda mutua y lo que ocurre en una casa es motivo de tristeza o alegría en las demás.

Mi primera experiencia en la escuela fue cuando me llevaron al kínder privado Santa Teresita que quedaba en la esquina opuesta a la casa. Algunas veces me resistía a ir, mas era porque tenía que usar una gabacha y mis amigos me molestaban diciendo que era un vestidito de niña. Comencé a convivir con otros niños y niñas, a conocer las primeras letras, a leer, luego me incorporé al kínder nacional. Más tarde me inscribieron en la escuela, que estaba a seis o siete cuadras de mi casa; era la única, creo, aunque había otras privadas. Se llamaba Escuela de Varones José Dolores La Reynaga y en ella hice toda mi primaria hasta sexto grado y a pesar de no haber sido un estudiante destacado, desarrollé todo el programa de estudios hasta terminar a los 12 años.

Ya cuando fui a la escuela el espacio para estar con mis hermanas y hermanos, y con mi madre y mi papá, era por las noches, cuando nos juntábamos toda la familia alrededor del radio o de visitas que llegaban a la casa y ahí permanecíamos los hermanos escuchando y compartiendo las caricias de mi madre. Los más chiquitos nos peleábamos por que ella nos chineara,[7] pues como pasábamos casi toda la mañana y tarde sin verla, esos momentos eran los que aprovechábamos para tener su calor y cariño que nunca nos negaba aunque llegara cansada del mercado. Puedo verla en la mecedora cargándonos para mecernos, acariciándonos y peinándonos. Han pasado décadas pero aquellas noches las rememoro vivamente. Eran veladas a las que con frecuencia llegaban dos ancianas amigas de la familia, niña Ángela y niña Nicha que vivían de la venta de tortillas y eran muy queridas por los menores de la casa pues nos narraban cuentos de miedo y leyendas como «La tunca encantada», «El cipitio», «La carreta chillona», «La siguanaba», «El justo juez de la noche», «El cadejo». Íbamos a dormir con un cosquilleo muy rico a consecuencia de la inquietud que nos generaban sus historias. También era importante la radio en el ámbito hogareño. La radio fue por años ese punto de encuentro de toda la familia, que escuchaba novelas, canciones dedicadas, programas de entretenimiento y las noticias de la vida nacional.

A propósito de la vida política del país, creo que es interesante señalar algunos hechos que formaron el contexto de mi infancia y adolescencia. Yo nací el año en que el dictador Maximiliano Hernández Martínez fue depuesto de presidente, tras una revuelta de carácter cívico-militar, el 2 de abril.[*] El gobierno respondió con una gran represión y el asesinato de varios líderes opositores, lo que provocó una huelga general iniciada por los estudiantes y extendida a toda la población de San Salvador. La denominada Huelga de Brazos Caídos fue el estallido de una larga lucha del pueblo salvadoreño contra la dictadura de Martínez. El dictador

---

[*]   Alastair White: *El Salvador*.

renunció a la presidencia el 8 de mayo, de modo que el día en que nací, el 18 de junio de 1944, fue de los pocos en que la historia de nuestro país disfrutó de libertad política después de casi 13 años de dictadura. Se vivió un poco de tregua entre dictadura y dictadura, sin embargo no duró mucho, ya que se convoca a elecciones presidenciales pero un grupo de militares aliados dieron un golpe de Estado el 21 de octubre de ese año, colocando en el poder al director general de la Policía, coronel Osmin Aguirre y Salinas, colaborador de la gran represión contra la insurrección de 1932. Al imponer a Aguirre y Salinas se trataba de evitar un posible triunfo de Arturo Romero, médico de gran prestigio por su liderazgo cívico en la revuelta de abril y que era el gran favorito para acceder a la presidencia con el voto popular. Romero fue finalmente obligado a marchar a Costa Rica y los golpistas colocaron en 1945 como presidente de la república al general Salvador Castaneda Castro.

Alastair White, autor de *El Salvador*, relata en su libro que:

> El régimen de Castaneda Castro no llegó a los extremos represivos de Martínez y permitió a algunas de las organizaciones formadas en 1944 continuar con algún tipo de actividad. Pero no hizo ninguna concesión económica o política. Cuando dio a conocer su intención de prolongar su período presidencial fue depuesto por otro golpe, el 14 de diciembre de 1948. Este golpe, llevado a cabo por los oficiales jóvenes contra la generación anterior, condujo a la presidencia a Oscar Osorio (…).

Aunque hubo dos golpes más en 1960 y 1961, el sistema implantado por Osorio fue lo suficientemente abierto y flexible como para permitir al presidente de turno combinar la represión con concesiones regulando hábilmente el garrote y la zanahoria. Osorio inauguró una forma de gobernar que perseguía a los sectores revolucionarios y a la vez daba espacio a quienes abogaban por reformas económicas y sociales a través de los partidos de la oposición. Permitió asimismo la formación de sindicatos. Fue un período de cierto alivio para el pueblo si lo comparamos con el período criminal de la dictadura impuesta tras los acontecimientos de 1932, pero muy inferior en libertades a los que disfrutó el país en el breve lapso de tiempo que va del 9 de mayo a octubre de 1944.

Las políticas económicas de los gobiernos de Osorio y su sucesor, José María Lemus —quien llegó a la presidencia en 1956—, diseñaron medidas de desarrollo industrial más artificiales que reales. En la práctica procuraron favorecer a una clase media asalariada mediante la creación de empleo y prestaciones sociales tales como el seguro social. Sus programas beneficiaron a un porcentaje pequeño de los sectores populares bajo la idea de tratar de ensanchar la base social del régimen sin modificar la estructura de la propiedad rural ni de cambiar la orientación de las políticas económicas en un sentido de redistribución de la riqueza. El citado libro de White refiere que su actitud inicial sobre la cuestión de libertad política o represión fue más permisiva de lo que había sido la de Osorio, pero ya en 1960 recurrió a la represión sangrienta ante un Partido Comunista de El Salvador (PCS) cada vez más influyente. Ya con 15 años, fui descubriendo la realidad política de una manera difusa y un poco lejana, pero por entonces no tenía aún noticia de Agustín Farabundo Martí, joven intelectual proveniente de una familia de terratenientes que abrió los ojos a la realidad de la pobreza, a la opresión de las mayorías sociales de El Salvador y de Centroamérica y se comprometió con la causa de la revolución y del comunismo.[*]

---

[*]   En su obra, Jorge Arias Gómez: *Farabundo Martí. Esbozo biográfico*, comenta que Agustín Farabundo Martí nació en Teotepeque, departamento de La Libertad, el 5 de mayo de 1893, hijo de Pedro Martí y Socorro Rodríguez. El primero de febrero de 1932 fue fusilado junto a Mario Zapata y Alfonso Luna Calderón.

Rumbo a la capital

La primaria la terminé a los 12 años, pero con el apoyo de mis padres y hermanos pude seguir estudiando y cursé la secundaria en el Plan Básico José María Peralta Lagos, en Quezaltepeque. Allí estudié por tres años y después pasé a la Normal Alberto Masferrer, para graduarme como profesor. Cuando llegué a estudiar a la secundaria era muy jovencito y todos me llamaban cariñosamente Chambita. Mi hermana Ángela estaba en tercer año en la escuela secundaria y recuerdo que sus amigas me sacaban del aula y en los recreos me llevaban de la mano paseándome, en un gesto de cariño. Durante ese tiempo combiné el estudio con el deporte y en los tiempos libres fui forjando la relación con los amigos más cercanos. Cuando estaba en la secundaria ya no iba tanto al mercado, pero continuaba ayudando en las tareas de la carpintería de modo que estudiaba, hacía deporte y trabajaba. La combinación de estas actividades que se complementan y enriquecen, me permitió consolidar mi carácter.

El edificio del Plan Básico estaba situado en el centro de nuestro pueblo, en la misma área estaban el mercado y la iglesia enfrente de la cual había una gran plaza, y alrededor de ella había casas que tenían portales, paisaje típico de nuestros pueblos de herencia española. En una de esas casas estaba el Plan Básico, que abarcaba todo el frente del costado sur, y al costado norte estaba la alcaldía y, frente a la iglesia, la Escuela de Niñas República de Nicaragua. En esa gran plaza jugábamos fútbol por las tardes, allí se juntaba toda la juventud de Quezaltepeque que estudiaba en el Plan Básico y también se reunían las niñas de República de Nicaragua a practicar juegos. Así es que, siempre por las tardes, era ese un lugar de mucha alegría. La alcaldía municipal al igual que la iglesia sobresalían en el paisaje de la plaza, donde también se encuentra el Palacio Municipal, un edificio antiguo con características propias de tipo poscolonial: tenía dos pisos y los domingos por la noche la banda municipal daba conciertos y en la tarde de ese día la plaza se llenaba de bullicio, la gente mayor conversaba, los muchachos cortejaban a las muchachas, los niños y niñas jugaban. Los fines de semana la plaza se convertía en mercado, pues la población que vivía en las faldas del volcán venía de los cantones y caseríos y de los pueblos vecinos. Llegaban a ofrecer sus productos que las familias de Quezaltepeque compraban.

Mi juventud, desde la secundaria, se vincula principalmente al deporte y a la convivencia con mis amigos. Algunas veces, del Plan Básico nos llevaban a un balneario que está como a dos o tres kilómetros de Quezaltepeque que se llama La Toma, y practicábamos natación. Puedo decir que el deporte es una importante escuela de la vida. Se aprende a competir, a esforzarse uno mismo, a superarse, a desarrollar una solidaridad colectiva para hacer el trabajo en conjunto y saber ganar y perder dignamente. Jugando fútbol aprendes a confiar en los compañeros, cada cual ocupa su puesto y del trabajo en común nace la posibilidad de mejorar. Los deportes permiten que tu participación en equipo te forme en valores colectivos, convivir alrededor de un mismo empeño, y ese esfuerzo te forja la personalidad. Se manifiestan liderazgos, pero se descubre que los jugadores más modestos cumplen su función y son finalmente piezas decisivas en las victorias o derrotas. Estuve muy dedicado al deporte y a la organización de clubes.

Terminada la secundaria me trasladé a San Salvador a estudiar Magisterio en la Escuela Normal Alberto Masferrer. Era el año 1960 y yo estaba para cumplir los 16 años; a los 19 salí ya titulado como maestro. En mi decisión de estudiar Magisterio tuvieron una notable influencia mi hermana mayor, Blanca, que era profesora y siempre nos trató con mucho cariño, y mi hermana Angelita que también era maestra. Yo las admiraba y aprendí de ellas su dedicación al magisterio, observaba en la casa cómo preparaban los materiales didácticos y comentaban de su experiencia en la escuela, lo que fue generando en mí inquietudes sobre la profesión. También tenía la imagen de mi hermano Chepe a quien yo respetaba y quería mucho; él se tituló de contador por lo que en un primer momento mi idea fue estudiar Contaduría Pública, pero al terminar la secundaria y escoger una carrera, me decidí por el Magisterio, fundamentalmente por el ejemplo de mis hermanas.

Estudiar en San Salvador produjo en mí un gran cambio. La vida y el ambiente de mi pueblito fueron sustituidos por la formación de nuevas amistades y el descubrimiento de una realidad totalmente diferente, de un mundo más complejo, más dinámico, más cambiante que era el de la capital. Tuve que abandonar mi hogar, mi barrio, y trasladarme a un ámbito poco conocido, no desconocido totalmente, pues mi padre nos llevaba a San Salvador algunas veces, cuando éramos pequeños, porque cuando tenía trabajo necesitaba comprar los materiales y en San Salvador los obtenía mas barato; pero también creo que le agradaba ir a la capital para distraerse. Recuerdo que salíamos bien temprano, ya sea en una camioneta o en el tren. En ese tiempo el transporte por carretera era aún precario; la calle de tierra estaba recién construida y cuando se iba en la camioneta, o había grandes polvaredas o grandes lodazales —dependiendo de la época del año— en donde la mayoría de las veces los buses se quedaban y había que bajarse en el fango. En otras ocasiones viajábamos en tren que era un transporte más lento, pero más cómodo; salíamos a las siete de la mañana y llegábamos cerca de las once del mediodía a San Salvador y ya a las dos de la tarde había que estar en la estación esperando el tren de regreso. Recuerdo que en la capital había gran movimiento de vehículos y cuando nos disponíamos a atravesar la calle había que salir corriendo de la mano de mi papá. El contraste con la vida de nuestro pueblo era enorme. Era un mundo totalmente diferente.

En aquel tiempo había pupilajes. Un buen número de familias hospedaban estudiantes universitarios, de la Normal Masferrer o empleados. Mis tres años de estudio en la Normal los viví en casas de pupilaje. Las personas con las que compartíamos vivienda se convertían en una segunda familia. Fue para mí un cambio de escenario. Recordar mi infancia alrededor de mi madre, de su afecto, de sus caricias, de sus brazos, de compartir con ella, y de repente encontrarte con personas desconocidas, hizo que mi adaptación a esta nueva faceta de mi vida fuera bastante lenta. De manera que vivir en la capital San Salvador implicó también un cambio en mi personalidad y produjo en mí un aprendizaje para interpretar lo que sucedía en mi entorno, en la ciudad y finalmente en el país.

El pueblo me había dado una seguridad, un espacio familiar, en tanto que la ciudad representaba lo desconocido, la incertidumbre, una mayor inseguridad. Recuerdo que los primeros días fueron difíciles. Pero en la medida en que fui conociendo compañeros y compañeras de estudio en la Escuela Normal Masferrer pude cultivar nuevas amistades e ir construyendo una red de relaciones que marcarían esa edad juvenil de mi vida. Tenía que salir todos los domingos en la tarde de mi casa de Quezaltepeque y el sábado regresaba. Entonces pasaba toda la semana fuera de la casa, dedicado al estudio y a cultivar mis nuevas amistades. Muchas de estas últimas las hice en las prácticas deportivas. Yo aspiraba a ser un buen futbolista o basquetbolista; participé en la Normal en el equipo de básquetbol y en la secundaria lo había hecho en el de fútbol. Pero nunca quise entrar al deporte profesional.

El despertar de la conciencia política

La Escuela Normal Alberto Masferrer tenía gran calidad docente. En sus aulas se inculcaba una vocación ética y social por el magisterio y se impartían conocimientos a un buen nivel. Allí se preparaba a los maestros que iban a trabajar en el área urbana, y en la Escuela Rural de Izalco, en el departamento de Sonsonate, a los maestros con vocación hacia la enseñanza rural. En esta última se enseñaba al alumnado a conocer y a convivir como maestro y maestra en las comunidades agrícola y campesina. En esa época comencé a descubrir lo que sucedía en el país.

El país atravesaba una situación social muy difícil, la riqueza estaba concentrada en familias que acumularon su patrimonio en base a la sobrexplotación del campesino y el obrero salvadoreño. En aquel entonces grandes terratenientes sometían a los campesinos de una manera brutal, como si fueran esclavos. Esa situación fue generando un auge de la lucha revolucionaria lo que dio lugar a un amplio movimiento popular en contra de las dictaduras militares, un creciente movimiento sindical y laboral y a la lucha de diferentes sectores, en especial el movimiento estudiantil universitario, lo que coincidió con el auge de la lucha revolucionaria latinoamericana influenciada por la Revolución cubana. En esta gran efervescencia política, la Universidad Nacional es un centro de generación de activismo y desarrollo del pensamiento antidictatorial y revolucionario. Encontré por tanto, una ciudad en plena agitación donde las manifestaciones eran reprimidas salvajemente y dejaban como resultado numerosas personas encarceladas. También advertí un fuerte sentimiento solidario alrededor de la lucha del pueblo vietnamita. La opinión popular no se explicaba cómo ese pueblo sobrevivía y continuaba luchando a pesar de los grandes bombardeos que lanzaba Estados Unidos contra Vietnam. La resistencia vietnamita y la crueldad norteamericana generaron un sólido sentimiento antiimperialista en nuestro ámbito; visualizo las movilizaciones ante la embajada norte- americana y me impresiona la decisión de los manifestantes en su protesta. San Salvador en ese momento no es solo una gran ciudad agitada, movilizada, sino una ciudad solidaria, comprensiva y con un sentimiento contrario al imperialismo muy fuerte. En esos tiempos de triunfo y consolidación de la Revolución cubana, se generó en El Salvador un movimiento de aceptación y apoyo a la lucha guerrillera de Fidel y del Che, a la lucha armada del pueblo cubano en contra de la dictadura de Batista. Mi hermano y mi tío hablaban mucho de Fidel, del proceso revolucionario cubano y sus luchas, a veces escuchaban Radio Rebelde o Radio Habana Cuba. Como ya dije, uno de mis hermanos llegó a sufrir torturas por expresar su simpatía con la lucha de Fidel Castro y manifestarse en contra de Estados Unidos. Yo empecé a interesarme y prestar atención a lo que sucedía en Cuba y en cierto modo mis ideales de educar, de ayudar a la gente, se conectaban con esa experiencia revolucionaria. Recuerdo que la figura de Fidel despertaba entusiasmo entre la izquierda de El Salvador, y lo mismo en toda América Latina. El ejemplo de los guerrilleros de la Sierra Maestra y luego la gesta del Che Guevara, en particular, nos invitaba a ser consecuentes y a pensar cómo hacer para cambiar las cosas en nuestro país. Veíamos la Revolución cubana como una gran obra humana, enorme y meritoria por su enfrentamiento al gigante norteamericano. No era sólo un cambio social sino también una revolución moral que llenaba de entusiasmo nuestros espíritus. «¿Qué está haciendo Fidel?, ¿qué es lo que hace el Che?», me preguntaba y esas interrogantes despertaron en mí expectativas, pero en realidad, mis convicciones, mis valores más firmes comen- zarían a desarrollarse en la etapa de mi trabajo como maes- tro, cuando mi vinculación real con la gente era muy fuerte y cotidiana, viviendo una experiencia en el mundo rural sumido en la pobreza.

Es así que me fueron interesando gradualmente los hechos sociales y políticos, los comportamientos del gobierno y de la oposición, y empecé a desarrollar mi propia mirada crítica. Atrás dejaba una época feliz presidida por los juegos y las travesuras. Lo que tenía ante mis ojos y mi capacidad de interpretación era ya un escenario político que empecé a visualizar a través de mis nuevos amigos, algunos de los cuales tenían otros amigos o familiares que integraban partidos políticos que por no ser permitidos se movían en la clandestinidad. Tenía un amigo llamado Antonio Font —y a quien todos le decíamos cariñosamente Chino-Fon—, al que ayudaba en el estudio un maestro universitario que resultó estar vinculado al movimiento del PCS. El Chino-Fon me comentaba: «Mira, fíjate que estuve platicando con mi primo y hablando de política criticamos al gobierno y vemos la necesidad de denunciar sus acciones represivas». Poco tiempo después me dijo que él se había incorporado a una organización llamada Frente Unido de Acción Revolucionaria (FUAR) que realizaba acciones combativas de agitación y propaganda que en aquel tiempo la dictadura militar consideraba como subversiva. Era parte de un movimiento político, no guerrillero, porque en aquel tiempo no existía ningún movimiento guerrillero vinculado al PCS.

El FUAR existió entre 1961 y 1962. En mayo de 1962 lanzó el proyecto de plataforma programática para una revolución de contenido democrático, aprobada en su Tercera Plenaria Nacional, su contenido era nacional y antiimperialista, y ponía énfasis en la denuncia y un llamamiento a la lucha contra la política del imperialismo norteamericano que con el triunfo de la Revolución cubana impuso a América Latina un modelo desarrollista con el objetivo de evitar el surgimiento de movimientos guerrilleros en América Latina. El FUAR difundió un documento crítico al programa Alianza para el Progreso. Su propuesta abordaba la

Reforma Agraria y Urbana, la política educativa y tributaria. Tenía un planteamiento revolucionario y se definía a sí mismo como «organismo creado por el pueblo para realizar la revolución que necesita El Salvador y que será democrática, antiimperialista y anti-feudal». Sus textos afirmaban: «Como los imperialistas y sus aliados e instrumentos internos han decidido oponer la fuerza represiva a la revolución, les enfrentaremos en su propio terreno de fuerza»; y también aseguraba que «el país ha entrado en una situación revolucionaria».[*]

Mis años de estudio en San Salvador fueron tiempos de conmoción política, ya que el 26 de octubre de 1960 fue derrocado el coronel José María Lemus, presidente electo en 1956. Fue el sucesor del coronel Oscar Osorio, fundador del Partido Revolucionario de Unificación Democrático (PRUD). Estas dictaduras militares gobernaron aplicando la estrategia del desarrollismo, reformismo y represión, componentes de la estrategia de contrainsurgencia aplicada por Estados Unidos en América Latina. El golpe militar que derrocó a José María Lemus puso fin al sistema político del prudismo iniciado por Osorio y se da en un contexto de gran efervescencia de la lucha popular; el propósito del golpe era evitar una insurrección popular que derrotara a la dictadura militar. Con el nuevo golpe de Estado los militares buscaban darle continuidad a la nueva forma de dominación dictatorial. La composición de la nueva Junta de Gobierno combinó oficiales jóvenes del ejército —mayor Rubén Alonso Rosales, coronel César Yanes Urías y el teniente coronel Miguel Ángel Castillo— con civiles independientes vinculados a la Universidad de El Salvador (UES): René Fortín Magaña, Fabio Castillo, Ricardo Falla Cáceres. Esta nueva junta despertó expectativas populares, no solo por el fin del prudismo, sino también porque podría haber iniciado

---

[*]   Víctor Valle: *Siembra de vientos: El Salvador 1960-69.*

un nuevo período caracterizado por el fin de las dictaduras militares y su proyecto político, social-económico, e iniciar la construcción democrática de El Salvador. La Junta de Gobierno fue sustituida por un Directorio de coroneles el 25 de enero de 1961, toda vez que oficiales del cuartel San Carlos, en el centro de San Salvador, se levantaron contra el Gobierno, lo que provocó el descontento y parte del pueblo rodeó el cuartel. Sin embargo, los demás cuarteles salieron en apoyo a los golpistas que estaban liderados por el coronel Julio Adalberto Rivera y el coronel Aníbal Portillo. En agosto de 1961 se formó el Partido de Conciliación Nacional (PCN) y el 17 de diciembre del mismo año el Directorio convoca a elecciones para elegir una Asamblea Constituyente. El PCN ganó todos los escaños de la Asamblea que se reunió en enero de 1962 y eligió a Eusebio Cordón Cea, para fungir como presidente provisional de la República. Se convocó a elecciones presidenciales a celebrarse el 29 de abril de 1962. Los partidos de oposición PRAM, PDC, PAR no se prestaron a la farsa electoral y Julio Adalberto Rivera fue electo presidente sin oposición en una contienda de un solo candidato.[*]

Todo este período histórico del autoritarismo impulsado por las dictaduras militares en nuestro país, contaron con el respaldo de Estados Unidos que siempre ha visto a la región de Centroamérica como su patio trasero, una especie de finca bajo su dominio. La política de Estados Unidos en El Salvador de apoyo a las dictaduras militares, así como su política de agresión contra Cuba y Vietnam provocó un fuerte movimiento popular anti-imperialista; en esos años eran constates las movilizaciones en contra de la embajada norteamericana. A principios de los años sesenta los movimientos contra el gobierno y anti-embajada de Estados Unidos eran amplios y de raíz popular. Los estudiantes

---

[*]   Stephen Webre: *José Napoleón Duarte y el Partido Demócrata Cristiano en la política salvadoreña, 1960-1962.*

universitarios y normalistas participaban asiduamente. Las grandes marchas y manifestaciones salían de la Universidad. Con un grupo de compañeros que estudiábamos en el mismo curso en la Escuela Normal Masferrer, participábamos en las marchas y coreábamos consignas contra la embajada, en contra de los gringos y de la dictadura; no estábamos organizados, pero tras esa actividad comencé a relacionarme con el FUAR. Este progresivo vínculo me permitió en los años que estuve en la Escuela Normal Masferrer tener una relación cada vez mayor con la política. Me interesó el conocimiento de la situación del país, su historia, saber quiénes tenían el verdadero poder económico y político de El Salvador —los dueños de las mayores fincas cafetaleras—, conocer el vínculo de ese poder con las dictaduras militares. Empecé a conocer las causas de la enorme pobreza que padecía la mayor parte de nuestro pueblo, marginado del acceso a la salud, a la educación y a una alimentación digna. Me incorporé a la protesta, como uno más, como un manifestante, como un opositor, y comenzaron a germinar en mi conciencia los ideales, el sentido de la justicia y de la libertad. Comencé a comprender la necesidad de organizarme y luchar contra la injusticia y pronto me incorporé a los partidos políticos de oposición en mi pueblo Quezaltepeque, al que llegaba los fines de semana. Al principio, como es el caso de muchos jóvenes hoy día, ayudaba a repartir propaganda, a pegar carteles en los postes, participaba en los mítines. El objetivo de ese activismo coincidió con los valores que fueron modelando mi niñez. Mis papás no eran activistas en la política, pero eran portadores de valores que de un modo bastante natural alimentaron en nosotros el sentido de la responsabilidad, del compromiso, de la solidaridad. De manera que, sin ellos saberlo, sembraron la semilla que me fue aproximando a la política desde una visión humanista, inicialmente cristiana. Lo demás, la asunción de la política de un modo más consciente fue el resultado de un proceso, pero he de decir que mi hermano Alfonso, el mayor, fue desde que tuve uso de razón el espejo en que mirarme. Él estuvo siempre en contra de las dictaduras y en la casa protestaba contra los malos gobiernos y lo hacía con tanta vehemencia que a veces tanto mi papá como mi mamá tenían que pedirle que se calmara porque podían oírlo. En aquel tiempo hacer esos comentarios era peligroso, era ser visto como enemigo y al que capturaban lo torturaban y en algunos casos desaparecían. Recuerdo muy bien que algunas veces mi hermano Alfonso conversaba con el abuelo Acisclo, que era opositor, muy antigobierno, y también con uno de los hermanos de mi mamá, el tío Juan, que también fue opositor, y yo les oía a ellos y era receptivo a sus sentimientos y a las ideas que lograba entender. O sea que fuimos una familia donde primó el sentimiento antigubernamental, quizás por nuestra condición de obrera. Mi tío Juan, zapatero durante 40 años, suele decir sobre aquellos años: «A nosotros nos educaron en la religión católica, pero a través del tiempo, cuando fuimos madurando, hicimos comparaciones de la vida y la religión». Específicamente él siempre ha creído en una justicia humana que no puede esperar a que Dios haga justicia, sino que hay que luchar por conseguirla. Desde joven, siempre estuvo inclinado a los partidos no gobiernistas como casi toda mi familia. Mi tío Juan no aceptaba la injusticia. Su juventud transcurrió en la época del general Martínez, tendría entre 13 y 15 años en aquel período —1933 a 1945— de represión desatada. Mi tío Juan es muy vehemente cuando dice: «Nos indignábamos de ver tanta maldad porque aquí en nuestro país ser bueno era un delito, un pecado... mataban a la gente buena. El famoso militar Chato Casanova, jefe de la Guardia Nacional en Quezaltepeque, hizo atrocidades, mató a un montón de gente inocente después de la sangría que hizo Martínez. Era un delito organizarse, con solo murmurar la palabra comunismo... Dios te guarde».

Fui activista de varios partidos opositores en Quezaltepeque

cuando tenía 18 años. Participé en el Partido Revolucionario
Abril y Mayo (PRAM) que era un partido contra la dictadura y,
antiimperialista, atacaba a la política interventora de Estados
Unidos. Después participé en el partido Unión Democrática Nacionalista (UDN) y anteriormente había colaborado con el Partido de
Acción Renovadora (PAR) que en aquel tiempo generó un gran
movimiento nacional de oposición liderado por el doctor Fabio
Castillo. Castillo fue rector de la universidad y ganó las elecciones,
pero hubo fraude y los militares no permitieron que accediera
a la presidencia. Sin embargo, no pudieron evitar que se desarrollara un gran movimiento alrededor de la reforma agraria, de
la reivindicación de mejoras en las condiciones de trabajo y de
la exigencia de respeto a las organizaciones sindicales. Fue un
movimiento social y político grande del que también fui activista.
También participé en la coalición de la Unión Nacional Opositora
(UNO), como miembro del partido UDN. De manera que además
de la relación política que establecí con los compañeros de la
Escuela Nacional Masferrer y que nos llevaba a participar en las
protestas organizadas en San Salvador, también en mi pueblo comencé a hacer un ejercicio de activismo alrededor de los partidos
políticos.

Cuando cayó derrocado José María Lemus en 1960 se desataron
en todo el país gran cantidad de celebraciones de júbilo. En
Quezaltepeque se llevó a cabo la toma de la alcaldía. Fue una toma
simbólica porque no hubo ningún enfrentamiento violento y también porque representaba el poder político del partido oficial, el
PRUD. La toma pacífica se inició con nuestra presencia. Subimos a
la segunda planta y desde allí se dio inicio a un mitin anunciando
el derrocamiento de Lemus y la gente habló, libre, feliz porque
éste había caído. El pueblo siguió llegando a la alcaldía y en medio
del entusiasmo comenzaron a reventar cohetes; después salimos
desde ahí hacia el Casino, que era el lugar más opulento de

Quezaltepeque, ya que a él llegaban los ricos del pueblo a tomar licor, a departir, pues era el símbolo de la burguesía quezalteca. Nos dirigimos al Casino un grupo grande de gente y comenzamos a quebrar todas las botellas de licores; algunos a los que les gustaba tomar no las quebraron sino que se echaron sus tragos. Al día siguiente era la noticia del pueblo y todos comentaban lo sucedido; también la Guardia Nacional andaba por todas partes buscando agitadores con una lista y a mí me advirtieron de andar con cuidado.

La Junta que sustituyó al coronel José María Lemus durante tres meses, prometió organizar unas elecciones libres con participación de los partidos de la izquierda. Así fue autorizado el PRAM, de clara orientación izquierdista. Pero la Junta fue depuesta en enero de 1961 por un movimiento formado por la mayoría de oficiales del ejército y de la élite civil que no aceptaba ese espacio de libertad. El régimen resultante de este golpe, dirigido por el coronel Julio Rivera hasta 1967, y por el coronel Fidel Sánchez Hernández, continuó con el patrón establecido por Osorio de conjugar represión con alguna flexibilidad.*

En ese escenario de sucesivos golpes de Estado, desarrollé mis primeras experiencias en la actividad política. Este proceso formó mi conciencia y una visión amplia de la naturaleza del régimen y su incidencia en la política doméstica y el sometimiento de los militares y la burguesía criolla al imperio norteamericano. Ya era evidente que las dictaduras militares eran protegidas por Estados Unidos y que los oficiales del ejército y la policía eran entrenados en escuelas norteamericanas para perfeccionar su violencia contra el pueblo. Dichas dictaduras respondían a los intereses de unas pocas familias salvadoreñas sin conciencia nacional, que eran capaces de vender las riquezas de nuestro país a compañías

---

*   Alastair White: *El Salvador*.

gringas y para ello oprimían al pueblo, lo masacraban impidiendo su organización, su derecho a la protesta. Comprender la tragedia que estaba sufriendo mi país, obligaba no solo a comprender correctamente el fenómeno, sino a tomar partido y asumir las demandas justas del pueblo. Fue la vida real, los hechos, la práctica, lo que me llevó a los primeros compromisos juveniles, no la lectura ni la teoría.

Poco antes de cumplir los 20 años me gradué. Para mí fue cumplir un gran deseo. Quería desarrollar mi labor en las aulas, mi labor de educar, llegar a los niños, ayudar a contribuir a sacar del analfabetismo a la mayoría de la población, ideal al cual yo dedicaba mucho tiempo de mi esfuerzo.

Corría el año 1963 cuando inicié mi carrera como maestro. Mi vida laboral fue corta en el magisterio, laboré poco más de 13 años, la mitad de ellos en el campo. Fue interrumpida porque las tareas revolucionarias que desarrollaba en las FPL, me obligaron a pasar a la clandestinidad. Cuando me gradué había gran necesidad de maestros. Todas las muchachas y muchachos que salían con el título de la Escuela Normal Alberto Masferrer rápidamente tenían trabajo, pero nuestra promoción comenzó a tener dificultades para ingresar a la docencia; tuve que esperar varios meses para que me dieran mi puesto de trabajo ya que para conseguir una plaza había que superar grandes obstáculos administrativos y políticos y fue entonces que empecé a conocer la situación real de los maestros. Descubrí que para tener plaza había que tener recomendaciones de gente del gobierno o de militares. Yo superé esa dificultad gracias a que mis hermanas ya eran maestras y tenían amigas que trabajaban en el Ministerio de Educación y a través de ellas, después de sus muchas idas y venidas al Ministerio logré que me dieran la plaza en una escuelita rural.

Sueños y metas de joven

En mí se produjo un gran cambio cuando fui a la gran ciudad. Ese traslado motivado por mis estudios como normalista fue decisivo en la conformación progresiva de mis sueños y metas de joven. En la etapa de secundaria, entre los 13 y los 16 años, yo no tenía conciencia de la complejidad del mundo, de lo que sucedía en mi propio país. Yo era un adolescente y no se habían despertado en mí intereses más allá de lo que era mi barrio, el mercado, el Plan Básico y, más que todo, el deporte; yo admiraba a los grandes futbolistas, admiraba a grandes beisbolista, a basquetbolistas, y a veces me venían sueños de ser un gran deportista y obtener triunfos. Pero esa idea fue quedando atrás a partir de mi vinculación con la gran ciudad pues comencé a entender mejor la ayuda que mi madre daba a los desposeídos. Hasta entonces veía que había gente pobre que llegaba a donde mi mamá sin nada que comer o que llegaba a donde mi papá a que le diera algún trabajito, que le pagara unos cinco centavos por traer la madera, o sea que veía a mucha gente pobre que no tenía qué comer, pero no llegaba a comprender por qué sucedía eso, por qué esa gente pobre no tenía nada que comer y no lo asociaba a los regímenes dictatoriales ni a cómo la burguesía salvadoreña a través de sus gobiernos imponía políticas de empobrecimiento de la gente. Quiero decir que no llegaba al conocimiento de las causas de toda esa injusticia que en buena medida se daba en mi pueblo, Quezaltepeque. Por ejemplo, en esa plaza donde jugábamos, en sus portales convertidos en dormitorios se agolpaba la gente que venía de Chalatenango a las fincas porque Quezaltepeque en ese tiempo era un pueblo con zonas cafetaleras y grandes cañaverales. Había grandes fincas y en ellas se empleaba mano de obra para cortar el café. Venían entonces de allá cientos de gentes que tenían que dormir toda la semana en los portales. A veces bajo la lluvia, soportando el frío. Todos los

años morían ancianos o gente que llegaba a trabajar y no aguan-
taba el frío, en ocasiones hacían sus fogatas y su comida. Yo veía
aquello pero no interpretaba toda esa injusticia, las condiciones de
la pobre gente que para tener que trabajar debía trasladarse desde
sus lugares apartados hasta mi pueblo. Lo hacían caminando.
Pasaban semanas y semanas en Quezaltepeque y a veces no les
daban empleo. Esa situación dramática se vivía especialmente en
el mercado. No fue hasta mi llegada a la capital que comienzo a oír
hablar de las catorce familias dueñas del país, y es cuando pienso
que éstas eran las culpables de que cientos de personas duerman
en los portales en Quezaltepeque, porque la concentración de
dinero que tenían, su codicia, no permitía que hubiera programas
estatales de asistencia social para combatir la pobreza de toda
esa gente. Casi todos los ricos de Quezaltepeque estaban ligados
al café, no eran grandes terratenientes, finqueros de café, pero sí
constituían una élite en el pueblo que tenía su propio casino, su
propio círculo social; esa diferencia entre la situación extrema de
pobreza de los campesinos de Chalatenango con la riqueza de
la élite cafetalera de mi pueblo, no la entendí plenamente en mi
primera juventud. Pero poco a poco desperté a la conciencia y
mis sueños de triunfar en el deporte fueron sustituidos por otros
enfocados a pensar e imaginar un país mejor.

II. De maestro a clandestino

Cuando comencé a estudiar en la Escuela Normal Alberto Masferrer en 1960, no tenía plena noción del significado de la vocación del magisterio. Es esta una labor muy noble que tiene como misión formar a la juventud y contribuir a la construcción del futuro del país. Yo ingresé animado por el ejemplo de mis hermanas y por una intuición personal que me hacía ver la educación como un campo profesional atractivo, pero es en la Normal donde cobro conciencia y comprendo la importancia de la educación para cambiar y mejorar la vida de la gente. Es como un descubrimiento progresivo que poco a poco me va dando campo visual, razón de lo que estaba estudiando y una dimensión social en la que no había pensado. Esta aptitud que se despierta en los estudios se fortalece luego en el ejercicio del magisterio, trabajando con los alumnos y en la relación con los padres de familia y la comunidad. Este fue un proceso paralelo a mi propia evolución como persona. Yo había llegado de mi pequeño pueblo, bastante tranquilo, a la gran ciudad con su forma de vivir y su ambiente político. Pasé de un mundo familiar donde el tiempo transcurría lento a otro donde apenas conocía gente y todo iba deprisa. Estudiando Magisterio fui dando forma a mi propia personalidad de joven con los ojos y los oídos abiertos, ávido por aprender, por conocer, por saber más y estar informado. Y como por naturaleza la juventud es rebelde e inconformista, a mí no me costó incorporarme como un joven más a esa marcha general de la juventud por conquistar el cielo, por hacer realidad los sueños. De modo que mi amigo Chino-Fon no tuvo que hacer un gran esfuerzo para reclutarme como activista de la FUAR y animarme a participar en las marchas que se sucedían en San Salvador con bastante frecuencia. Entonces empecé a cuestionar el sistema político, pero también a mí mismo, pues éramos muchos los jóvenes de aquellas marchas que estábamos en plena búsqueda de una nueva vida personal y colectiva.

Yo me pregunto, a los 60 y algunos años más de mi vida, qué fue lo que provocó ese cambio tan radical en mi personalidad, en mi conducta, que me llevó posteriormente a participar en la gesta libertadora de los años ochenta, como miembro de un movimiento guerrillero histórico y heroico. Lo cierto es que yo tenía muchas inquietudes, muchas preguntas, pero era una persona muy seria, muy reservada; quizás heredé el carácter de mi padre ya que mi madre era muy abierta, muy comunicativa. Ella respetaba y era respetada y, además, todos le tenían gran cariño, mientras mi padre era muy callado pero de un carácter firme, responsable en su actividad laboral y familiar. Esa forma de ser de mi papá también influyó en mi formación. Es por eso que todos los que me conocieron en mi juventud, en Quezaltepeque, me dicen: «Nunca imaginé que tú hubieras llegado a ser un guerrillero, un dirigente político». Y es que yo tenía una mentalidad ni conservadora ni revolucionaria, era simplemente un cipote con inquietudes.

En San Salvador descubrí las luchas de las organizaciones populares, fundamentalmente de los sindicatos, que venían luchando por demandas reivindicativas salariales y mejores condiciones de trabajo. Se generaban grandes movimientos huelguísticos y movilizaciones en las calles que llegaron a conmocionar al país. La respuesta de los gobiernos militares al servicio de la oligarquía era siempre la represión sangrienta. Los gobiernos se elegían en elecciones fraudulentas y se imponían a través de la represión, la intimidación del ejército y los cuerpos de seguridad. La política represiva estaba dirigida a golpear a las organizaciones sindicales y populares para impedir la organización y lucha del pueblo trabajador; en este contexto social y político el descontento aumentaba. Yo me fui incorporando a la lucha en contra el gobierno dictatorial del coronel José María Lemus que era el presidente en aquel entonces.

El activismo como escuela de valores

Entre 1956 y 1960 el coronel José María Lemus fue el responsable de toda una política de represión, capturas, persecuciones y del envío al exilio a todos aquellos que fueran opositores. Esa política policial generó las condiciones para que se profundizara la lucha popular y como consecuencia la inestabilidad política, lo que junto a la crítica situación económica que afectaba a los sectores más pobres dio lugar a un escenario nacional en el que militares y civiles conspiraron y derrocaron a José María Lemus en octubre de 1960, implantando luego una junta progresista. Es en ese período cuando yo empiezo a estudiar en la Normal y entablo amistad con el Chino-Fon. El FUAR era el brote de un movimiento no electoral, inspirado en la gesta de la Revolución cubana de la cual se reivindicaba. No proclamaba la lucha armada pero sus acciones eran muy combativas: movilizaciones que organizaban los estudiantes universitarios y otras clases populares que se hicieron frente a la embajada de Estados Unidos, pues no sólo teníamos el problema de la dictadura salvadoreña sino que Cuba había triunfado y Estados Unidos amenazaba a la Revolución lanzando campañas de agresión para derrotarla. De modo que el FUAR no solo luchaba por un cambio de régimen político en nuestro país sino que también era muy solidario con la Revolución cubana. Recuerdo que en una movilización que se hizo contra la embajada de Estados Unidos algunos compañeros lanzaron pintura y mancharon toda la fachada del gran edificio; eran acciones de contenido antiimperialista, es decir, en contra de la agresión que estaba realizando Estados Unidos. Era, como ya he señalado en el capítulo anterior, un movimiento vinculado al PCS que comenzó a levantar una plataforma de transformación y de cambio social. El hecho de que fuera un movimiento con características combativas favoreció el surgimiento de planteamientos y acciones armadas. Primero, Cayetano Carpio (Marcial) y años después Schafik Hándal me contaron del debate que se dio en el PCS, en 1960, sobre la necesidad de impulsar la lucha armada y su relación con la lucha electoral. Yo desconocía por completo esos debates de manera directa pero fui partícipe de todo ese movimiento popular en una etapa de activismo, de hacer propaganda con pintas, carteles y panfletos, de participar en las marchas, de fomentar actitudes de lucha en la Normal Masferrer, invitando a otros compañeros a incorporarse a las actividades. Después, cuando desapareció el FUAR en 1964 me incorporé a un partido de izquierda, el PRAM, que era una expresión del PCS para dirigir la lucha electoral, la lucha política. Recuerdo que entonces surge, con vistas a participar en las elecciones presidenciales de 1967, el PAR, un partido con-servador, cuyo candidato a la presidencia era el doctor Fabio Castillo Figueroa y por el que yo hice activismo. El PRAM se unió con el PAR e hicieron una coalición para enfrentarse al partido de gobierno que era el PRUD. La plataforma del FUAR casi en su inmensa mayoría fue absorbida por ese partido. En ese tiempo hacíamos un activismo no solo de andar pegando propaganda sino también íbamos a los cantones, yo iba a los de Quezaltepeque.

Utilizamos la actividad política para divulgar y proponer las *Cinco Grandes Soluciones* a los problemas del país que eran medidas para un nuevo gobierno. La reforma agraria era la que más impactaba a la gente porque hablaba de asignarle la tierra a los que la trabajan, por lo tanto, toda la tierra ociosa que estaba en manos de los grandes terratenientes que no la trabajaban, pasaría a manos de los campesinos. Era esa una demanda muy bien acogida por el campesinado. También tenía fuerza la demanda de la reforma educativa y la exigencia de una reforma urbana para bajar el precio de los alquileres de casas; todo era parte de una plataforma de izquierda.

Mis convicciones políticas se fortalecieron y también mi sentimiento de solidaridad con la gente perseguida y oprimida. Creo que fui un estudiante muy responsable que compatibilizaba el estudio con las marchas o ir a hacer una actividad de propaganda. Y, de vez en cuando, me daba mis escapadas para ir al cine. Pero mi afición por el deporte seguía siendo grande. En la Normal fui parte del equipo de básquetbol, claro que no estábamos en la primera categoría, estábamos en la segunda categoría y el papel de la Normal no era destacado, pero participábamos en los torneos estudiantiles que se daban en San Salvador. El fútbol lo practicaba pero no fui parte del equipo. Me acuerdo que en ese tiempo, en la Normal, no en mi curso, había un jugador de Santa Elena que después fue seleccionado, le decían el Tabudo Méndez. A la cancha de fútbol íbamos a practicar con un primo mío, Tito Pineda, hijo de una pariente materna que se llamaba Doña Estebana y con la que mamá en el mercado era uña y carne. Siempre en los ratos libres, mi mamá se iba a donde mi tía Teba, ahí comenzaban a chistar y a contar anécdotas, otras veces era la tía Teba la que iba a buscar a mamá. Era una relación muy bonita la que había entre ellas. Eso también se reflejó en nosotros, en Tito y en mí. Durante los estudios de secundaria éramos muy amigos, estudiábamos en el mismo curso y hacíamos las misma maldades y nos parecíamos físicamente, aunque él era blanco y yo moreno, pero casi teníamos la misma estatura y el caso es que los profesores nos llamaban los «dos pilluelos» por los personajes de una tira cómica de aquel tiempo. Nosotros éramos muy traviesos y siempre, siempre, a los dos nos castigaban. Continuamos juntos en la Normal, estudiamos en el mismo curso. Tito fue amigo de mis amigos, él sí se dedicó a jugar fútbol, participaba en el equipo, pero yo participé más en el equipo de básquetbol. También en la Normal estudiaban otros compañeros, José Luis Sanabria, a quien llamábamos, *Chepe Luis* y otro conocido como *el Picudo*, vecinos del barrio Concepción. Vivíamos en la misma cuadra en esquinas opuestas, su familia tenía ahí una floristería y siempre que podía, iba a visitarlo. Cuando me casé alquilamos esa misma casa a la que le decían «la casa de las palomas», por la cantidad de palomas que se reunían en ella. De pequeño me iba a la casa de Chepe Luis para ayudarles a hacer flores de papel. Me gustaba porque la niña Chela, que era la mamá de Chepe Luis, me llamaba cuñadito, y siempre que llegaba me trataba con cariño, cuando estaban comiendo me decían: «Venga, cuñadito, venga a comer». Con Chepe Luis tuve una amistad cercana, lo mismo que con Tito. Él ya era compañero de estudio de mi hermana Angelita cuando yo llegué al primer año de secundaria. Estudió también en la Normal Masferrer; llegó a ser un atleta muy famoso, compitió en los juegos estudiantiles centroamericanos y puso siempre en alto a El Salvador ganando medallas de oro y de plata en la carrera de 100 metros. Era muy buen deportista, muy buen nadador, muy buen bateador... muy buen atleta.

Como ya he dicho, en la Normal Masferrer formamos un círculo de amigos que supo confraternizar sobre la base del apoyo mutuo, de una solidaridad fuerte. Participábamos en los deportes, en las actividades sociales que organizaba la escuela, estudiábamos juntos, nos ayudábamos mucho. La solidaridad se fue fortaleciendo, gracias al deporte. Este vivir en equipo me ayudó mucho y aunque estábamos en pupilajes diferentes, éramos como una familia. El primer pupilaje estaba ubicado en San Jacinto, cerca de la Casa Presidencial. Me viene a la memoria que para las horas de estudio me iba al parque Venustiano Carranza que era en aquellos años un espacio a donde los estudiantes llegábamos. Allí encontraba a los compañeros de la Normal Masferrer y a las compañeras de la Normal España. Reinaba un ambiente muy acogedor. En aquel tiempo, los noviazgos eran algo frecuente en la Normal, pero no recuerdo haber tenido una amistad que me llevara a un noviazgo. Pero fue en el otro pupilaje, cerca de la Iglesia de la Merced, por donde está la Policía Nacional, donde yo pasé más tiempo, casi dos años. En esta última casa compartí pupilaje con Chepe Luis. Los dos nos íbamos a Quezaltepeque los sábados por la mañana o por la tarde, en tren, y ya el domingo al atardecer había que tomar nuevamente el tren de regreso. Todos los fines de semana íbamos a nuestro pueblo. Era un motivo de gran alegría viajar en los trenes, por cierto que Quezaltepeque todavía conserva aquella estación que recuerdo con nostalgia y afecto. En los trenes nos encontrábamos chicos y chicas que estudiábamos en San Salvador. Las estaciones de los trenes eran una feria permanente, ahí encontraba uno de todo, comida, sobre todo pupusas; el tren iba parando en las estaciones de Apopa, Nejapa, Ciudad Delgado, era una alegría hacer esos viajes tan llenos de juventud. Relato todo esto, pues tiene que ver con los valores que forjaron mi forma de ser, de actuar y de pensar, el descubrimiento de la vida, de la amistad, de la solidaridad entre amigos, el despertar de la conciencia social y política. No salí de la Normal con las mejores notas, pero terminé mis estudios con notas medianas. En aquel tiempo los exámenes eran de cultura general y cultura pedagógica, y si uno no pasaba todos los exámenes no le daban el título de profesor, había que prepararse bien.

Cuando me gradué mantuve mis amistades. En Quezaltepeque nos juntábamos los fines de semana en un lugar frente a la Iglesia de El Calvario, en una sastrería a cuyo dueño le decían Culo de Vaca, pero nosotros le llamábamos *maestro*. Nos reuníamos para organizar y planificar los juegos de nuestro equipo de fútbol y básquetbol. En ese tiempo formamos un equipo de fútbol y básquetbol al que le llamamos Yanqui y participábamos en una liga no federada, en una liga del pueblo; había siempre un torneo de equipos de los barrios, cantones, que era tradicional y nosotros participábamos como parte de ese equipo. Cuando terminábamos el partido nos íbamos a departir a La Toma, a echarnos unos tragos y conversar, contar chistes, en dependencia de si habíamos ganado o perdido. Cuando yo me gradué de maestro y obtuve mi primer salario me tocó dar *la culebra*, esto consistía en celebrar el primer salario, para lo cual había que invitar a todos y uno asumía los gastos. El primer salario que tuve —en 1963— nos fuimos a celebrarlo a Nejapa. En esa ocasión estábamos todos, seis o siete jugando y conversando, y yo les platicaba sobre la situación del país, los numerosos conflictos, la amenaza de los militares, y les dije: «Miren, aquí dentro de 20 años, en El Salvador, van cambiar las cosas y el comunismo es el que va reinar en este país». Bueno, y ahora me pregunto yo, ¿de dónde sacaba esas conclusiones? Supongo que esa ideas me venían del activismo iniciado primero con el FUAR y luego con el PRAM y la UDN que eran partidos influidos por la Revolución cubana y el Partido Comunista de El Salvador, aunque yo no era militante del PCS, solo un activista. Lo que sí tenía peso en mis ideas era el criterio de que así como en Cuba había triunfado la Revolución, en El Salvador también era posible. Nunca pude imaginar que 20 años más tarde, en 1983, iba a estar en la dirección de las FPL peleando por ese ideal que yo les anuncié a mis amigos. Por cierto, uno de ellos, Carlos Meléndez, *Pata de Zope*, me dijo que eso no ocurriría. Él estaba estudiando en la Escuela Militar y ya en la guerra estuvo al frente de los batallones élite; nunca me enfrenté con él. Otro compañero era Luis Aquino, *Lichi*, amigo del barrio, cuya familia tenía una finquita por Valle El Señor. Yo me iba con ellos a pasear, fui muy amigo del hermano mayor de Luis que se llamaba Fito y que murió, y de su otro hermano Manuel, fuimos muy pero muy amigos. Lichi se hizo empresario de bus y dueño —después de la guerra—, de una gasolinera; al igual que muchos empresarios pequeños fue víctima del sistema financiero. Supe que quebró y me dijeron que había muerto. Había otro compañero que se llamaba Henry Quezada que estudió y se graduó en la Universidad de El Salvador, fue profesor de la Universidad y después trabajó con el Gobierno en una de las unidades que se encarga de la Cooperación Internacional. Algunas veces lo he encontrado y hemos platicado y recordado aquellos buenos tiempos.

Con respecto a esa afirmación de la llegada del comunismo me imagino que años después ellos la recuerdan y deben haber pensado: «Ya este desde que estaba con nosotros tenía esas ideas», y en realidad era así, dada mi participación tanto en el FUAR, más tarde en la UDN y después, cuando comencé a ejercer el magisterio, las relaciones que inicié con gente del PCS, todas esas relaciones fueron la base de una ideología que gradualmente fue madurando. Poco tiempo después de graduado me incorporé a ANDES 21 de Junio y fui dirigente gremial en Quezaltepeque, junto a otros maestros. Nuestra labor y activismo político propició el acercamiento con militantes comunistas. En poco tiempo a varios compañeros maestros nos asignaron como responsable a un obrero de la construcción, cuyo nombre verdadero nunca conocimos, solo supimos que su seudónimo era Darío. Él llegaba a Quezaltepeque y nos reuníamos en mi casa. La proyección era formar una célula del partido. Duraron poco aquellas reuniones porque ya entre los años 1970 y 1972 de dirigente local pasé a ser dirigente departamental y a participar en reuniones de conducción nacional de ANDES. Allí conocí a la doctora Mélida Anaya Montes (Ana María) y a través de ella comencé a relacionarme con las FPL, de manera que en 1972 me separé de esa célula comunista en formación. En ese momento ya se estaba extendiendo en la izquierda la convicción de que en nuestro país la lucha electoral era una vía agotada; se había demostrado que era imposible lograr el objetivo de cambiar al país a través de las urnas puesto que toda la maquinaria electoral estaba al servicio del gobierno de turno. Es así que yo también me sumé a quienes para hacer un país con más justicia pensaban que era necesario prepararnos no sólo para las elecciones sino que debíamos prepararnos militarmente. En el colectivo le exigíamos a Darío entrenamiento militar y cono-cimiento de las armas; la respuesta era: «Nosotros los del partido estamos también en la idea de que hay que prepararnos, ya les vamos a comenzar a enseñar cómo manejar las armas», pero nunca lo hicieron. Entonces, los tres compañeros profesores decidimos intentar un acercamiento con los grupos de apoyo de las FPL. Eso ocurrió en 1972. Entonces hice el primer contacto con las FPL y a partir de ahí tuve esa doble militancia, en ANDES y en las FPL, pero esa es ya otra etapa de mi vida.

Tiempo de profesor

Cuando ingreso al magisterio la lucha popular se había extendido y la organización de los maestros era muy notable, al igual que los niveles de organización de los campesinos. La fuerza sindical de los trabajadores se había desarrollado aún más y las crisis de las dictaduras militares era patente. En 1961 el PRUD había fracasado y los militares formaron el PCN, el cual se caracterizó por ser una herramienta política de gobiernos militares y por dirigir en función de los intereses de los grupos económicos más elitistas y excluyentes mediante la implementación de programas populistas. Sin embargo, todo ese aparato político que era el régimen militarista estaba en una profunda crisis.

También en esos años las dictaduras militares impulsaban, además de la represión, el desarrollismo con el apoyo financiero de Estados Unidos y esto condujo a cierta modernización del Estado salvadoreño. Llevaron a cabo la construcción de infraestructuras, la electrificación del país, la creación de varias presas hidroeléctricas importantes. El café y la agricultura eran el eje fundamental de la economía e impulsaron un proceso de agroindustria, pero al servicio de grupos oligárquicos por lo que la mayoría de la gente quedaba excluida de los beneficios del progreso. Eran las conocidas catorce familias las que concentraban toda la riqueza. Este proceso de modernización de la economía generó un proceso de conflictos, no solo con los grandes terratenientes nacionales, sino que transcendió a un conflicto en el ámbito regional que paralizó el proceso de integración centroamericana. Las contradicciones entre las burguesías de Honduras y Guatemala con la salvadoreña eran notorias. Esta confrontación fue la causa de la guerra entre Honduras y El Salvador en 1969; aunque el pretexto formal fue la expulsión de los emigrantes salvadoreños por parte del gobierno hondureño, la disputa del mercado centroamericano fue el verdadero motivo. Este conflicto tuvo su repercusión en el seno del PCS. Salvador Cayetano Carpio (Marcial) estuvo en desacuerdo con la dirección del partido al dar ésta su apoyo político al gobierno salvadoreño en la guerra contra Honduras. Este enfrentamiento interno al que se sumaba el debate sobre la validez o no de la vía electoral para cambiar el país daría lugar, finalmente, al abandono de las filas del partido de Marcial y otros muchos militantes.

En ese ambiente político nacional comienzo a practicar la docencia en la zona rural del país. Hacia 1963 el magisterio salvadoreño, influido por el auge del desarrollo y la lucha sindical, multiplicó acciones organizativas que dieron como fruto el surgimiento de ANDES en 1965. Los maestros no se regían por un escalafón, por lo cual no tenían derecho al aumento salarial por vía del mérito y, al no haber promoción, no se podía aspirar a tener una mayor calificación profesional para trasladarse de una escuela rural a una escuela urbana; había que tener cuello, como decían había que ser chero[8] de los militares o de funcionarios del gobierno. Era puro clientelismo y siempre para las elecciones era obligación de los y las maestras votar por el partido oficial.

En 1963 comencé a trabajar en una escuela del departamento de La Libertad, en el pueblo de Huizúcar. Trabajé en un cantón donde la gente era tan pobre que no encontré dónde alojarme, al estar la escuela en condiciones de desastre total, sin mobiliario. Tuvimos que conseguir una donación de las otras escuelitas de Huizúcar para equipar la escuela del cantoncito Tilapa, con mobiliario que ya no usaban. La gente, muy humilde y sencilla, sentía un gran cariño y respeto por el maestro, cuando era posible compartían con él sus frijoles y tortillas a modo de banquete.

La gente sobrevivía, simplemente, sin futuro. Las condiciones para trabajar y desarrollar una enseñanza adecuada para la niñez eran limitadas. Viajaba todos los días, tenía que caminar una legua, unos tres kilómetros. Salía temprano para estar en el cantón a las ocho de la mañana y a las cuatro de la tarde emprendía el regreso para estar hacia las cinco y media en el pueblo. Estuve en Tilapa un año, enseñaba en primer y segundo grado. Para iniciar la matrícula escolar tuve que hacer visitas, casa por casa, convenciendo a las familias de enviar a la niña o al niño a la escuela, pues algunos padres y madres se resistían: «Es que mi hijo de las letras no va a comer, yo tengo que enseñarle a que trabaje con la cuma,[9] de eso va a vivir». Mi vivencia con el campesinado salvadoreño me permitió conocer su realidad, la situación de extrema pobreza en que vivía la gente que apenas tenía para ponerse su mudadita y padecía muchas enfermedades, eran familias excluidas de condiciones de vida adecuadas. También conocí las condiciones en que trabajaban los maestros y maestras rurales. Además de las nulas prestaciones no teníamos seguro de vida, carecíamos de asistencia médica, de buenos salarios y de escalafón. Todo funcionaba en base a un clientelismo que generaba incertidumbre en el maestro, quien no gozaba de seguridad al finalizar el año escolar, pensando si le llegaría o no el nombramiento para seguir trabajando; si el Ministerio o el partido oficial decidían no otorgar el nuevo nombramiento uno quedaba sin trabajo y de esa inestabilidad se aprovechaban los gobiernos militares para tener sometido al gremio.

El año que estuve en Huizúcar conviví con otro maestro; el profesor Ricardo Rico, de Cuscatlán, trabajaba de maestro en otro cantón del municipio. Compartíamos el alquiler de un cuarto con el profesor Virgilio, de Usulután, con muchos años de trabajo en el Huizúcar. A este pueblito supersticioso y tradicional se le conocía como pueblo de brujos, las leyendas contaban que los pobladores se convertían en monos. Su iglesia era muy bonita —recientemente fue saqueada y robaron imágenes de la época colonial—; muchas tardes las pasábamos en el patio. Allí practiqué fútbol en el equipo del pueblo y con Virgilio nos convertimos en el alma del equipo. El domingo antes del juego los aficionados decían: «Hoy van a jugar los profesores» y la mayoría de ellos llegaba a vernos, pues la gente nos tenía gran cariño. Éramos buenos futbolistas y confiaban en nosotros para ganar el partido. Virgilio ya tenía su novia y amistades. Él me llevó a la casa de ella donde conocí a una hermana con la que tuve un noviazgo que no trascendió a compromiso; por la noche llegábamos a platicar con las hermanas, los domingos íbamos a jugar fútbol. Era un pueblo pequeño: dos o tres calles empedradas. En los primeros meses, los fines de semana me iba para Quezaltepeque en el único bus, que salía en la mañana y regresaba en la tarde; me iba los sábados por la mañanita y ya el domingo en la tarde tenía que regresar. A veces, cuando tenía que jugar fútbol, me quedaba en Huizúcar. Al final del año pasé varios fines de semana sin viajar a mi pueblo, Quezaltepeque, lo que preocupó a mis padres y mi papá viajó a Huizúcar para saber qué sucedía y no era otra cosa que ya me había encariñado con el pueblo y con mis amistades.

Después de la firma de los Acuerdos de Paz llegué nuevamente a Huizúcar. Hoy el pueblo aún conserva su ambiente colonial, ya los amigos son viejos y la mayoría de los niños que tuve en la escuelita son jóvenes que no puedo reconocer. Mi relación más importante fue con los profesores, que eran solidarios y fraternos. Me viene a la memoria Rico, que era muy buen tirador, y en las noches junto con Virgilio nos íbamos a cazar y a veces traíamos hasta seis o siete conejos, y el sábado departíamos comiendo conejo y tomando tragos. Es por ello que entre el fútbol, el pueblo que era muy bonito y nuestra amistad, casi no visitaba Quezaltepeque. Yo tenía entonces casi 20 años y mi mamá y mi papá se preocuparon de veras por mi ausencia. En 1964 solo trabajé dos meses en Huizúcar, enero y febrero, porque me trasladaron al cantón El Jocote, jurisdicción de San Matías, pueblito del departamento de La Libertad conocido también por ser el lugar de nacimiento del dictador Maximiliano Hernández Martínez. Trabajé en una Escuela Rural Mixta. Era más grande, con mejores condiciones, era una escuela diferente a la de Tilapa, tenía hasta sexto grado y llegaban niños de varios cantones. Era una zona cañera y ganadera por lo que la gente tenía un nivel de vida mejor. No encontré la pobreza que vi en el cantón Tilapa, en Huizúcar. Aquí la gente estaba más vinculada al trabajo en la zafra, a la ganadería, eran pocas las familias campesinas que vendían su fuerza de trabajo. En la época de la dictadura de Maximiliano Hernández, en el cantón

El Jocote, la tierra fue entregada a los campesinos como parte de la Reforma Agraria, por ello contaba con una escuelita con buena infraestructura.

Durante mi labor docente en la Escuela Rural Mixta del cantón El Jocote, comencé a tener una actividad más sistemática en la organización magisterial ANDES 21 de Junio, por lo tanto, además de mis clases, comencé a hacer labor de concientización en mis alumnos y en los padres de familia. En ocasiones tenía que ausentarme para participar en las movilizaciones y actividades de ANDES; también comencé a realizar labores en contra de la dictadura y del papel de los militares, analizando con mis alumnos la realidad del país. Muchos de ellos después se incorporaron a la guerrilla, a las FPL. En aquel lugar surgió un líder importante campesino de nombre Aurelio, que en los años setenta organizó al campesinado y después se convirtió en un dirigente guerrillero muy osado, y lo mismo su hijo Tito. Pero lo más grandioso que me sucedió fue lo que enseguida cuento de su esposa Santios. Yo conocí a Aurelio, a Santios y a sus hijos —Tito fue mi alumno—, ya que ellos vivían frente a la escuela. Tenían una tiendita, parcelas y ganado, en su casa comían varias maestras y por las tardes llegaban muchos muchachos del cantón a jugar naipes con Aurelio, así que los visitábamos por las tardes. Cuando me trasladaron a mi pueblo Quezaltepeque dejé de verlos. Ya en Chalatenango, cuando fui electo Secretario General de las FPL, en 1983, comencé a conocer nuestras fuerzas, su ubicación y sus jefaturas, por informes que los mandos nos presentaban y despertaba en mí mucho interés escuchar sobre Quezaltepeque y El Jocote; así supe de la trayectoria revolucionaria de Aurelio, aquel campesino líder de su zona que se había convertido en un experto guerrillero. Después me llevé una grata sorpresa en uno de mis viajes al exterior. Aproveché para pasar por Nicaragua, ya que en Managua estaban Margarita y mis hijos, y el día que llegué vi a una señora que me parecía conocida, al verla venía a mi mente El Jocote y toda mi experiencia de maestro. Me le acerqué y al reconocerla espontáneamente la abracé y Santios explotó en llanto, me conmovió y de mis ojos brotaron lágrimas de cariño, de respeto, de solidaridad. Pasado ese momento emocionalmente difícil, me comenzó a contar su historia en El Jocote, la muerte de Aurelio, su salida al exterior, los destrozos que causaron la gente de ORDEN en su casa, el robo de sus propiedades, de su ganado. Después Margarita me contó cómo la conoció, cómo llegó a trabajar con ella. Santios al saber que era mi esposa, se convirtió en la madre de Margarita y la abuela de mis hijos, llenando de amor maternal a mi familia y sustituyendo el calor que yo no pude ofrecerles por mis tareas revolucionarias. Santios les dio afecto con creces.

En el cantón El Jocote permanecía toda la semana porque no había buses y no era cosa de estar caminando cada día desde mi pueblo que quedaba realmente lejos. Los viernes salía a las cinco de la tarde para llegar casi a las ocho de la noche a Quezaltepeque; eran tres horas de camino. La experiencia fue diferente, en un ambiente, aunque rural, más avanzado. Daba clases en primer, segundo, tercer y sexto grados y siempre me gané el afecto de la gente porque era un maestro futbolista. Todo el mundo me pedía: «Usted no se debe ir, el domingo tenemos que jugar». Muchos padres de familia eran aficionados a jugar fútbol. La permanencia en el cantón me permitió compartir más con mis alumnos y sus padres. En El Jocote trabajé más de dos años, 1964 y parte de 1966, hasta que me trasladaron a Quezaltepeque donde conocí a mi esposa, Margarita Villalta.

El traslado a una escuela de mi pueblo, significó el inicio de mi militancia más activa a favor del gremio magisterial en ANDES. Mi experiencia como maestro me daba un conocimiento amplio de las dificultades de trabajo del gremio y ese conocimiento lo fui volcando en la organización. En aquella época no había ningún estímulo para los maestros, había que caminar bastante, estaban aislados, apenas había supervisión o asesoría, y el ejercicio de la profesión se realizaba en condiciones duras. Los padres enviaban a sus hijos a la escuela solo hasta cierta edad, ya que necesitaban de ellos para la siembra del maíz y para cortar caña o café. Todavía hoy persiste este problema.

Llegué a la Escuela Urbana Emilia Mercher que quedaba en el barrio Guayabal. La escuela no era un edificio construido especialmente para esa función sino una casa alquilada que se había acondicionado habilitando nueve aulas. En la mayoría de las escuelas rurales uno tiene que hacer tareas de director, subdirector, profesor, tener varias aulas, primero, segundo grado, pero ya en las zonas urbanas las escuelas cuentan con más respaldo y con el personal completo. La educación nunca fue prioridad para las dictaduras militares, los intentos de reformas educativas siempre se diseñaron en función de favorecer a los grupos dominantes, manteniendo a la mayoría del pueblo en el analfabetismo. Los porcentajes de los que concluían la educación básica y secundaria eran muy bajos y muy pocos estudiantes podían tener carrera universitaria. Obviamente, la mayoría de la gente humilde y pobre estaba excluida de toda posibilidad real de acceder a estudios superiores, apenas llegaban a sexto grado, aunque la mayoría del alumnado se quedaba en el primero conformándose con saber leer y escribir a duras penas. En todo caso, en la ciudad los niños tenían más oportunidades de terminar la primaria y continuar la secundaria que los niños y niñas del campo.

Para un maestro de nuestros días los recursos para la docencia son mejores. Uno tiene más acceso a la lectura, a la información, a la radio, a los periódicos, hay más recursos para inculcar en los alumnos una mayor responsabilidad, una mayor solidaridad al hacer trabajo de investigación en equipo, creación de audiovisuales, uso de tecnologías, internet, etcétera. De manera que para el desempeño del maestro o maestra hay más facilidades. Para desarrollar el deporte durante mi tiempo de docencia, el alumnado contaba con profesores de Educación Física que tenían una formación genérica pero normalmente no eran especialistas en atletismo, básquetbol, fútbol o gimnasia. Nosotros nos encargábamos de llevar a los niños y aquellos profesores les fomentaban el conocimiento de las reglas del juego, el espíritu de competencia sana, de saber ganar y perder, pero todo ello con infraestructuras precarias y recursos siempre limitados.

En aquel tiempo la enseñanza utilizaba métodos disciplinarios de castigo para corregir a los niños y niñas. En primer grado la disciplina era menor, se buscaba más la motivación, la participación del menor. El castigo se utilizaba más en los alumnos de cuarto, quinto, sexto grado, donde la rebeldía era patente y puedo decir que en la cultura de la época era algo aceptado, tanto por los padres y madres, como por la sociedad en su conjunto. Se permitía y aun se recomendaban los castigos corporales, pero sin llegar al abuso; no formaban parte de la vida pública y privada los derechos de los niños y niñas. Era normal dejar a los muchachos y muchachas de plantón, no dejarles salir al recreo, hasta se practicaba el castigo corporal con reglas, pero todo eso era permitido y a veces a los maestros los calificaban los padres de familia, si eran buenos o no en la medida que tuvieran capacidad de encauzar a los alumnos con autoridad y también por los métodos de enseñanza.

En mi época de docente, si la comparo con épocas anteriores, teníamos posibilidad de participar en la elaboración de los programas y sus contenidos. Había asimismo espacio para mejorar profesionalmente mediante capacitaciones, teníamos la oportunidad de buscar becas para mejorar la formación, para ejercer la docencia en el nivel de secundaria, en bachillerato, mediante el acceso por concurso. Desde luego había limitaciones en cuanto a la posibilidad de tener acceso a mejores fuentes y a buenas bibliotecas, ni teníamos al alcance recursos audiovisuales, ni computadoras, no había posibilidad de usar ciertas técnicas electrónicas que ahora existen. Yo siempre ejercí la docencia en la educación básica primaria.

Primeros años en ANDES 21 de Junio

En los años sesenta se agudiza la lucha de los trabajadores por las demandas de salario justo y respeto a sus derechos laborales, en este contexto se inicia el movimiento de organización del magisterio. Esto constituyó un hecho sin precedentes en la historia del país, pues el magisterio, tradicionalmente en su mayoría, era parte de la clientela electoral de los partidos oficialistas. El hecho de que surgiera una organización de maestros combativa y con gran arraigo social, tendría una positiva incidencia en la lucha popular por el papel del maestro en la comunidad y su relación con los padres de familia. La Asociación de Maestros ANDES 21 de Junio surgió en 1965 como resultado de un proceso iniciado años atrás, y se comenzó a gestar como organización desde septiembre de 1964.

Su plataforma recogía las demandas más sentidas del magisterio y fijó una posición critica al sistema de la enseñanza en El Salvador, ya que era esta una enseñanza formalista que concebía a los alumnos como depósito en donde vaciar una serie de conocimientos a repetir, pero que no se preocupaba de educar para hacer personas con juicio propio, sentido crítico, con capacidad de análisis de la realidad. ANDES se fundó con el enfoque de educar para la libertad, lo que suponía una nueva relación entre educador y educando siguiendo los principios y el método del brasileño

Paulo Freire. Según este planteamiento, el profesorado debe asumir una relación horizontal con el alumno, alentando en él el espíritu crítico, la curiosidad por aprender más aprendiendo juntos, ayudar a construir personas autónomas con capacidad para saber elegir, tener iniciativa y ser responsables, individuos con personalidad y a la vez parte de un colectivo, parte de la sociedad, fomentando la solidaridad. Enseñar para la libertad en aquella época era una bandera subversiva, de cambio social, una reivindicación que chocaba abiertamente con un poder político autoritario, cerrado, en una sociedad enormemente clasista donde una minoría sometía a las mayorías sociales. Una enseñanza que alentara la crítica era tanto como decir una enseñanza antigobiernista, contraria a las dictaduras militares y cívico-militares, crítica hacia el poder económico y hacia los medios de dominación social de las élites. Una enseñanza libertaria implicaba maestros y maestras con capacidad crítica y espíritu de lucha para romper con el tradicionalismo y el peso de los caciques, de los burócratas, del ministerio y los cuerpos represivos. Se abrió entonces un período apasionante de lucha entre dos concepciones: el régimen con su gobierno y ministerio de turno de un lado y del otro ANDES, que además de plantear una batalla global, animaba a su miembros a poner en práctica experiencias de nueva enseñanza siguiendo la línea de Paulo Freire.

En Quezaltepeque trabajé en la docencia diez largos años, hasta que en 1978 pasé totalmente a la vida clandestina. Trabajé todo ese tiempo en la misma Escuela Urbana Mixta Emilia Mercher. Durante esos años de docencia los maestros de ANDES me eligieron responsable de la organización en mi escuela; la mayoría del profesorado era de la organización y con los que no eran de ANDES teníamos una relación muy buena, no nos considerábamos adversarios. Mis alumnos me identificaban como un maestro de ANDES, con ideas contrarias al gobierno y ello influyó para que muchos de ellos asumieran una actitud muy solidaria con mis ideas, ya sea en el gremio o de cara a la política. También entre los padres muchos fueron comprensivos, algunos constituyeron un fuerte apoyo en los momentos difíciles de nuestras luchas, pues hubo huelgas que implicaron el abandono de las clases y de la escuela por varios meses, medidas extremas que tomábamos cuando fracasaban las negociaciones con el objetivo de conquistar nuestras demandas. Algunos de mis alumnos llegaron a incorporarse después a las FPL en la etapa de la guerra civil. Varios murieron en combate y otros todavía viven y continúan siendo militantes. Yo me los encuentro, algunos son dirigentes del partido, otros son miembros de base, y a mí me da gran alegría comprobar que todas aquellas ideas que compartí con ellos fueron importantes para sus vidas. El pueblo de Quezaltepeque conoció en mí a un maestro luchador social en ANDES. Más tarde conoció mi participación y militancia en la lucha armada, en las filas de las FPL. En la Escuela Mercher concluyó mi ciclo educativo; diez años di clases allí, donde siempre me sentí bien porque estaba en mi pueblo, cerca de mis amigos y de mi familia y, trabajando en la Mercher, formé mi propio hogar.

La visión filosófica de la docencia de los maestros de ANDES chocaba con la visión del régimen que procuraba hacer de la enseñanza una herramienta conservadora, garante del *status quo*. Orientaba la enseñanza para fomentar el clientelismo en torno al Estado, al gobierno y al partido oficial. La educación fue un campo de lucha política de extraordinaria importancia pues todas las ideologías y proyectos políticos entendían que era un instrumento estratégico para socializar unos u otros valores, una determinada cultura. Es por ello que la educación formaba parte de las luchas sociales y de las luchas políticas y éstas, a su vez, también fueron parte de los cambios que se fueron dando en la educación. A finales de los años sesenta había partidos de oposición que levantaron dentro de sus demandas la reforma educativa. En el caso del PAR, que tenía un programa de izquierda, levantaba la bandera del acceso a la educación, una educación universal para todo mundo, y la apertura de puertas de la Universidad de El Salvador de manera que hubiera educación superior para todos. El principio de que la educación superior no fuera elitista sino que todos los salvadoreños tuvieran posibilidad de acceso a la misma, era una demanda de la izquierda en la época en que comencé a realizar mi trabajo. Este movimiento coincidió con el surgimiento de ANDES que asumió desde el momento fundacional el enfoque de una educación liberadora, lo que también significaba romper la conducta conformista del maestro como reproductor de las orientaciones y valores del sistema político Es verdad que a los y las maestras que fomentaban la crítica se les castigaba con frecuencia, bien no dándoles plaza al siguiente año o bien trasladándoles a los lugares más lejanos; ambas posibilidades infundían temor en el gremio. Reconozco el liderazgo y la profunda visión filosófica de Mélida Anaya Montes, su conducta ejemplar, su dedicación a los sectores desposeídos, su firmeza, su combatividad, fue determinante para cambiar la mentalidad del maestro. Ella alentaba una nueva conciencia, una visión crítica de la realidad del país y el interés por la investigación social. Era necesario un cambio profundo dentro del magisterio y para que eso se produjera hacía falta una revolución de mentalidades. Desde ANDES y con el liderazgo de Mélida realizamos esa labor interna dentro del magisterio. Recuerdo que muchos fines de semana teníamos jornadas de capacitación para aprender y apropiarnos del método de Paulo Freire.

ANDES abanderó la demanda del magisterio salvadoreño, la dignificación del maestro, de la maestra, lo que fue una de sus principales reivindicaciones. Dignificar al maestro era sacarlo de esa posición conservadora y actitud conformista, romper con la conducta tradicional para convertirse en un maestro con libertad, que gozara de estabilidad laboral, con mejores condiciones de trabajo y mejores salarios, con acceso al sistema hospitalario. Es verdad que el régimen hizo movimientos de cambio en la enseñanza, sobre todo al pasar de una sociedad agrícola a una sociedad agroexportadora, pero sin modificar lo sustancial. Los intereses de esa reforma fueron orientados a favorecer a los grupos económicos que acumulaban su riqueza mediante la producción del café, de la que dependían, aportándoles buenos técnicos para la eficiencia industrial, pero sin modificar los esquemas clasistas tradicionales.

ANDES promovió el debate nacional en contra de la reforma educativa implementada por el Ministerio de Educación a partir del año 1972. Señalamos el vacío de la participación de los diferentes sectores en su discusión y elaboración, ya que no se dio espacio a los y las maestras para participar sino que fue una reforma educativa impuesta por los esquemas norteamericanos de enseñanza, esquemas que no surgían de la realidad de nuestro país. Esa reforma tenía como misión hacer ciertos virajes en los contenidos abriendo el sistema a otras carreras técnicas más en línea con los intereses agroindustriales del momento. La dignificación de la labor del maestro y su cualificación no fue abordada por la reforma. Pero las luchas de los y las maestras terminaron dando frutos y surgieron nuevas leyes que le dio cierta estabilidad al profesorado; en alguna medida se mejoró la educación y se dio mayor participación a los padres. Aunque en verdad las demandas planteadas por ANDES eran de mayor profundidad. Basta decir que hoy día la dignificación general del gremio sigue pendiente y es un asunto por el que la oposición de izquierda sigue luchando en el parlamento y en las escuelas.

Organización y lucha de ANDES 21 de Junio

En 1932 el dictador general Maximiliano Hernández Martínez anegó en sangre la insurrección campesina cometiendo uno de los genocidios más brutales de nuestra historia. En 1944 el levantamiento popular depuso al dictador y una junta cívico-militar asumió la conducción del país. Esto despertó esperanzas en el pueblo salvadoreño que creía que había llegado el fin de la dictadura y se iniciaba un período de apertura democrática; esta esperanza duró poco tiempo pues en 1948 un golpe militar instauró la dictadura nuevamente.

Desde 1948 hasta 1979 se sucedieron una serie de gobiernos militares producto de continuos golpes de Estado o de elecciones fraudulentas. En esos años, no sin dificultades, fueron surgiendo en el país organizaciones y luchas sociales, particularmente sindicales, que llevaron a cabo huelgas para contener la política represiva de las dictaduras militares, y es en esa coyuntura que surge ANDES. Aparece enarbolando la bandera de dignificar la profesión, de dignificar el papel del maestro y maestra, enfrentándose a la política de los diferentes gobiernos militares que manipulaban y usaban al magisterio como instrumento del régimen político para reproducirse. En 1963 surge un movimiento de organización del magisterio, su plataforma, recoge una temática a favor de los y las maestras: el escalafón, la estabilidad, los bajos salarios, combate a la política abusiva y poco responsable del Ministerio de Educación, denuncia de las conductas de los directores y de los supervisores contrarias a los derechos de los maestros. Para esa época yo trabajaba en el departamento de La Libertad y participé en varias reuniones departamentales. Al escuchar las reflexiones de los dirigentes del movimiento, se fue despertando en nosotros mucho interés, me convertí pronto en un simpatizante, me identifiqué con la causa y con sus demandas, siendo un maestro de reciente ingreso. El 21 de junio de 1965, dos años después y ya más fortalecido, un grupo de maestros, entre ellos Mélida Anaya Montes, los profesores Mario López, Humberto González y otros, fundó la organización magisterial ANDES 21 de Junio.

En ese mismo año, 1965, ANDES desarrolló muchas acciones. Elaboró un amplio programa que recogía los derechos del maestro, de los alumnos y de los padres de familia. La respuesta del magisterio en el impulso de esta plataforma fue de mucha participación y su primera conquista fue lograr su estatuto legal a pesar de que la dictadura veía en la organización una amenaza para su dominio nacional. Su legalización se consiguió después de una masiva movilización frente a Casa Presidencial y el presidente coronel Julio Alberto Rivera recibió a la dirigencia y se comprometió a entregar al ministerio los estatutos de la organización.

Desde su momento fundacional ANDES fue presentando una serie de anteproyectos de ley que tenían que ver con el problema salarial, la estabilidad laboral, la asistencia medica hospitalaria para el profesorado y la instauración de un escalafón transparente. Pero esas iniciativas no obtuvieron una respuesta positiva de parte del gobierno. En la ciudad de Quezaltepeque me afilié a la organización y comencé a tener una militancia más activa dentro de la Seccional y colaboraba con la directiva municipal. Pronto formé parte de la directiva asumiendo responsabilidades en la promoción de la organización, para lo cual visitamos las escuelas de Quezaltepeque, los cantones, promoviendo las propuestas y organizando la movilización alrededor de los anteproyectos de ley.

En 1967 se iniciaron paros magisteriales que coincidían con la agitación sindical en todos los sectores. La lucha por mejoras en los contratos colectivos y de tipo salarial, se complementaba con la lucha política gremial de las clases trabajadoras para hacer

frente a la represión contra el movimiento sindical y sus organizaciones y líderes. La Huelga del Acero fue simbólica, por la
solidaridad que concitó. Los trabajadores del acero fueron a la
huelga de hambre y lograron convocar un gran movimiento de
solidaridad. ANDES tuvo una destacada posición, muy solidaria:
delegaciones de maestros llegábamos hasta la fábrica Acero S.A. y
nos manteníamos por la noche, acompañándoles y apoyándoles.
Los maestros, sindicalistas y estudiantes convergimos en una gran
solidaridad que amenazaba en desembocar en un paro nacional;
este no ocurrió pues los trabajadores de la fábrica de acero alcanzaron acuerdos que favorecían sus demandas.

En octubre de 1967, ANDES realizó su primera huelga a escala
nacional que se extendió durante enero y febrero de 1968. Inició su
lucha por la creación de un Instituto Magisterial de prestaciones
sociales. Se tomó el Ministerio de Educación y durante 53 días los
maestros nos mantuvimos en la Plaza de la Biblioteca Nacional,
fuimos acompañados por jóvenes estudiantes de la Universidad
Nacional, obreros, empleados, señoras de los mercados, niños,
dirigentes políticos, padres de familia. Los mítines iniciaban a
las siete de la mañana y duraban hasta las dos de la madrugada;
la toma se convirtió en una tribuna de denuncia nacional y de
solidaridad. La huelga fue combatida desde diferentes ángulos
ideológicos, los obreros que apoyaron el movimiento fueron repri-
midos, golpeados, encarcelados, torturados. Dos de estos obreros
fueron asesinados los compañeros Saúl Santiago Contreras y Oscar
Gilberto Martínez (El Negro), cuyo cadáver fue devorado por las
aves de rapiña en las playas del Zunzal. La dictadura militar,
encabezada por su presidente, coronel Fidel Sánchez Hernández,
y la política del Ministerio de Educación, cuyo ministro era Walter
Béneke Medina y la subsecretaria Antonia Portillo de Galindo, fue
de ignorar las demandas y presentar otros proyectos a la Asamblea
Legislativa diferentes a los presentados por ANDES. El gobierno

profundizó la represión contra el magisterio. La Asamblea Legislativa, aprobó el 20 de Junio de 1969 la Ley de Protección del Maestro.

La plaza de la Biblioteca Nacional fue nominada Plaza de la Dignidad Saúl Contreras. Mélida Anaya Montes, en su libro *La segunda gran batalla de ANDES*, hace la siguiente valoración:

> Concluida la huelga no faltaron en aquella época las personas que se apresuraron a enumerar errores y sacar conclusiones de escritorio; algunos afirmaron que ANDES había sido destruida, que no había conseguido nada... etcétera. Solo los maestros sabíamos que ANDES como Asociación estaba incólume. El magisterio es un gremio explotado; poner al descubierto —en la práctica— el origen de «su» explotación y la de los demás sectores explotados es algo que exige planificación, trabajo sistemático y sacrificio; se consigue a través de luchas concretas dadas en su «correspondiente campo» y no a través de abstracciones por muy ciertas que estas sean. Desde luego me refiero a la captación masiva del problema para involucionar a la masa en un proceso de concientización social sin fronteras de gremio. Esto se está logrando paso a paso; muchos «revolucionarios» pretenden del gremio —con cinco años de organización— lo que no han hecho ellos. Decíamos pues que el maestro gracias a cierto nivel de conciencia que había adquirido, conservó la unidad, su combatividad y su capacidad de trabajo después de la huelga de 1967–1968. A pesar de no haber alcanzado mucho en lo gremial, el maestro percibió ya, desde ese instante su contribución al pueblo en cuanto a la lucha organizada. De 14 000 maestros existentes en el país —en el nivel primario— nuestra asociación cuenta en la actualidad con 10 000 afiliados y actúan en la práctica simpatizantes que elevan la cifra —en los conflictos serios— a más de 11 000 maestros sin contar con los de secundaria. La huelga de 1967–1968 tuvo capacidad de movilizar a más de 80 000 simpatizantes en una

sola manifestación. En la huelga de 1971 esa cifra se elevó a más de 100 000 personas, solo en una manifestación efectuada en San Salvador. En 1971 la huelga tuvo una nueva modalidad, los maestros se concentraron en sus respectivas seccionales y la agitación durante los 53 días de su duración fue intensa en toda la República. Hubo vez que se realizaron 84 mítines en dos días.

Tres años después, a partir de 1971, ANDES desarrolla una nueva lucha, siempre por las mismas demandas, con una modalidad totalmente diferente que le permitió demostrar sus capacidades organizativa y de movilización en los catorce departamentos del país. En efecto, ANDES suspendió sus labores, declarándose en huelga en 1971 y las maestras y maestros organizados nos ubicamos en las escuelas. En Quezaltepeque tomamos la Escuela República de Nicaragua y la convertimos en un centro de denuncia, organización, agitación, donde todos los maestros del municipio nos concentramos y planificamos actividades dirigidas a los padres de familia, otras dirigidas al alumnado y a la comunidad en general. Hacíamos mítines, dábamos información permanente del desarrollo de la huelga. Este esquema de paro se reprodujo en los catorce departamentos y en la mayoría de los 262 municipios de El Salvador. Al mismo tiempo ANDES mostraba su fuerza en la capital, al tomar el Palacio Nacional cuando se discutían los proyectos de ley presentados al gobierno y al parlamento.

En ese tiempo yo ya había sido nombrado Secretario General de ANDES, en la seccional de Quezaltepeque y luego pasé a ser Secretario General de todo el Departamento de La Libertad. Participaba en el Consejo de Secretarios Generales y en la Asamblea General Nacional. Tenía un papel de dirección local al principio y después de dirección departamental. De modo que en 1971 me tocó estar al frente de esa huelga en mi seccional y en el departamento y una de mis actividades consistía en visitar todos los municipios de La Libertad para organizar e informar. Había un trabajo muy sistemático de ANDES en ese tiempo. Los partidos de la derecha y en particular el partido oficial de ese momento que era el PCN, boicotearon e impidieron que se llevaran adelante las reformas legales. En consecuencia la política del gobierno fue la represión, utilizando para ello los cuerpos represivos: la Guardia Nacional, la Policía de Hacienda y la Policía Nacional y los grupos paramilitares de ORDEN, que eran patrullas que controlaban las áreas locales para garantizar el control de la ciudadanía; todas dirigidas por militares quienes tuvieron una gran responsabilidad en la represión sobre el pueblo. La Guardia Nacional apoyada por ORDEN, llegaba a los centros donde estábamos los maestros con el objetivo de desalojarnos, para ello procedían a rodear nuestras sedes y las escuelas donde nos concentrábamos. Hubo muchas veces que la gente de ORDEN nos quiso sacar con machetes y fusiles, con el apoyo de la Guardia Nacional, pero dado el respaldo de los padres de familia y del alumnado, nunca pudieron lograrlo. Esa fue una lucha diferente, más territorial, más enraizada en lo local, posible gracias a la capacidad organizativa de ANDES y también porque la organización no solo demandaba reivindicaciones propias del gremio sino que denunciaba la política represiva del gobierno y denunciaba a la dictadura militar.

ANDES decidió suspender la huelga el 31 de agosto de 1971 al lograr que se formara una comisión mixta con el gobierno y la intermediación de la Iglesia católica; en ella se continuaron negociando los temas que constituían la agenda de la huelga. Además se logró que no hubiera represalias contra los maestros y maestras, el profesorado regresó a sus aulas. La comisión mixta o mesa de negociación tenía por objeto buscar que la Asamblea Legislativa aprobara las leyes de reforma. Se hizo esa reforma, no con el contenido que pretendía ANDES, pero sí se logró una Ley General de Educación y se pudo mejorar la Ley de Escalafón y el sistema de pensiones y la asistencia médica hospitalaria de los maestros. Esta huelga no pudo conquistar, en lo inmediato, la agenda de ANDES, pero generó las condiciones para que se dieran mejoras en la legislación. Dejó al menos una huella profunda en sectores del pueblo, en cuanto a su concientización y mayor organización. En todo caso hay que reconocer que la reacción del pueblo al final de la huelga fue diversa. En las ciudades donde los militares y ORDEN no tenían control, los maestros fueron recibidos en medio de celebraciones, en otros lugares donde el dominio de la dictadura era evidente impedían el ingreso de los maestros a la escuela y en algunos sitios se dieron enfrentamientos entre los ciudadanos del pueblo y los maestros fueron enviados a otros lugares del país.

En 1972 los partidos de oposición, el PDC, la Unión Democrática Nacional (UDN) y el partido socialdemócrata (MNR), respaldaban nuestras demandas. De manera que cuando terminó la huelga había un buen ambiente para la unidad de la oposición y se formó la alianza electoral UNO que logró derrotar al PCN, pero este hizo un gran fraude e impuso como presidente a un nuevo militar, el coronel Arturo Armando Molina, mediante la manipulación de las urnas y los resultados a escala nacional.

Según datos del citado libro *La segunda gran batalla de ANDES*, en los meses de julio a septiembre de 1970, ANDES desarrolla la campaña de «divulgación y consulta» a nivel nacional del ante-proyecto de la Ley de Prestaciones Sociales; este fue elaborado con la idea de ser financiado por el Estado. El Ministerio de Educación introdujo otro anteproyecto, el 7 de junio de 1971: una nueva ley de Educación que sería lo primero que estudiaría la Asamblea Legislativa y después la Ley de Prestaciones Sociales (fue discutida el 8 de julio). ANDES realizó manifestaciones y mítines a escala nacional para solicitar el estudio del ante-proyecto de ley sobre Prestaciones Sociales. En asambleas de maestros se analizó el proyecto presentado por el Ministerio de Educación denunciando los aspectos perjudiciales del proyecto en el cual ni aparecía el sueldo base ni un plan de reajuste periódico de acuerdo al costo de vida. El 30 de abril de 1971 se efectuó una manifestación donde participaron 12 000 maestros de los 14 300 del país. El 16 de mayo el Consejo de Secretarios Generales acordó dar plazo a la Asamblea Legislativa hasta el 5 de junio para que estudiara el proyecto, realizar acciones progresivas a nivel nacional desde el 7 de junio, y después llevar a cabo la huelga indefinida. El proyecto presentado por ANDES el 14 de enero de 1971 tenía la iniciativa de 29 diputados de las diferentes fracciones legislativas.

La huelga indefinida se inició en toda la república el 8 de julio de 1971, duró 53 días. Cerca de doce mil maestros (11 884) estuvieron en huelga, es decir el 83% sin contar los maestros de Educación Media y Superior. El 14 de julio de 1971, el Presidente de la República sancionó dos leyes: la Ley de Asistencia al Magisterio y la Ley General de Educación. La tabla salarial presentada por ANDES no fue aceptada, por lo tanto la huelga continuaba. El 16 de julio de 1971 desfilaron 12 000 maestros hasta el Palacio Nacional. Previamente el Partido de Gobierno, el PCN, llenó la Asamblea Legislativa con personas pertenecientes a ORDEN. El Secretario General de ANDES, el profesor José Mario López Alvarenga presentó la posición de los maestros ante la Asamblea y el doctor Rafael Menjívar, rector de la Universidad Nacional, se pronunció a favor de las peticiones de ANDES. Los diputados del PCN votaron contra la aprobación del proyecto presentado por ANDES y los partidos de oposición, PDC, PPS (Partido Popular Salvadoreño) y UDN, lo hicieron a favor del proyecto.

El Consejo Ejecutivo de ANDES formado por Mélida Anaya Montes, Mario González Medrano, Danilo Flores, Arnoldo Vaquerano, Juan Humberto González, Norma de Sotelo y Carmen Cañas, entraron al interior del Palacio Nacional. Los maestros que no pudieron hacerlo rodearon el edificio. El Consejo Ejecutivo se declaró en huelga de hambre y, por la noche, de la Universidad Nacional salió una marcha de antorchas en apoyo a la lucha de los maestros. El ejército no dejó pasar la manifestación hasta el edificio del palacio y fue disuelta a culatazos, garrotazos y disparos de fusil. A media noche, entraron los cuerpos policiales al interior del palacio y comenzaron a reprimir a los maestros que se encontraban apoyando a los huelguistas. El Consejo Ejecutivo arropado por los maestros procedió a desalojar el palacio, dirigiéndose a la Escuela República de Paraguay donde continuaron la lucha. El Gobierno desencadenó el terror, las viviendas de los dirigentes fueron atacadas y fue asesinado el profesor Francisco Hernández Urbina, Secretario General de San Vicente. Desalojaron la Escuela República de Paraguay y luego el ejército sitió la Casa Central de ANDES, la Casa del Maestro. Posteriormente se iniciaron negociaciones entre ANDES y el Gobierno, con la mediación de Monseñor Luis Chávez y González y sindicatos obreros, FUSS y FESTIAVTSCES (Federación Sindical de Trabajadores de la Industria del Alimento, Vestido, Textiles, Similares y Conexos de El Salvador). El 31 de agosto de 1971 fue levantada la huelga, los maestros regresamos a las escuelas y la dirigencia de ANDES siguió negociando.

Trazos de mi vida sindical

En la Asamblea General de ANDES realizada en 1974 fui electo miembro del Consejo Ejecutivo. La Secretaria General era Mélida Anaya Montes. A ella la conocía desde que ingresé como afiliado y la traté personalmente cuando era miembro en la seccional de mi pueblo Quezaltepeque. Se caracterizaba por tener mucho contacto con la población y con la base magisterial. En mi pueblo muchos maestros le teníamos aprecio y reconocimiento por su liderazgo, llegaba con frecuencia a reunirse con nosotros, a informarnos de cómo estaba la lucha. Después tuvimos una relación más cercana a partir de que fui Secretario General de la directiva departamental de La Libertad. Los secretarios de los catorce departamentos éramos parte del Consejo de Secretarios Generales y nos reuníamos a menudo con ella; nos llamaba con mayor frecuencia y a partir de 1974, al formar parte del Consejo Ejecutivo de ANDES, tuve la oportunidad de profundizar mi amistad con Mélida.

Para asumir todas estas responsabilidades en ANDES tuve que pedir permiso laboral, lo que me permitió desarrollar el trabajo a tiempo completo. Trabajaba en la misma oficina con Mélida. Muchas veces le acompañaba a visitar los departamentos para participar en las asambleas de maestros. Presentábamos informes de la actividad de ANDES. Esta relación de trabajo me dio la oportunidad de aprender y recoger toda su experiencia: aprender de su capacidad de trabajo, de su sensibilidad ante los problemas de los campesinos y obreros, es decir de todo el pueblo explotado, de su capacidad para contribuir a su concientización, de su capacidad investigadora, de su larga experiencia de formación de muchas generaciones de maestros. Trabajó como docente en la Normal España y en la Normal Superior y sus alumnas le tenían mucho aprecio y cariño por su manera de ser, siempre atenta a sus necesidades e inquietudes. Mélida fue una mujer visionaria en el sentido de que supo ver la enorme capacidad del magisterio para plantear una batalla permanente por el cambio del sistema de enseñanza y la dignificación del profesorado. Su visión era política: analizaba la situación de la educación en su conjunto como resultado de una sociedad de clases y de un sistema político jerarquizado que era necesario cambiar. Además, era una mujer con una gran capacidad de organización, con una capacidad de liderazgo que permitió que ANDES saliera fortalecida de cada lucha. Como Secretaria General jugó un importante papel en la implementación de un trabajo de base que consideraba esencial, alertando siempre de los peligros de la burocratización y de esquemas verticales. Impulsó una organización horizontal, democrática, en la que había espacios participativos y posibilidades de debate y de toma de decisiones democráticas. Lo cierto es que mi trabajo al lado de Mélida influyó también en mi formación y en alcanzar una mayor sensibilidad social.

En el seno de ANDES los maestros y maestras desarrollamos un rico y profundo debate de ideas, sobre programas, sobre estrategia, no solo en relación al gremio sino también entrando en el debate nacional de la izquierda sobre la necesidad de impulsar la lucha armada. Donde más acentuado estuvo el debate sobre las vías para alcanzar el poder fue dentro del PCS. Me refiero a la discusión acerca de la validez o no de la lucha electoral como vía para el cambio social y político y la necesidad de impulsar la lucha armada. Un sector planteaba que lo electoral se había agotado y que era imperativo retomar también en El Salvador, como en otros países de América Latina, la experiencia armada de la Revolución cubana. En el caso del PCS ese debate dio lugar al abandono de Salvador Cayetano Carpio (cuyo seudónimo fue Marcial) del partido en 1970, tras varios años de lucha de ideas a lo interno. Marcial y otros dirigentes del PCS fundaron las FPL. Como digo, este debate se planteó dentro de ANDES, no en el sentido de si debía llevar a cabo la lucha armada o la lucha electoral, ya que ANDES era un gremio y como gremio lo fundamental era la lucha gremial, la lucha reivindicativa, pero el debate provenía de la influencia del PCS. Partidos de oposición pugnaban por tener a ANDES en una lucha únicamente gremial que no trascendiera a la esfera política, pero Mélida y otros dirigentes sosteníamos que la lucha debía estar conectada a una visión y a una lucha social global que implicaba intervenir en el escenario político. Nuestra tesis era sencilla pero profunda: las luchas gremiales del magisterio no podrían disociarse de las luchas generales de la población por la libertad, la democracia y la transformación social. Este debate interno convertía nuestras Asambleas Generales de cada año en verdaderos enfrentamientos políticos e ideológicos alrededor de la cuestión de las vías y métodos de lucha. En ANDES siempre primó el pensamiento de Mélida.

La respuesta represiva de las dictaduras militares a la lucha reivindicativa de los diferentes sectores populares creó el escenario para que estos impulsaran un proceso de unidad en la acción y se implementara la lucha combativa y revolucionaria de las organizaciones de masas. Así se forma, en 1975, el Bloque Popular Revolucionario (BPR) que surgió después de la masacre de los estudiantes de la Universidad Nacional, el 30 de julio. El BPR fue el resultado de la convergencia de varias organizaciones: los estudiantes universitarios de UR-19, los campesinos de FECCAS, UTC, UPT, los Estudiantes de Secundaria (MERS). ANDES decide incorporarse al BPR como un frente de lucha contra la dictadura y en el BPR participa Mélida, desde un inicio, como su representante, yo participaba como el suplente de Mélida. La participación de ANDES en el BPR marcó un viraje en el gremio magisterial, ello implicó combinar la lucha legal parlamentaria con la lucha extraparlamentaria. Participamos en muchas reuniones de estudiantes y de campesinos, viajábamos a los cantones de Chalatenango y San Vicente, íbamos a todas partes y ya no solo nos reuníamos con los maestros y maestras, sino también con los sectores del BPR. Tuvimos una participación muy activa en toda la lucha del BPR a partir de 1975, una lucha muy frontal contra el Gobierno; se realizaron tomas de fábricas, de haciendas, de ministerios. Los sindicalistas que eran parte del BPR al luchar por sus demandas impulsaron la toma de fábricas. Mucha veces entraba la Guardia Nacional y la policía con todo lujo de violencia a los centros de trabajo con el objetivo de desalojar a los trabajadores y allí se daban enfrentamientos con las estructuras de autodefensa de las masas que se extendieron a todas las organizaciones populares; el BPR rápidamente daba respuestas con la participación de todas las organizaciones que formaban la alianza. En el campo hubo tomas de haciendas y de tierras por el campesinado que no tenía acceso a la tierra y no tenía salarios decentes en los centros donde se le contrataba; el campesinado no tenía derecho a la alimentación y sus demandas eran tierra, tortilla y frijoles, y alrededor de ello se fue fortaleciendo la organización campesina.

Dentro del magisterio algunos sectores sostenían que esas actividades no eran propias de ANDES. Había, por consiguiente, dos corrientes de pensamiento al interior de la organización. Mélida se convirtió en una líder del BPR. Junto con Apolinario Serrano, *Polín*, que era otro dirigente campesino de la época, conformaron la dirección del BPR que organizó e impulsó todas las luchas a partir de 1975. Este accionar se mantuvo desde 1975 y fue en ascenso. Surgieron otros frentes de masas, FAPU, MPL, LP-28 y UDN que crearon una crisis nacional. La respuesta de la burguesía salvadoreña y del imperialismo yanki fue el levantamiento de la Juventud Militar en 1979 para crear un modelo de dominación que no implicara un cambio revolucionario.

En el período previo a la guerra, el magisterio tuvo una participación muy significativa en el auge de los movimientos populares, su aporte en la historia de la lucha de liberación de nuestro pueblo fue muy significativo. Ese compromiso significó la pérdida de muchas vidas, muchos maestros fueron torturados y encarcelados. Yo fui encarcelado dos veces, la primera vez, los cuerpos represivos tomaron la Casa del Maestro y la Policía Nacional cercó toda la manzana donde estaba la sede, penetraron los policías y nos sacaron por la fuerza. Allí estaba Mélida. Nos sacaron a todos los que estábamos en la sede y nos llevaron al cuartel de policía donde nos torturaron. Debido a la movilización de la gente y a la presión internacional nos dejaron libres, solo pasamos la noche y a la mañana siguiente nos dejaron en libertad, eso fue en 1976. En 1978 me volvieron a capturar en la Casa del Maestro. En ese momento ya no estaba en el Consejo Ejecutivo pero sí estaba activo en el BPR por lo cual mantenía relación con el Consejo Ejecutivo. El Secretario General era el compañero Pedro Brand. La Policía Nacional (PN) volvió a tomar la Casa del Maestro y nos llevaron con el Secretario al Cuartel General de la PN acusándonos de elaborar la propaganda subversiva del BPR. Por esa acusación estuvimos más de seis meses en la cárcel. Nos pusieron a disposición del sistema de justicia acusados de subversivos y nos llevaron al Centro Judicial Isidro Menéndez. Después nos remitieron a la Cárcel de Santa Tecla. Los maestros se movilizaron varias veces, hicieron marchas alrededor del penal en Santa Tecla y por esa razón una noche nos sacaron de esa cárcel a Pedro y a mí y nos llevaron a Santa Ana. Pero allí también se hicieron presentes los maestros y maestras que siguieron movilizándose alrededor del centro penal. Así que nos trasladaron para San Francisco Gotera en el departamento de Morazán, donde nos tuvieron un tiempo. Lo cierto es que desde dentro de la cárcel manteníamos contacto con las organizaciones populares y en particular con ANDES. Los reos políticos estábamos organizados en un frente de lucha para organizar la resistencia interna frente a los abusos, se promovieron huelgas, e incluso fugas de presos políticos. El caso es que nos llevaron de un lado a otro, pero la presión de los maestros no cejaba y al cabo de seis meses ya cumplidos nos dejaron nuevamente en libertad. Más de trescientos maestros, hombres y mujeres, fueron asesinados desde 1972 hasta la firma de los Acuerdos de Paz veinte años después; los asesinatos fueron ejecutados por los Escuadrones de la Muerte y los cuerpos represivos. En Quezaltepeque, el compañero Salvador Chamorro era dirigente de ANDES y los Escuadrones lo asesinaron en su casa frente a su familia.

La lucha del magisterio fue ejemplar y aportó mucho a la creación, consolidación y desarrollo del BPR, movimiento que, a su vez, fue un paso importante para el desarrollo y consolidación de las organizaciones político-militares que después implementaron el proceso de la lucha armada desplegando su accionar a nivel nacional con la modalidad de guerrilla rural a partir de 1980. Pero sobre el BPR y sus luchas en las calles vuelvo más adelante, en otro capítulo.

III. Margarita

Recuerdo a mi familia muy unida, impregnada por la conducta ejemplar de mi madre y de mi padre. Ellos generaron en mí una visión de lo que debe ser un hogar. Familia numerosa y de condición humilde en la que había amor, cariño, comprensión, responsabilidad. Yo he procurado ser leal a esos valores, pero reconozco que el tipo de vida que me vi obligado a llevar durante los años de la guerra no me facilitó tener una vida familiar tranquila y estable. La guerra significó para miles de mujeres y hombres de nuestro país una vida en permanente emergencia, en estado de excepción, sin poder tener una relación normal con nuestras parejas e hijos. Los años ochenta desestructuraron a miles de familias salvadoreñas, un tributo más que tuvimos que pagar por la liberación de nuestro país de un régimen dictatorial. No imaginé lo que serían los años de guerra cuando comencé a tener relaciones serias con la que luego sería mi esposa, Margarita Villalta.

Cuando empecé a desarrollar mi profesión como maestro, aún muy joven, tuve amistades, noviazgos, pero fue cuando ya trabajaba de maestro en Quezaltepeque que inicié una relación estable enfocada a una vida en común con Margarita. Entablé esa relación, con la que luego sería mi esposa, en la Escuela Emilia Mercher de nuestro pueblo.

Todos los 15 de septiembre había que comenzar a preparar a los estudiantes para el desfile porque en Quezaltepeque, como en la mayoría de los pueblos de El Salvador, a la celebración de la independencia se le da un contenido patriótico, de reflexión sobre lo que implicó la gesta independentista frente a la colonización de España. Por eso, el 15 de septiembre era una jornada de celebración y las escuelas teníamos que preparar a los alumnos para participar en esa festividad. Había que ejercitar la marcha, pasábamos meses ejercitando a los alumnos para que el día del desfile se luciera la escuela. En ese tiempo la mayoría de los centros escolares comenzaron a tener bandas de guerra. Pertenecer a la banda de guerra, al igual que ser abanderado era un honor y por ello se buscaba a los muchachos con mejores conducta y calificaciones. Todo eso era un rito, una celebración en la que la escuela, el pueblo y los alumnos iban adquiriendo un sentido patriótico de celebración. También se seleccionaba a las mejores muchachas, de buenos méritos y que, además, fueran «las muchachas más bonitas» de la escuela. El día del desfile se destacaba la perfección en la marcha, la banda de guerra y también las cachiporristas. En esos tiempos, el director de la Escuela Mercher era un gran amigo mío, Fredy Sánchez, que vivía en un barrio de Quezaltepeque, cerca al parque. Junto a su casa vivía la familia Villalta que destacaba por tener a las mujeres más bonitas del pueblo. La familia Villalta y Fredy Sánchez compartían amistad. Él siempre llevaba a la escuela a una joven de esta familia, que se llamaba Margarita, para que entrenara a las cachiporristas. Después supe que Margarita había estudiado en la Escuela Nicaragua y que una de las profesoras de mi escuela la había tenido como alumna y además la seleccionó para ser la porrista de la Escuela Nicaragua. Fue entonces que comencé a conocerla e iniciamos una amistad alrededor de los preparativos para la celebración del 15 de septiembre. Ella no había completado sus estudios y necesitaba sacar el sexto grado, por lo que se matriculó como una alumna asistente, es decir, asistía de vez en cuando a la escuela. Fue alumna por un año, además de ser la entrenadora de las cachiporras. Nuestra relación fue al principio de profesor y alumna, lo que nos permitió cultivar un acercamiento amistoso. Pasado un año se retiró de la escuela. Pronto comenzó nuestro noviazgo que duró varios años, y ya en 1968 decidimos casarnos por lo civil: venía nuestro primer hijo en camino y a partir de ahí consolidamos nuestro matrimonio. Salvador Antonio, el primogénito, nació en 1968, al siguiente año una niña, Claudia Lissette y en los próximos dos años nació otra niña, Fátima Carolina. En poco tiempo tuvimos los tres primeros hijos. Después vendría la cuarta, Dolores Iveth.

Margarita quedó dedicada al cuidado del hogar y de los niños y yo combinaba mi trabajo en la escuela con el hogar, con las amistades y el deporte. Los fines de semana salíamos a pasear y conocer la ciudad con los niños. Ya no era el profesor soltero. Fui adquiriendo responsabilidades en el hogar, con los hijos y con mi esposa. En esos primeros años, el salario de maestro era sumamente bajo y tuvimos que vivir en una situación nada cómoda, como vive toda la gente que tiene el salario mínimo. Mi relación con nuestro hogar, con mi esposa, ha tenido varias etapas: la primera que es la del encuentro, la formación del hogar, la crianza de nuestros hijos, la escuela, la diversión. Fue una etapa en la que pude dedicar bastante tiempo a la familia; después me vi obligado a pasar a la clandestinidad e ingresé a las organizaciones revolucionarias. La relación entre el hogar y las tareas que me asignaban cambiaron sustancialmente, sobre todo durante la guerra. Los Acuerdos de Paz en 1992 volvería a reunir a toda la familia en un marco de estabilidad. Lo cierto es que en todas las situaciones logramos mantener el vínculo de hogar, la cercanía a los hijos, pero en cada una con características diferentes. Ello fue posible porque desde el inicio tuvimos una convivencia muy cálida, un gran cariño por nuestros hijos que fue solidificando nuestra relación como marido y mujer. Nos fuimos conociendo más y entendiendo mejor a pesar de las dificultades, y en ese proceso el amor hacia nuestros hijos y el de ellos hacia nosotros fortaleció nuestro núcleo familiar, haciéndolo más firme.

Cómo logramos, aun en situaciones adversas, mantener la unidad del hogar, es algo que siempre me pregunto. Creo que es algo que tiene que ver con las bases con que forjamos inicialmente el hogar. Nosotros estuvimos juntos varios años en que pudimos consolidar la relación pues comencé a tener vínculos con las organizaciones político-militares a partir del año 1972, y entre 1968 y 1972, pasaron 4 años en los que pudimos fortalecer esa relación. Esos años implicaron un cambio en mi vida: todo el mundo en mi pueblo se extrañaba de que aquel muchacho que se pasaba en las esquinas junto con los amigos, bromeando, chisteando, siempre metido en los deportes, casi de repente era otro y me veían muy casero, involucrado en el cuidado de mis hijos. Ese cambio sirvió para sentar las bases de nuestra relación como esposos y de la vida en familia.

Estando casado y siendo aún maestro pasé a la clandestinidad. Yo dedicaba bastante tiempo a la organización ANDES 21 de Junio y a trabajar por las luchas de los maestros. De modo que poco a poco fui involucrándome en la tarea de organizar al gremio y cada vez tenía menos tiempo para acompañar a mis hijos a un centro de diversión o a la iglesia. Margarita comprendía y aceptaba mis ausencias esporádicas del hogar. Gradualmente la vida se nos hacía más complicada, pues no es nada fácil atender a una familia en situación de ilegalidad. Hablamos mucho de lo que significaba semejante compromiso y realmente Margarita vivió un cambio personal profundo, maduró velozmente en todos los aspectos. Cuando nos casamos había una diferencia de edad entre ambos de 7 años, yo tenía 25 y ella estaba por cumplir los 18 años. Margarita se casó en plena juventud y muy temprano tuvo que asumir la responsabilidad de madre. Ha sido siempre, desde el primer momento a pesar de su edad, muy responsable, ha profesado gran dedicación a nuestros hijos. Teníamos que andar chineando a dos y solo uno caminaba. Las dificultades nos unieron más, compartiendo ideas, valores, preocupaciones, problemas, alegrías, tristezas. Al ver que era difícil vivir con mi salario y que apenas podíamos pagar el alquiler de la casa y cubrir la alimentación, ella tomó la opción de buscar trabajo y encontró empleo en una fábrica de hilatura, de textiles, que estaba en la ciudad de Apopa, cercana a Quezaltepeque. En su experiencia como obrera adquirió otros valores como la disciplina y la organización de su trabajo y de su tiempo. Trabajaba a turnos y a veces tenía que salir a las cuatro de la madrugada para la fábrica, otras veces regresaba a media noche. Comenzó a conocer cómo eran las relaciones entre patronos y trabajadoras, los mecanismos de explotación del patrono, y enseguida fue parte del sindicato de la fábrica, era muy activa en la lucha sindical. Entonces se inició entre nosotros dos una complementariedad: yo luchando con ANDES y ella luchando con el movimiento sindical. Atrás quedó una primera etapa de dedicación completa a nuestros hijos, aislados de la comunidad quezalteca. Nuestro hogar se fue adecuando a nuestros compromisos sindicales y nos organizamos de manera que pudiéramos compartir la responsabilidad de cuidar a nuestros hijos; pasábamos más tiempo separados ya que ella tenía turnos de noche en la fábrica y de día yo debía estar en la escuela trabajando o en alguna otra actividad magisterial. En esta nueva etapa tuvo mucha importancia el hecho de compartir valores morales, ideales, que fuimos poniendo en práctica.

En el año 1972 comencé a tener vinculación con las organizaciones político-militares, concretamente con las FPL y ahí comenzó una vida que no podía explicarle a Margarita. Pasé a tener una conducta diferente. A veces tenía que pasar noches fuera de la casa porque debía cuidar un local clandestino, en la ciudad de

San Salvador. Teníamos casas secretas y con frecuencia hacíamos turnos para garantizar su seguridad. Esa conducta que obedecía a reglas clandestinas no la podía compartir y, además, era muy probable que ella viera en mí movimientos misteriosos, pues portaba un arma oculta que dejaba en puntos de la casa que solo yo conocía. Asimismo guardaba propaganda clandestina de la organización sin que Margarita lo supiera. Fueron años difíciles porque yo me movía de un modo compartimentado, en plan conspirativo y tratando de que nadie en mi familia supiera de mi decisión de incorporarme a la guerrilla en lo que fueron sus inicios como organización político-militar. Ya en 1978 tuve que pasar totalmente a la clandestinidad porque fui capturado, encarcelado, y pasé más de seis meses en varias cárceles del país por ser considerado una persona peligrosa con vínculos con la lucha guerrillera. Para entonces Margarita sabía lo suficiente: encontró la propaganda que yo llevaba y averiguó que portaba un arma, pero nunca me hizo preguntas sino que comenzó a modificar su actitud, siendo cada vez más prudente, comprensiva, como para protegerme mejor. Comencé a hablarle de cómo eran las organizaciones político-militares, la razón de su lucha, sin decirle que yo era miembro de las FPL y menos aún que para 1978 tenía responsabilidades directivas dentro de los organismos intermedios de la organización. Ella paulatinamente comprendió y cuando decidimos pasar a la clandestinidad, lo hicimos junto a nuestros hijos, suspendimos toda relación con el resto de nuestras familias y con nuestro pueblo, aquel pueblo que tanto queríamos. Mi esposa y mis hijos desarrollaron tareas revolucionarias, se incorporaron como muchas otras familias plenamente a la revolución. Hay casos de familias enteras cuyos hijos murieron en la guerra, y otros en los cuales la mayoría, tanto el padre como la madre y hermanos fueron desaparecidos y torturados, muchos cayeron en combate, otros fueron capturados en las casas clandestinas donde se desarrollaban las tareas revolucionarias. Yo tuve la suerte de que toda mi familia sobrevivió y continuamos juntos tras los Acuerdos de Paz.

De modo que en el año 1978 nos fuimos todos a la clandestinidad, yo sabía que eso significaba arriesgar la vida de mi esposa y de mis hijos, pero esa disposición era algo que ya había sopesado. Era un riesgo real. Pero lo más significativo fue que gradualmente mi esposa e hijos también asumieron ese riesgo y fueron comprendiendo la razón de pertenecer a las FPL y al FMLN. Puedo decir que me siento un revolucionario privilegiado, pero he decir que mi caso es tan solo un ejemplo de otros cientos y miles que se han dado en nuestro país. Familias completas se sumaron a las guerrillas. Muchas casas clandestinas fueron descubiertas por el enemigo y muchos niños y padres murieron. Niñas y niños que fueron capturados y permanecen desaparecidos porque fueron vendidos a familias de Estados Unidos y Europa. Yo sabía de todo ese riesgo y Margarita también, pero ella y yo estábamos conscientes, tratamos de dar a nuestros hijos toda la protección posible. La etapa clandestina fue muy sacrificada porque rompimos relaciones con nuestros parientes, con las amistades del pueblo, comenzamos a hacer otra vida, en San Salvador, tratando de encubrir una casa de seguridad como un lugar común y corriente. Los niños iban a la escuela, aparentábamos ser un padre y una madre normales, no producir ninguna sospecha. Pero poco a poco las cosas se hicieron más complicadas pues yo debía moverme hacia el interior del país y luego hacia el extranjero. Llegó un momento en que pasaba meses sin llegar a la casa y cuando lo hacía me mantenía sin salir al exterior. Esta etapa fue muy difícil pero logramos mantener el hogar, seguir formando a nuestros hijos, manteniendo y cultivando el cariño y calor familiar, con Margarita como pilar fundamental, que llevaba el peso del cuidado y formación de nuestros hijos, sobre todo durante mis largas ausencias. Nuestros hijos vivían también en situación delicada: a veces al regresar del colegio no podían llegar a la casa de seguridad porque toda la zona estaba rodeada de grandes operativos militares. Margarita tuvo que asumir responsabilidades dentro de la organización, las primeras fueron de cobertura a las casas de seguridad donde se desarrollaban actividades de comunicación; la protección del local, requería montar una vivienda normal y común que no llamara la atención a nadie, preservar la identidad de los compañeros y compañeras que realizaban sus tareas revolucionarias en el local. Muchas veces la zona de residencia fue cercada por el ejército y los cuerpos represivos cateaban las casas, también la residencia donde vivían Margarita y mis tres hijos que eran pequeños y al regresar de la escuela varias veces tuvieron que atravesar el cerco militar y llegar a la casa cuando los militares realizaban el cateo.

Cuando me tenía que mover del frente norte de Chalatenango a realizar tareas a la capital, me alojaba en casa de Margarita. Una vez estando yo en mi cuarto, Iveth, mi última hija de unos tres años —nació cuando Margarita trabajaba en la fábrica de textiles—, llegó con otra niña de su misma edad y de repente se encontraban ante mí las dos, Iveth le dijo a su amiguita: «Este es mi papá, ya ves que tengo papá». Permanecieron un tiempo conmigo. Después Margarita me contó que a Iveth su amiguita la molestaba diciéndole que no tenía padre. La leyenda elaborada para las acciones es que yo me había ido para Estados Unidos y allá vivía. Cuando la situación de seguridad de mi familia se complicó tuvieron que trasladarse a Nicaragua, donde Margarita asumió otras tareas, primero como radista de comunicaciones, después preparaba los correos que viajaban al interior del país. Mis hijos también se incorporaron a algunas tareas desde la adolescencia: Salvador Antonio, en el taller de electrónica, Claudia Lissette en la agencia de prensa SALPRESS, Fátima Carolina al cuidado de los niños de los compas en el Centro de Desarrollo Infantil (CDI) y la menor, Iveth, al estudio en la escuela pública. Al cumplir 14 años Salvador viajó al frente de Chalatenango, a las instalaciones de la Radio Farabundo Martí y en los preparativos para la ofensiva de 1989 y durante el despliegue de esta, fue trasladado a San Salvador como apoyo a las unidades de artillería. Claudia fue trasladada al Frente Norte de Chalatenango, trabajaba en las unidades guerrilleras de expansión y después pasó al Frente de Occidente Feliciano Ama. Entonces, ya no solo la madre y el padre teníamos participación en la lucha sino también nuestros hijos fueron incorporándose.

La etapa de la clandestinidad absoluta fue muy dura. Había que evitar a toda costa dar al enemigo la posibilidad de detectar nuestros movimientos. Eso significa tener una nueva vida, abandonar todos los placeres: salir al cine, al baile, a ver deporte, a cenar a un restaurante, abandonar la bebida e incluso el fumar. Era una vida con mucha exigencia y disciplina y siempre en disposición de cumplir las tareas que a la persona se le encomendaba. Vivir en una total austeridad. Recuerdo que los primeros grupos que se formaron tuvieron una vida muy sacrificada y eso permitió que sobrevivieran porque cuando se rompía algunas de esas normas de clandestinidad el ejército detectaba y no solo mataba a la persona que había transgredido la norma sino que también ponía en peligro a todos los que trabajaban con él. Se dieron actos de heroísmo cuando los compañeros eran detectados y rodeados por la Guardia, Policía Nacional y el ejército; combatían toda la noche y a veces todo el día hasta morir. Preservar la organización fue un valor supremo en las FPL, significaba la vida de nuestros compañeros y compañeras, la continuidad del proyecto revolucionario; sabíamos que ante la captura o la posible captura en combate, debíamos proteger la organización, aún con la entrega de nuestra vida. Hubo compañeros que quedaban heridos y tomaban la decisión de suicidarse para que no los encontrara vivos el enemigo. La fase clandestina fue una fase de muchas normas de disciplina que permitió que se desarrollaran y crecieran las FPL.

Las casas de seguridad eran casas de reuniones, a ellas llegaban compañeros y compañeras de la dirección; también se desarrollaban tareas de comunicación y propaganda. En su interior todo era muy compartimentado, de manera que evitábamos que las personas que llegaban tuvieran contacto con mis hijos y mi esposa. En los lugares donde uno vivía se armaba una leyenda, siempre había una familia, es decir las casas de seguridad siempre tenían una familia. Muchos niños que están desaparecidos y que está buscando la Asociación Pro-Búsqueda fueron capturados mediante grandes operativos que apresaban familias enteras. Los militares se llevaban a los niños que luego vendían en el exterior. A partir de 1981 la guerra se generalizó y yo tuve que salir para el departamento de Chalatenango, lo que significó una ausencia de varios años, pero Margarita y mis hijos continuaron siempre en las casas de seguridad. Yo en los niveles de conducción de las FPL y mi esposa formando parte de la estructura de cobertura de las casas de seguridad. Cuando la situación se complicó mucho y el peligro era ya inminente se trasladaron a Nicaragua, donde también vivieron en la clandestinidad apoyando el trabajo que en ese país se realizaba. Nuestra relación entonces se hizo difícil, llena de ausencias. Hubo épocas en que ella viajó al frente de guerra y nos encontramos. No obstante, mis primeras misiones en el exterior junto a mi participación en la Comandancia General nos permitieron encontrarnos de nuevo. Nuestros hijos comenzaron a tener conocimiento de cómo era nuestra vida. En la casa de Managua se realizaban tareas de apoyo; estas casas tenían responsables y ellos eran los que se encargaban en alguna medida de educar a mis hijos.

Después de la firma de los Acuerdos de Paz comenzamos a rehacer la vida familiar y a recuperar el contacto con la gente de nuestro pueblo. Mis hijos habían comenzado a construir sus hogares y solo nos quedamos con Iveth, la hija más joven nacida cuando Margarita era sindicalista y yo participaba en ANDES.

¿Cómo logramos, en medio de la guerra, que nuestra relación matrimonial y familiar no se resquebrajara? Nunca dejamos de querernos. Además, siempre hubo entre Margarita y yo un compromiso social compartido y una comprensión respecto de lo que habíamos de hacer en cada momento; la guerra nos exigió un gran sacrificio y creo que supimos estar a la altura, como muchas otras parejas y familias en El Salvador. Hemos logrado mantenernos unidos y cercanos a nuestros hijos, cultivando cariño y un amor basado en el respeto. Ha sido importante la identidad común de nuestros valores que nos llevó a asumir cierta mística y la comprensión de que la situación de pobreza en que vivía la mayoría de la gente nos interpelaba a sacrificar nuestra comodidad y seguridad. Asumimos la responsabilidad de organizarnos en una fuerza político-militar con todo su riesgo y luchar por el bienestar de la mayoría de la gente. Lo cierto es que en las circunstancias de la guerra una buena parte de compañeros y compañeras no lograron mantener y consolidar su relación. Cuando pienso en ello me pregunto, ¿ya cerca de 40 años juntos, cuál ha sido la base de nuestra unión? Creo que la respuesta está en el hecho de que cultivamos juntos valores morales, un compromiso social y político y, sobre todo, un gran afecto. Ante los problemas y dificultades siempre estuvo la voluntad de entendernos y de buscar respuestas sinceras.

Ya antes de la guerra enfrentamos situaciones que nos pusieron a prueba. El trabajo en ANDES implicó relacionarme con otra gente, andar fuera de casa, y eso generaba dudas en Margarita; lo mismo me pasó a mí cuando se fue a trabajar al sindicato donde ella también forjó amistades con sindicalistas. A veces eso alimentaba celos, pero el hecho de que ambos andábamos luchando, motivados por la causa de los trabajadores y de los maestros, sintiéndonos bien con lo que hacíamos, nos permitió superar los problemas. Luego tuvimos largas separaciones de años y aunque por un tiempo no hubo comunicación o si había era escasa, siempre teníamos la esperanza de que nos volveríamos a reunir. Sin duda, los hijos nos ayudaron a seguir unidos, siendo en todo momento un gran estímulo para superar las dificultades.

Ese sentimiento y ese amor hacia Margarita se forjó alrededor del amor a los hijos, el amor a la causa de la liberación de nuestro pueblo, el amor a la gente, al pueblo, eso fortaleció nuestra relación ya más personal, porque el amor surge de persona a persona, pero cuando ese amor se nutre de los hijos, y se comparten las mismos anhelos e ideales compartiendo el dolor de la gente, entonces el amor se hace más sólido y más firme, todo eso es lo que nos ha mantenido unidos todo este largo tiempo.

IV. Mis primeros pasos en las FPL

Debate sobre el despliegue de la lucha armada

El ejemplo de la Revolución cubana desencadenó el surgimiento de organizaciones guerrilleras en Guatemala, Nicaragua, Brasil, Venezuela, Uruguay, Argentina, Chile, Perú, en casi toda América Latina. Las dictaduras, con el apoyo de Estados Unidos, ejercían una política de terror y de fraude electoral para impedir que por la vía pacífica la izquierda llegara a gobernar. En este contexto político continental, en nuestro país se extendió el sentimiento y la tesis, sobre todo entre la gente joven, de que la lucha armada era el camino más adecuado para cambiar el régimen político y las estructuras económicas. El triunfo de la izquierda a través de la UNO en 1972 fue irrespetado por la derecha que impuso la continuidad de la dictadura, hecho que puso de relieve que la vía electoral estaba agotada. De modo que en este extenderse por el continente la vía cubana y la solidaridad mundial con el pueblo de Vietnam, empezaron a estructurarse a principios de los años setenta las organizaciones político-militares guerrilleras, que comenzaron por realizar operaciones de recuperación de armas y también de recuperación económica mediante diversas acciones. El gobierno salvadoreño presentaba estas acciones como hechos realizados por delincuentes comunes, en un intento de ocultar su objetivo político, pero los que conocían su verdadero carácter tenían conciencia de que eran operaciones de preparación de estructuras guerrilleras, lo que generaba al interior de ANDES debates y posicionamientos, a la vez que entusiasmo en muchos maestros y maestras que se preguntaban cómo podía uno incorporarse a esas organizaciones.

En el momento en que se despliega la lucha armada tuvo un peso importante el debate que se dio en el interior del PCS. Este se fundó el 30 de marzo de 1930 en pleno auge del desarrollo del movimiento obrero y campesino en El Salvador. Sus dirigentes se formaron en el pensamiento comunista de la época, vinculados a la internacional comunista y a Farabundo Martí, uno de sus dirigentes de esa época, internacionalista consecuente, se identificó con la lucha de los obreros y campesinos en Guatemala y México y, jefe dentro del ejército de Augusto César Sandino, combatió a su lado contra los invasores yankis en Nicaragua. El PCS era un partido clandestino que tenía expresión abierta a través de la UDN. Los primeros debates se dieron con relación a interpretar la insurrección de 1932, la cual fue sofocada por medio de una cruenta represión contra el pueblo, especialmente contra el movimiento indígena, los campesinos y el incipiente movimiento obrero; fueron asesinados más de 30 000 campesinos y sin descanso la dictadura militar inició una sangrienta persecución sobre dirigentes y militantes comunistas sobrevivientes. Como respuesta a las matanzas el partido decidió postergar la lucha por la toma del poder y se dedicó a un proceso de acumulación de fuerzas sin uso de violencia con el fin de recuperarse de la derrota. Esta fase se prolongó hasta 1960, cuando con el triunfo de la Revolución cubana se extiende una nueva visión en América Latina que puso en entredicho las estrategias electorales y pacíficas de los partidos comunistas, lo que generó en el seno del PCS un profundo debate que dio lugar a la decisión de impulsar todas las formas de lucha. El Congreso de 1964 aprobó como línea fundamental la lucha armada para la toma del poder, aunque en la práctica continuó impulsando la lucha electoral y buscando alianzas con militares progresistas. Estas diferencias provocaron al interior del PCS una fuerte lucha ideológica que se agudiza con motivo de la guerra con Honduras, que dividió al partido entre quienes no apoyaban la guerra por considerarla contraria a las clases trabajadoras de ambos países y una mayoría que tomó la posición nacionalista de apoyo al gobierno. Este debate puede enmarcarse en una confrontación de corrientes, una revolucionaria y otra reformista, y concluyó en 1970 cuando la gente que apoyaba las tesis de Salvador Cayetano Carpio (Marcial) se separó de un partido al que consideraban incapaz de plantear una lucha de clases coherente. La necesidad de dar un viraje radical a la política de los comunistas salvadoreños fue abanderada por Marcial que era, por cierto, el Secretario General y que además fue Secretario General de la FUSS. Era panadero con un pensamiento clasista muy fuerte y en consecuencia comenzó a desarrollar formas de lucha reivindicativas diferentes a las que impulsaba el PCS: la lucha gremial, economicista. Marcial planteaba una lucha combativa y lideró una de las primeras huelgas de hambre a finales de los sesenta. Fue un episodio conmovedor el que un dirigente panificador estuviera en huelga de hambre para exigir respuesta a las demandas de los trabajadores del ramo. Alrededor de ese gesto encontró un gran movimiento de solidaridad y se levantaron otros sectores sociales en respaldo, lo que terminó por generar un poderoso movimiento popular. Se demostró en la práctica que esa forma de lucha era efectiva para fortalecer la conciencia y organización de los trabajadores, y a partir de ahí se dio la Huelga de Acero en 1967 que llevó a que los trabajadores tomaran la fábrica e hicieran piquetes que no dejaban entrar a nadie a la empresa hasta que se resolviera el conflicto de manera positiva para los obreros. Las nuevas formas de protesta animaron al movimiento popular y comienza una efervescencia de luchas que parecen respaldar objetivamente las posiciones de Marcial y de otros dirigentes comunistas como José Dimas Alas. Este último fue también Secretario General de la FUSS. Ellos, junto a otros compañeros obreros y médicos, formaron el grupo inicial de las FPL que comenzó a desarrollar y a construir una estrategia de toma de poder por la vía de la lucha armada, algo opuesto a la estrategia que impulsaba el PCS de signo puramente electoral.

Al interior de ANDES se desarrolló también una lucha de planteamientos sobre cómo desarrollar la lucha social: una tesis era liderada por los maestros militantes del PCS y otra por aquellos que veíamos la necesidad de desarrollar la lucha combativa de las masas y no solo la electoral. Hubo un fuerte debate en los últimos congresos de ANDES. A partir de 1970 tuvo lugar una confrontación de planteamientos y concepciones que a veces llegó a enfrentamientos a golpes. Es así que en ANDES se extendió el debate que ya existía en el interior del PCS. Ciertamente era muy difícil que el conjunto de la dirección del partido de esa época tomara la decisión de orientarse a la lucha armada y fue así como el grupo dirigido por Marcial y José Dimas Alas encabezó una escisión. La ruptura era importante pues Marcial era Secretario General del PCS y José Dimas Alas Secretario General de la FUSS, que era la central obrera más fuerte con influencia comunista. Fueron siete los dirigentes del PCS que decidieron salirse de su disciplina y formar las FPL. Los que se salieron tomaron la decisión de no enfrentarse al partido que habían dejado, no dar la lucha desde fuera contra el PCS, e incluso no permitían en esos años el ingreso de nadie afiliado al PCS, pues como señaló Marcial en algunas conversaciones, con esa táctica pudieron lograr más simpatías y posteriores apoyos para su proyecto. Además, ellos tenían ya el propósito de organizar la lucha armada, a pesar de no tener experiencia militar, pues eran sencillamente sindicalistas y en ese momento nos les preocupaba ser muchos sino ser un grupo cohesionado y decidido. Marcial era dirigente de un sindicato, lo mismo José Dimas Alas, y los otros que se separaron eran médicos, nadie era militar, nadie sabía como organizar y estructurar la lucha armada; por otra parte, no tenían ni dinero ni armas. Era un grupo pequeño que se dispuso a construir las primeras fuerzas guerrilleras.

Este grupo dirigido por Marcial decide implementar la estrategia de la lucha armada y ello implicaba, primero, un conocimiento de la realidad del país para elaborar una estrategia de la guerra de todo el pueblo, la estrategia de lucha popular prolongada, esa estrategia que yo estudié en *Estrella Roja* que era el órgano ideológico de las FPL y que se difundía también en el periódico clandestino *El Rebelde*. Ellos tuvieron que elaborarla y para ello se aplicaron al estudio con las herramientas del marxismo-leninismo, identificando quiénes ejercían el poder económico y político de El Salvador, quiénes eran su aliados, y cuál podría ser la respuesta del pueblo a la propuesta práctica de lucha armada, las fuerzas sociales que había que organizar para llevar adelante el proceso de organización de la lucha. Analizaron asimismo la situación y comportamientos de todos aquellos sectores de las capas medias que tenían un pensamiento progresista, las fuerzas potencialmente revolucionarias. Tras el estudio de la realidad definieron las bases de formación del ejército popular, cuáles iban a ser los núcleos iniciales. Optaron por la vía de comenzar a construir los comandos urbanos. Cada miembro reclutó a quince compañeros y de entre ellos se seleccionó a los mejores para formar los grupos de apoyo con misiones en la organización de masas o en tareas logísticas, se desarrolló inicialmente en San Salvador donde existían mejores condiciones, pues estaba en pleno auge el movimiento popular: las luchas de los maestros, de los obreros y estudiantes que se enfrentaban a la represión del ejército y el gobierno. Los comandos urbanos eran unidades muy clandestinas; yo estuve más vinculado a la construcción de las organizaciones revolucionarias de masas a través de los grupos de apoyo. Las unidades de comandos urbanos estaban separadas de las células de acción de masas. Nosotros ni conocíamos ni sabíamos quiénes eran, pues la primera regla para resistir a la represión era una extrema compartimentación que había que observar. Los comandos, además de tener una alta disposición y combatividad, conocían las técnicas de la lucha guerrillera urbana. Construir la fuerza guerrillera a partir de cero fue una tarea formidable que necesitaba de toda la energía y voluntad de Marcial y sus compañeros que no quisieron perder el tiempo en debates estériles con el PCS. En otro sentido, Marcial decía que la gente del partido que simpatizaba con la lucha armada lo llamaba para que fuera a las células a explicar el por qué de la decisión que habían tomado. Terminó por llevarse a mucha militancia, aunque decía Marcial que no llegaban a cincuenta personas.

Las primeras operaciones militares consistieron en quitarle armas a los cuerpos de seguridad, realizar acciones para la recuperación económica, y acciones en contra del aparato electoral. El gobierno y los medios de comunicación que aún no sabían que existieran unidades guerrilleras afirmaban que eran actos de bandoleros. El desarrollo de las FPL se inició en la ciudad, después pasó a lo suburbano y rural. En 1973 se conformaron ya unidades de fuerza guerrillera en Chalatenango, San Vicente, La Paz y San Salvador. Se formaron no solo comandos sino unidades más grandes y eso trajo como consecuencia una mayor capacidad de las acciones armadas. Es así que entre 1973 y 1974 era claro que

ya había organizaciones guerrilleras bien estructuradas. No únicamente las FPL, pues enseguida surgió el Ejercito Revolucionario
del Pueblo (ERP), luego en 1975 se organizaron la Resistencia
Nacional (RN) y el Partido Revolucionario de los Trabajadores
Centroamericanos (PRTC); fue entre 1978 y 1979 que el PCS
decidió formar sus unidades guerrilleras.

El ingreso a las FPL

En ese tiempo, a través de un compañero maestro, las FPL nos
planteó al grupo que nos veníamos reuniendo en Quezaltepeque
con Darío el ingreso en sus filas. Nos entregaron materiales que
explicaban qué eran las FPL, cuáles eran sus objetivos, sus principios ideológicos, cuál era la visión de un país diferente, las operaciones que había realizado; al comenzar a leer toda esa propaganda
decidimos tener reuniones con la persona de contacto, y esa fue mi
entrada a la organización. Al mismo tiempo en ANDES se dio un
reclutamiento importante y fue a través de Mélida Anaya Montes
(Ana María), que me pusieron un contacto oficial. Ella ya estaba en
las FPL y me dijo: «Mire, no sé si usted quisiera pertenecer y luchar
de otra forma y tener vinculaciones con la organización». Yo le
dije que un grupo de maestros nos reuníamos con una persona
de Colón y que a través de él habíamos entendido qué eran las
FPL. Ella respondió: «Si usted quiere le voy a poner un contacto
directo» y yo le contesté afirmativamente y me comenzó a pasar
el periódico El Rebelde que era el órgano de las FPL. Me facilitó un
contacto: «A ese lugar va a llegar alguien y usted se va a identificar.
La persona que llegue le va hacer una pregunta y usted va a
responder, además ella va a llevar una contraseña». Yo asistí a la
hora acordada, era mediodía, yo estaba parado y una compañera
se me acercó y me hizo la pregunta que me había dicho Mélida

y yo le contesté, además ella andaba con la señal que me habían dicho iba a llevar. Esa persona fue Lorena Peña, cuyo seudónimo era Rebeca, con ella hice el contacto oficial, en las afueras de la Iglesia Concepción en San Salvador. Después la puse en contacto con el grupo de maestros y ella nos atendió y nos preparó para integrarnos a un grupo de apoyo de las FPL.

Los primeros trabajos y las primeras reuniones tuvieron lugar en Quezaltepeque. Éramos cuatro que comenzamos a trabajar con Lorena Peña, uno de ellos fue Saúl Sánchez, profesor que ya está jubilado, la profesora Blanca Machuca y Julio, otro profesor que ahora vive en Australia. Este tipo de organización se llamaba *grupo de apoyo* a las FPL. No éramos todavía una célula. Una de nuestras tareas era garantizar la protección de una casa de seguridad, lo que nos llevaba a trasladarnos a San Salvador. Nos turnábamos cada día para darle seguridad permanente a la casa. Otra de las tareas era el reparto de propaganda, el periódico de las FPL *El Rebelde*, totalmente clandestino. Si a alguien le veían con ese periódico lo capturaban o lo mataban. Teníamos que hacer operaciones para repartir *El Rebelde* que salía cada quince días, en Quezaltepeque. Los cuatro maestros salíamos en la noche, controlando los turnos de la Guardia Nacional que patrullaba Quezaltepeque, nosotros sabíamos a qué hora iba a pasar por cada lugar, por ello el reparto de la propaganda lo planificábamos procurando no chocar con la Guardia, a media noche o en la madrugada, pasábamos por las casas y por debajo de las puertas introducíamos *El Rebelde*. De repente en Quezaltepeque todos decían: «Bueno, no sabemos cómo nos ha llegado esto», pero es así como la gente comenzó a conocer a las FPL y sus operaciones, las acciones que el gobierno decía que eran delincuencia. Al leer *El Rebelde* muchas personas de Quezaltepeque comenzaron a tomar conciencia de que había una oposición político-militar en el país. En las FPL nos daban cursillos de entrenamiento militar y cómo manejar las armas. Nos enseñaban a manejar las pistolas, arme, desarme, tiro y después íbamos a los cantones a hacer las prácticas. Pronto nos dieron instrucción sobre armamento de más grueso calibre, una preparación militar básica bastante completa. Nos organizamos dentro de ANDES como FPL, y comencé a tener una vida semiclandestina muy intensa. Me viene a la memoria el compañero Chico que fue uno de nuestros responsables con el que compartí una casa de seguridad en un lugar entre Ciudad Merliot y Santa Tecla, departamento de La Libertad, donde recibimos entrenamiento militar y capacitación sobre estrategia político-militar. No mucho tiempo después, creo recordar que un 11 de octubre de 1976, Chico (Alejandro Solano), Clara Elizabeth Ramírez y otro compañero al que llamábamos Toño (Andrés Torres), cayeron en Santa Tecla en un combate muy desigual que fue un ejemplo de heroísmo. La casa de los compañeros fue detectada y cercada por la Policía Nacional y el ejército hizo un despliegue de fuerza y medios para enfrentar a los tres compañeros. Resistieron toda la noche y continuaron aún por la mañana del día siguiente combatiendo con fusiles y después con pistolas. Su resistencia reivindicó el valor de la guerrilla y la disposición al sacrificio de sus integrantes. Ninguno de los compañeros fue capturado. Cuando no tuvo suficiente munición, para no caer prisionero, uno de ellos decidió darse el tiro de gracia. Esta información fue transmitida en la radio, en la televisión y en los periódicos, lo que contribuyó a desmontar entonces el infundio de que las actividades guerrilleras eran acciones de bandidos o que eran parte de una provocación de los cuerpos represivos. Un año antes, el 16 de agosto de 1975, habían caído también en combate el compañero Felipe Peña y su compañera Úrsula, al ser cercados en la casa donde se encontraban. Felipe era el segundo responsable después de Marcial y Ursula era una valiente combatiente de los comandos urbanos y dirigente de las FPL. Ambos habían participado en operaciones de gran envergadura de las FPL. Eran altos dirigentes políticos y combatientes. Durante el cerco que sufrieron les dispararon desde helicópteros artillados, con artillería pesada, pero murieron sin que los pudieran capturar vivos.

En el desarrollo inicial de las FPL podríamos decir que hubo una primera generación que sacrificó sus vidas por el ideal expresado en ese momento en el proyecto revolucionario. Fueron aquellos que llevaron a cabo las primeras grandes operaciones de comandos urbanos en San Salvador. Ello aceleró el que una segunda generación comenzara a asumir muy pronto roles de conducción y en ese sentido yo tuve una promoción bastante rápida dentro de las FPL. Por el nivel de responsabilidad y experiencia que había adquirido en lucha gremial pronto pasé a ser parte del núcleo partidario situado en la Comisión de masas del Consejo Revolucionario de las FPL. Fui parte del grupo de dirigentes que trabajó en la construcción del BPR. La Comisión de masas de las FPL, integrada por compañeros procedentes de distintos sectores, era la que tenía la misión de construir el frente revolucionario de masas. Por el magisterio éramos Ana María y yo los representantes. Ser parte de la directiva del frente de masas significaba pasar totalmente a la clandestinidad, lo que estuvo determinado por el nivel del enfrentamiento con la dictadura. Yo tuve varios seudónimos: Luis, después Carlos, luego Antonio —seudónimo que solo usaba en casa en la vida familiar—, y por último Leonel. El nombre de Antonio estaba identificado con mi papá; Luis y Carlos no tenían ningún significado, simplemente me gustaban; el nombre de Leonel lo escogí tras leer textos de Leonel Rugama, un poeta combatiente sandinista que murió resistiendo a la guardia somocista que cercó su casa y le disparaba con todo, incluso desde aviones. Murió gritando: «¡Que se rinda tu madre!». Fueron varios los seudónimos porque veíamos la necesidad de cambiarlos cuando un compañero de la célula era capturado. Nos cambiábamos de nombre, de coartadas, de lugares de reunión.

Cada uno en la semiclandestinidad construía su leyenda que consistía en un nombre, un trabajo y un lugar diferente. Tuve que vivir así hasta que a partir de 1978 fue imposible mantenerme en la semiclandestinidad, tras permanecer preso cerca de seis meses. Nunca me señalaron como militante de las FPL sino como dirigente del BPR, y a partir de ese momento tuve que clandestinizarme totalmente.

En esta etapa mi responsable era Ana María. Tuvimos reuniones con Marcial, lo que me fue permitiendo comenzar a conocer las diferencias que se daban al interior de las organizaciones político-militares. En las FPL también existían dificultades derivadas de la compartimentación entre la militancia volcada al frente de masas y las estructuras militares en las que había compañeros que no comprendían del todo la dinámica y los ritmos del movimiento popular mostrando cierto desprecio hacia la lucha de masas. Pero también se daban manifestaciones contrarias a la lucha armada entre compañeros vinculados a las organizaciones de masas. Las contradicciones dentro de las FPL se plantearon asimismo en relación a cómo tratar la relación de unidad entre frentes de masas. El BPR compartía plenamente la estrategia político-militar de las FPL. El PCS, en 1979, tenía como frente de masas a la UDN, el PRTC al MLP; la RN al FAPU y el ERP a las LP-28. Entonces llegó un momento en que estas organizaciones chocaron en la disputa del liderazgo del movimiento de masas. Cuando surgió el FAPU se dio una fuerte disputa en ANDES y a veces algunas diferencias entre Marcial y Ana María, porque Marcial no se explicaba como en ANDES, a pesar de la fuerte influencia de las FPL, era posible que una parte de la militancia magisterial estuviera en el FAPU, lo que era cierto incluso a nivel de dirigentes. Uno de ellos fue Mario López, reconocido luchador y fundador de ANDES que estaba políticamente identificado con la RN y después con el PRTC.

Entre el FAPU y el BPR no había posibilidades de desarrollar acciones conjuntas. Las acciones reivindicativas por las justas demandas de los trabajadores, así como las acciones combativas contra la represión de la dictadura las realizábamos por separado y sin ninguna solidaridad entre los frentes de masas existentes en las manifestaciones, toma de fábricas, de edificios, de embajadas, de fincas, y eso implicaba enfrentamientos con los cuerpos represivos, en los cuales cayeron los primeros militantes y dirigentes de masas. Recuerdo que Mélida comenzó a cuestionar la situación, diciendo que no era posible que las actividades se saldaran con tal cantidad de compañeros muertos. Es el precio que pagamos por la diversidad de expresiones políticas y de masas, lo que después se corregiría mediante la unidad del FMLN.

Luego pasé a formar parte del Consejo Revolucionario, máxima autoridad de las FPL que reunía a sus dirigentes más connotados, a aquellos que estaban en tareas de gran responsabilidad. En el Consejo se concentraban los jefes de las unidades militares, compañeros que estaban al frente de la formación político-ideológica del partido, los que se encargaban de las tareas de organización, los que estábamos al frente del movimiento de masas. El Consejo llegó a tener entre dieciséis y veinticinco dirigentes y para hacer sus reuniones, en la capital, eran necesarias operaciones delicadas de transporte y seguridad de la casa. Las reuniones duraban un día o más y hubiera sido una tragedia el que hubiesen sido detectadas por el enemigo, lo que no ocurrió. Era un riesgo que había que correr en una fuerza político-militar que aspiraba a funcionar con dirección colectiva. Operaba con una estructura leninista, de centralismo democrático, lo que era consecuente con un partido que asumía la doctrina del marxismo como guía de análisis. En las FPL la formación era con recursos propios, con nuestras propias capacidades y límites. Se impartían las ideas básicas esenciales del marxismo. Más que todo era una autoformación: leíamos, estudiábamos y recibíamos cursos. Nos reuníamos encapuchados, incluso las reuniones que teníamos en la Comisión de masas las hacíamos encapuchados; se procuraba que nadie se conociera, solo se conocían los que trabajaban en el mismo grupo. Yo pasé al Consejo Revolucionario donde comienzo a tener una visión integral de lo que era la estrategia de las FPL, ya que en sus reuniones se discutía la estrategia militar, la construcción del partido, la concepción de organización, la estrategia de construcción del frente de masas. En el Consejo me fui asentando como dirigente y cuando se dan los primeros pasos hacia la formación del FMLN yo formaba parte junto a Marcial, Ana María y Salvador Guerra de la representación de las FPL junto a las representaciones del PCS y la RN. Esas reuniones interpartidarias me dieron un mayor conocimiento de la realidad del país y de las fuerzas político-militares que habían surgido del pueblo. Entre los años 1979–1980 se conforma la Dirección Revolucionaria Unificada (DRU) de las organizaciones político-militares, de la cual formé parte como delegado de las FPL, junto con Marcial, Ana María y otros compañeros.

Ser parte de la dirección del Consejo de las FPL me dio la oportunidad de conocer otras experiencias. Así, por ejemplo, tuve intercambios con el Ejército Guerrillero de los Pobres (EGP) de Guatemala que fue una organización hermana. Su líder era el comandante Rolando Morán que murió poco después de los acuerdos de paz firmados entre la Unión Revolucionaria Nacional Guatemalteca (URNG) y el gobierno guatemalteco. Tuvimos bastantes reuniones de intercambio en aquella época de finales de los setenta y comienzos de los ochenta. Conversábamos sobre las experiencias de lucha armada y sobre el movimiento popular. Algunos compañeros fueron a desarrollar una experiencia guerrillera en las montañas de Guatemala y también miembros del EGP vinieron a El Salvador a tener experiencia. Otro momento interesante para mí se dio entre 1977 y 1978 con motivo de mi primer contacto con la Revolución cubana. Se celebraba una nueva reunión del Festival Mundial de la Juventud y los Estudiantes en Cuba y a mí me enviaron con la misión de convencer a los dirigentes del Partido Comunista de Cuba (PCC) que debían invitar al BPR como fuerza más representativa del frente de masas. Pero los cubanos deseaban que fuéramos al Festival en una sola delegación unitaria, lo que para las FPL no era posible ya que nos considerábamos la organización dirigente de la revolución y al BPR como la organización llamada a conducir al pueblo. El caso es que al frente de nuestra representación en Cuba estaba la compañera Margarita, hermana de Lorena Peña, que después regresó y fue capturada y desaparecida en una casa de seguridad a finales de 1980. Con ella y con los dirigentes del PCC tuvimos discusiones, porque estos estaban aferrados a la idea de unidad. Sin unidad no era posible un acuerdo, de manera que dejaron claro que no era viable una delegación exclusiva del BPR. Ese fue mi primer contacto con los cubanos y entonces conocí al compañero del Departamento América, al chino Igor, que era el representante del PCC para El Salvador. Ya en la guerra tuve con él una relación más cercana porque él atendía dentro de El Salvador a las FPL, lo que creó entre él y nosotros una relación muy fraternal de mucha identificación con las FPL. Pude vivir estas experiencias cuando ya estaba plenamente integrado a la clandestinidad y en la dirección de las FPL. Cuando se lanza la ofensiva en enero de 1981 toda la Comisión Política nos trasladamos al Cerro de Guazapa y en el volcán se instaló el mando para dirigir la operación insurreccional de 1981.

V. Tiempo de guerrillas

Fraude y cierre de la lucha electoral

Como ya he dicho, mis primeros contactos con las FPL ocurrieron a partir de 1972 en un contexto en el que a mi juicio se cierran las posibilidades de la lucha electoral para derrotar a la dictadura y abrir un proceso democrático y de transformaciones sociales y políticas. Ese año se había generado un movimiento electoral muy fuerte, caracterizado por la unidad entre partidos políticos como UDN, MNR y PDC, lo que dio lugar a expectativas de victoria electoral de una oposición unida en medio de un gran entusiasmo. La campaña electoral de la UNO, que llevaba como candidato a la presidencia a Napoleón Duarte, generó esperanzas en todos los rincones del país. Yo en esa época ya había acumulado alguna experiencia como activista electoral y no solamente en la preparación de mítines, también visitaba los barrios, colonias de mi pueblo, los cantones, donde encontré una aceptación enorme y, cuando el candidato presidencial Napoleón Duarte llegó a Quezaltepeque, se dio una concentración nunca vista. Teníamos la ilusión de que a partir del triunfo electoral la dictadura militar cayera y se abriera un nuevo capítulo para la historia nacional.

Recuerdo que no solo me incorporé al aparato electoral sino que también asumí la representación ante el Tribunal Electoral en mi pueblo y fui el representante de la UNO ante la Junta Electoral Municipal, lo que me permitió ser testigo privilegiado para conocer cómo en cada uno de los centros de votación se había producido una derrota contundente del candidato del partido oficial, PCN, el coronel Arturo Armando Molina. En la inmensa mayoría de las urnas Duarte era el ganador, pero en algunos lugares la Guardia Nacional pretendió hacer fraude tratando de llevarse las urnas para rellenarlas con papeletas del PCN. La gente estaba dispuesta a defender el triunfo y recuerdo que a eso de las siete de la noche durante el conteo final se hizo una concentración enorme delante de la alcaldía de Quezaltepeque. Estaba extendida la conciencia de que había que defender la victoria. Lo logramos en muchos lugares, pero en otros municipios el fraude se impuso mediante la represión de la Policía de Hacienda y de la Policía Nacional, lo que dio lugar a una reacción popular masiva al día siguiente. Miles de personas ocuparon las calles, bloquearon las carreteras y las llenaron con *miguelitos*[10] para interrumpir el transporte en el país. Por varios días se sucedieron manifestaciones que expresaban el descontento generalizado, particularmente en San Salvador. Lo cierto es que a pesar de la resistencia popular en defensa de los resultados que dieron las urnas se impuso el fraude y con él la continuidad de la política autoritaria de la dictadura. Obedeciendo a la oligarquía los militares colocaron en la presidencia a su candidato, el coronel Molina. En ese escenario llegué a la convicción de que la vía electoral había quedado concluida y tomé la decisión de incorporarme a militar como colaborador de las FPL. Por entonces ejercía el magisterio y como ha quedado dicho era dirigente de ANDES 21 de Junio. A partir de ese momento desarrollé una militancia que me fue empujando hacia compromisos más altos dentro de las FPL. Fui comprendiendo su estrategia, enfocada como lucha

de todo el pueblo de acuerdo con el acercamiento que habían tenido los compañeros del grupo inicial con la experiencia del pueblo
vietnamita, dirigida por Ho Chi Minh y la Revolución china
dirigida por Mao Tse Tung. Marcial y otros compañeros estudiaron cómo luchaban los vietnamitas, cómo habían logrado las
grandes victorias militares mediante la incorporación de sectores
del pueblo de todas las edades, complementando gran variedad
de formas de lucha. Organizando al pueblo alrededor de tareas
logísticas de todo tipo, fueron capaces de construir una base social
que participó masivamente en la lucha, donde la más pequeña
actividad tenía gran importancia.

Inspirándose en la lucha vietnamita las FPL desarrolló la estrategia de «guerra popular prolongada», para esto concibió distintos
instrumentos de lucha y así lograr la incorporación del pueblo a
las estructuras militar, miliciana, del partido y el frente de masas.
Una parte de los dirigentes y asociados de ANDES se identificó
con el pensamiento y la estrategia político-militar de las FPL,
pasamos a militar dentro de esta organización y asumimos la tarea
de contribuir a la formación de los frentes de masas, en la que los
primeros años, de 1972 a 1975, fueron fundamentales. Si entre
1968 y 1972 libramos la batalla en el magisterio por generar una
conciencia que superara el gremialismo, en los años siguientes se
trataba de persuadir acerca de los límites de la lucha electoral. La
mayoría de los maestros y maestras eran opositores a la dictadura
a la que se habían enfrentado con dureza. Muchos eran del PDC
y de otras fuerzas políticas de la oposición. Hacer que una buena
parte de la asociación comenzara a pensar en la posibilidad de
la lucha armada fue resultado de un trabajo tenaz; empezamos
formando redes de apoyo que se multiplicaron por todo el país.
No fue tan difícil que el magisterio entendiera que para acabar
con la dictadura había que pasar a otra forma de lucha superior.
No costó porque todo el proceso de lucha que el magisterio

venía desarrollando por sus derechos lo llevó a entender que era necesario superar la lucha reivindicativa y la lucha electoral, apostando por una lucha final contra la dictadura que implicaba la confrontación armada. La experiencia había enseñado al magisterio que la dictadura seguiría actuando hostilmente, sin atender a sus propuestas. La victoria electoral de la UNO, lejos de ser respetada fue contestada con un nuevo fraude, todas las condiciones se reunieron en esos años para que fuera posible un salto de calidad de la lucha opositora. Las reglas electorales eran simple apariencia, engaño.

En este ambiente revolucionario me comprometí en la organización de bases de apoyo a la estructura político-militar. El primer centro fue en San Salvador, después extendimos nuestra acción a Chalatenango, y poco a poco desde oriente a occidente, abarcando los catorce departamentos. El magisterio fue un sector social importante en la formación de los grupos de apoyo para incorporarse a las FPL que contó con un contingente de dirigentes a nivel local, departamental y nacional con experiencia de lucha gremial. Ello hizo más fácil la multiplicación de organizaciones de diverso tipo. Del sector estudiantil surgieron grupos de apoyo vinculados a UR-19 y al MERS. En las comunidades marginales brotaron grupos de apoyo ligados a la organización barrial, UPT, FECCAS, UTC y la Federación Sindical Revolucionaria (FSR). Se desarrollaron grupos de apoyo fuertes en el movimiento sindical. Claro que el movimiento sindical era el más avanzado y de él surgió el grupo inicial de las FPL. No hay que olvidar que Marcial era panificador, y José Dimas Alas era un obrero: el grupo inicial provenía del movimiento obrero.

La lucha popular revolucionaria

Tras el fraude electoral de 1972 se generalizó fuertemente la lucha reivindicativa en todos los sectores populares de la sociedad, de manera muy especial entre los estudiantes de secundaria, universitarios, maestros, campesinos, sindicalistas, pobladores de tugurios. En 1974 el movimiento estudiantil desarrolló una lucha muy fuerte contra el cierre de la Universidad Nacional por parte de la dictadura. El 30 de julio de 1975 hubo una gran marcha ciudadana que fue brutalmente reprimida. Es como consecuencia de esta masacre que las organizaciones populares deciden tomar la catedral. Asimismo comienzan a coordinar esfuerzos y a desarrollar una estrategia de lucha unificada, con mayor cooperación, lo que daría lugar al surgimiento del BPR. La conformación de este frente de masas era un paso superior en la lucha del movimiento popular, era pasar del esfuerzo sectorial a un esfuerzo de mayor unidad de todas la fuerzas populares por construir un movimiento combativo de masas que usaba la violencia como arma de autodefensa para resistir la embestida represiva de la dictadura. El BPR concentraba una fuerza social que tenía como centro esencial al campesinado y los obreros, pero con una gran participación de los estudiantes, los maestros, pobladores de tugurios y otros sectores. Ese bloque asumió una actitud revolucionaria. La revolución significaba la derrota inmediata de la dictadura. El BPR respondía a una concepción integral dentro de la visión de las FPL de implementar la guerra de todo el pueblo. Era necesario incorporar al pueblo en diferentes grados y bajo distintas modalidades, haciéndolo partícipe, actor principal del gran acto revolucionario. Mucha gente dio el paso de sumarse a las milicias que eran un escalón más elevado de la lucha del movimiento social. De este modo la conformación del BPR como un frente revolucionario de masas significó la conexión de la fuerza político-militar, de las FPL, con la gente. Ello permitió pasar de una lucha meramente reivindicativa a una lucha combativa con propósitos revolucionarios, con visión de país. Lo que estaba en juego era la agenda de un cambio social radical, de conquistar una nueva sociedad. Las FPL no era un partido político sino una organización armada de carácter político-militar con una visión integral de la lucha. Es precisamente esta concepción la que haría posible que en un país pequeño pudiera desplegarse una fuerza guerrillera por casi todo el territorio, resistiendo terribles ofensivas por aire y tierra. Una parte del pueblo salvadoreño logró construir un poderoso ejército guerrillero con capacidad operativa no solo para enfrentarse a un ejército regular muy superior en número y recursos, sino también desarrollar la capacidad de enfrentar la intervención de Estados Unidos. Podemos afirmar que la experiencia guerrillera salvadoreña fue algo diferente a la experiencia cubana y fue distinta a otras que se desarrollaron en países de América Latina a partir de 1960: el concepto de partir de la montaña para construir la estructura básica guerrillera que posteriormente creara una incidencia en el pueblo para que se insurreccionara. A diferencia de esa concepción foquista, en El Salvador se desarrolló una estrategia inspirada en la revolución vietnamita, es decir en la idea de la lucha de todo el pueblo. La montaña del movimiento guerrillero fue la ciudad, las ciudades y pueblos, su montaña fue el pueblo. La fuerza guerrillera se desplegó con la visión de proporcionar a la gente los instrumentos y los métodos para que tuvieran opciones de participar en su propia gesta de liberación. El frente de masas, en este caso de las FPL —el BPR— es el que le dio ese carácter popular a una estrategia político-militar que representaba una concepción nueva en América Latina diferente de las experiencias guerrilleras de

Guatemala, Nicaragua, Venezuela, Brasil y otros países. Nuestra experiencia pudo demostrar al pasar de los años que era factible la lucha guerrillera en una geografía de montañas de baja altitud y sin selvas como en Nicaragua o Guatemala. Se pudo construir un movimiento revolucionario con características propias y en ello tuvo mucho que ver el papel que jugó el BPR que tuvo la singularidad de ser un movimiento popular que incorporaba a la lucha reivindicativa y combativa la misión de hacer la revolución. Impulsaba la toma de iglesias, embajadas, centros de trabajo y fincas que la gente defendía, no solo por su interés material, sino también debido a una visión revolucionaria que comprendía y asumía la lucha armada dentro de estructuras especializadas. Esta concepción integradora de diferentes métodos de lucha imprimió a los frentes revolucionarios de masas en El Salvador y en este caso al BPR una particularidad propia nueva en América Latina. El BPR era una conjunción de sectores y cada sector tenía su propia identidad y desarrollaba su propia lucha, pero también tenía la capacidad de unirse y de conjuntar esfuerzos; el bloque desarrolló su propia estructura orgánica. Yo estuve en la conducción del BPR en representación de ANDES. La representante principal era Mélida Anaya Montes y yo era el suplente. Ambos nos comprometimos desde el inicio en la construcción del Bloque, en la discusión acerca de cómo organizarlo y de su programa reivindicativo y, fundamentalmente, en el debate de estrategia. De esos debates surgió la línea de organización con diferentes modalidades territoriales y sectoriales; se comenzaron a construir comités de base del BPR por territorio a lo largo y ancho del país y también a nivel internacional en los países donde vivían salvadoreños con la misión de organizar la solidaridad desde el exterior. De este modo, el Bloque, además de contar con la estructura sectorial pasó a desarrollar una estructura territorial de masas que le dotó de madurez política y de proyecto estratégico global superando toda tentación gremialista.

El BPR se constituyó el 30 de julio de 1975 tras el ametrallamiento de una manifestación de estudiantes en las cercanías del Instituto Salvadoreño del Seguro Social. Casi un año antes, en septiembre de 1974, como reacción al cierre de la universidad y a la brutalidad policial, antes del BPR se había formado el Frente de Acción Popular Unificada (FAPU) que estaba más vinculado al ERP y a la RN. Se desarrolla con las mismas características pues casi todo el movimiento popular organizado en esa época asumió el formato de agrupamientos sectoriales que se conformaban en frentes de masas. Así surgieron también las LP-28 y el MLP en 1978. El partido UDN asumió las características de un frente de masas, después del agotamiento y cierre de la vía electoral. La variedad de organizaciones populares estuvo relacionada con la pluralidad de fuerzas político-militares. En 1972 surgieron las FPL y el ERP que aunque tenía una visión militarista, más centrada en el poder del fusil, previó la construcción del frente de masas. Ello les planteó un debate interno entre los que consideraban que había que apostar básicamente por la lucha armada y a construir los comités populares armados, y otros que pensaban que había que activar una lucha revolucionaria de masas. Esta polémica dio lugar a una ruptura en el ERP, y ello dio origen a la formación de la RN en 1974, poco después del asesinato de Roque Dalton. Los dirigentes de la RN eran partidarios de una estrategia que pasaba por construir el frente revolucionario de masas, pero este partido no pudo evitar una nueva división interna de la que surgió el PRTC, vinculado al movimiento popular, que construyó un nuevo frente de masas, el MLP. El 11 de enero de 1980 se lograría, por fin, la unidad de todas estas fuerzas en una gran Coordinadora Revolucionaria de Masas.

La represión y reacomodo de la dictadura militar

Al fraude electoral de 1972 sucedió un nuevo engaño en 1974 al ganar las elecciones legislativas la UNO, victoria de nuevo robada. La UDN, expresión del PCS, continuó participando en la lucha electoral. Su tesis era agotar esta vía ya que consideraba que había una gran parte del pueblo que todavía creía en las elecciones. Es así que la UDN siguió impulsando la participación en la contienda electoral por medio de la UNO. Participó en las elecciones de 1977 en las que los militares imponen como presidente al general Carlos Humberto Romero a pesar del nuevo triunfo de la oposición que, curiosamente, llevaba como candidato presidencial a otro militar, el coronel Ernesto Claramont. La UNO respondió tomando el Parque Libertad: alrededor de unas 50 000 personas protestaron ante el fraude y fueron brutalmente reprimidas, hasta tal punto que la UDN decidió concluir la etapa político-electoral e incorporarse al proceso de lucha armada. Ya en 1978 la UDN comienza a ser parte de ese gran movimiento que era el frente de masas. La respuesta a esta nueva acumulación de lucha combativa fue el incremento de las masacres. Precisamente esta etapa de la historia del país no fue incluida en el Acuerdo de Paz de 1992, en la investigación de la Comisión de la Verdad, no se esclarecieron los asesinatos y masacres contra las organizaciones; el Acuerdo toma los hechos desde 1980 en adelante, pero no los años que van desde 1972 hasta 1979, un período terrible, de gran impunidad para las fuerzas represivas y los gobiernos de turno que mataron a centenares de salvadoreños organizados. Solo del magisterio fueron asesinados más de trescientos maestros, muchos de ellos dirigentes que fueron sacados de sus casas por estar organizados en ANDES. Se sucedían a diario las desapariciones, torturas y asesinatos. Como respuesta a la represión, las organizaciones gremiales y de masas crearon organismos de autodefensa. Era una necesidad impuesta por la dictadura. En el caso de las FPL iniciamos un esfuerzo con el objetivo de extender por todo el país unidades milicianas, instruidas y capacitadas, que eran las encargadas de conducir la autodefensa de las organizaciones del BPR. En adelante las grandes movilizaciones estuvieron acompañadas de unidades de autodefensa que daban a la gente la oportunidad de enfrentar la represión policial como defensa propia. Se multiplican las movilizaciones alrededor de embajadas para exigir la libertad de los presos porque en esa época aumentó la cantidad de presos políticos y las organizaciones populares luchaban por el respeto a la vida y la libertad de las compañeras y compañeros encarcelados. Los grupos dominantes, el ejército y la embajada de Estados Unidos visualizaban una insurrección del pueblo en medio de un contexto internacional de descrédito hacia la dictadura por su política de asesinatos que alcanzaba a maestros, a sacerdotes y religiosos, a sindicalistas. La dictadura era repudiada a nivel mundial. En cualquier momento podía darse su derrota y caída, y esa situación de crisis nacional generó graves contradicciones en el grupo dominante, la burguesía, lo que propició el surgimiento al interior del ejército de un movimiento de jóvenes militares en contra del alto mando dictatorial. Para evitar un golpe derechista se organizó el Movimiento de Militares Jóvenes que decide dar un golpe de Estado de talante progresista y terminar con la dictadura oprobiosa en octubre de 1979. Se desató una crisis nacional en la que los que dominaban ya no podían ejercer su dominio y los dominados asumieron mayor protagonismo contra de los opresores; ello provocó una situación de inestabilidad en la que el aparato de la dictadura, debilitada, se fraccionó, a partir de ese grupo de militares jóvenes encabezados por el coronel Adolfo Majano, oficial de trayectoria académica que gozaba de respeto entre los militares jóvenes. Tras la instauración del nuevo gobierno golpista se abrió una coyuntura que dividió a la izquierda, obligada entonces a realizar su propio debate interno por la escisión entre los que consideraban que era la oportunidad de terminar con la dictadura —y ello pasaba por acompañar al golpe de los militares jóvenes— y los que manteníamos una tesis muy diferente. El ERP, la RN, el PRTC y el PCS defendieron la primera concepción. Como digo, en las FPL hubo otra lectura. La dirección consideró que el golpe era un reacomodo de la dictadura, de su forma de gobierno dirigida y dominada por Estados Unidos y los grupos económicos hegemónicos. Fuimos la única organización político-militar que no acompañó el golpe de Estado. Asumimos un papel crítico y el BPR prosiguió implementando su actividad aun en el marco del nuevo gobierno, cuya Junta estaba compuesta por militares y civiles. Las FPL no consideró que era el gobierno adecuado para el proceso de transformación y tomó la decisión de continuar con la lucha combativa de las masas. Se tomaron edificios públicos, centros de trabajo y fincas. Hay quienes señalan que las FPL cometió un error histórico al carecer de la flexibilidad necesaria para aprovechar el golpe de la juventud militar, dándole respaldo, y generar un gran movimiento que hubiera posibilitado la derrota de los sectores más conservadores y represivos del estamento militar. ¿Eso hubiera evitado que se pasara a la guerra civil y se hubiera acortado el sacrificio del pueblo? Nosotros también hemos valorado esa coyuntura y pensamos que en alguna medida hicimos análisis que pudieran estar impregnados de una visión dogmática de la realidad. Pero creemos que también está el hecho de que la posición de las FPL sirvió para poner al descubierto el carácter contrarrevolucionario de ese proceso liderado por la Junta de oficiales jóvenes; el sector progresista de ellos fue desplazado y nuevamente militares derechistas asumieron el mando y se sometieron a la conducción de

Estados Unidos. Esta dinámica permitió desenmascarar el carácter represivo de la Junta cívico-militar que comenzó a desplegar una enorme represión.

Es en esa coyuntura de los años 1979–1980 que ocurre el asesinato de Monseñor Óscar Arnulfo Romero, Arzobispo de El Salvador. Fue un asesinato premeditado y organizado por una ultraderecha que venía radicalizando sus intervenciones criminales contra el pueblo. No es casualidad que pocas semanas antes del asesinato de Monseñor se diera la masacre del 22 de enero de 1980, tras la cual el propio Romero intervino con su denuncia a nivel nacional e internacional. ¿Cómo fue que aquel episodio quizás marcó la suerte de Monseñor dos meses después? Como yo estaba en la clandestinidad, no participé en aquella manifestación cuyos resultados trágicos seguí a través de algún radio. Después, finalizada la masacre pude escuchar a algunos testigos, compañeras y compañeros que sí estuvieron y narraron lo sucedido con mucha emoción.

Según se dice en el libro *El Salvador, la larga marcha de un pueblo*[*] al parecer en el momento en que sonaban los últimos compases de la Internacional por los parlantes de la torre de la Iglesia del Rosario se escuchó la primera ráfaga. De inmediato la multitud se dispersó en todas las direcciones, centenares de hombres y mujeres se tiraban al suelo buscando protección de la lluvia de balas que disparaban decenas de francotiradores apostados en los tejados. Según los testigos era poco más de las doce y media del mediodía del martes 22 de enero, un día muy caluroso. Mucha gente buscó cómo entrar en la iglesia por la puerta entreabierta para permitir el paso de los que llegaban arrastrándose o corriendo. En pocos minutos la plaza estaba poblada de cadáveres. La manifestación había arrancado tres horas antes en el parque Cuscatlán para

---

[*]   Varios autores: *El Salvador: la larga marcha de un pueblo*, Madrid, Editorial Revolución, 1982.

celebrar la reciente unidad de las organizaciones populares. Tras las primeras ráfagas sonó una ametralladora pesada disparando contra los muros de la iglesia. Los ocupantes intentaron negociar su salida con la Policía Nacional que respondió disparando. Al mismo tiempo a unos 200 metros, en la catedral un gran número de gente también quedó atrapada. En ambos casos gracias a la mediación de la Cruz Roja, a instancias de la embajada española, se logró que los ocupantes salieran con las manos en la cabeza. En ese momento, en la universidad nacional se agrupaban unas 120 000 personas, acompañadas por algunos grupos de autodefensa. En las gradas de la catedral permanecían 13 cadáveres, entre ellos dos niños y una mujer embarazada. La mayor parte fue asesinada por un disparo en la cabeza y tenían abierta la tapa de los sesos. Estos hechos dejaron al descubierto la verdadera voluntad represora de la Junta de Gobierno que cínicamente afirmó que la Fuerza Armada no había intervenido y que el despliegue policial tenía por objeto evitar el pillaje de sectores lumpen encuadrados en la organización paramilitar fascista ORDEN. Lógicamente era un mensaje falso. El cerco a la universidad se prolongó toda la noche del 22 y en la madrugada del 23, a las cinco de la mañana la policía disparó causando nueve muertos más. Las calles eran patrulladas por paramilitares que lanzaban bombas y sembraban el terror, teniendo como objetivo especial las casas de militantes de la izquierda. En la universidad nuestros grupos de autodefensa respondieron al fuego y tal vez por ello el ejército sustituyó a la policía. La cifra global de esas jornadas la dio la Comisión de Derechos Humanos: 80 muertos. A pesar de todo, el coronel Majano, dirigente del golpe, siguió insistiendo en que fueron extremistas de derecha disfrazados de militares los que atacaron a la gente. Entonces, ¿qué hacían las fuerzas de seguridad del estado?, ¿por qué no protegieron al pueblo? Sin duda la versión de Majano era absolutamente falsa.

Días después de esta masacre, el 17 de febrero, Monseñor Romero escribió al presidente norteamericano James Carter para pedirle que no concediera más ayuda militar al gobierno salvadoreño. La respuesta de las fuerzas reaccionarias hegemónicas en los cuerpos policiales y el ejército fue organizar su asesinato, Roberto D'Aubuisson fue el responsable del operativo. El domingo 23 de marzo Monseñor Romero llamó a los soldados a desobedecer las órdenes de represión. Al día siguiente, el Alto Mando Militar declaró que el Arzobispo se había colocado fuera de la ley. Por la tarde fue asesinado con una sola bala en el corazón cuando celebraba misa en el Hospital Divina Providencia que atiende a pacientes con cáncer terminal. Su muerte golpeó a todo el pueblo que lo reconocía como su pastor. En una entrevista que me hizo Alicia Miranda para *El Faro*, en 2005 declaré:[11]

> Yo creo que todos los sectores, la gente se avocaba a Monseñor porque no había otra persona que los escuchara. Él con su denuncia se volvió la voz de esa mayoría de gente. Al desaparecer lo que sucede es que la gente pierde ese espacio y la gente se llenó de desesperanza. Eso hizo que los niveles de violencia y de enfrentamiento en el país se profundizaran porque si él no hubiera muerto, si su palabra hubiera sino escuchada el país hubiera tenido otra salida. La salida, quizá, no de la guerra sino la salida de buscar un cambio democrático profundo a través de las vías del diálogo y el acuerdo. Pero su asesinato cerró aún más esa posibilidad remota. Se calló su voz y se callaron todos esos espacios… Si lo que él planteó en sus homilías se hubiera comprendido y asimilado, el país no hubiera entrado en esa etapa de la guerra. Si el Gobierno hubiera hecho un esfuerzo por democratizar la vida política y cesar la represión contra el pueblo, quizá no se hubiera llegado al escenario de la guerra.

Ciertamente, como señalé en la entrevista para *El Faro*:

Las enseñanzas de Monseñor Romero, a través de su vida, su ejemplo de su sabiduría y su palabra», no fueron tomadas en cuenta por los actores políticos principales que hubieran podido evitar la etapa dura de los 12 años de guerra. El pensamiento y doctrina de Monseñor tienen actualidad porque mientras se le esconda la verdad a la gente, mientras no se le diga la verdad a la gente también se irá construyendo una falsa democracia que a la larga puede desatar otro ciclo de violencia. La verdad es un componente esencial de la justicia, y el déficit de justicia es uno de los saldos negativos que tiene el proceso de paz. Es necesario esclarecer la verdad y en esa medida el Informe de la Comisión de la Verdad señala a quienes lo asesinaron, pero falta otro componente que es el componente de la justicia. Este mismo caso lo hemos visto con el asesinato de los padres jesuitas. Cuando se comienza a pedir justicia se levantan voces que anuncian la entrada en crisis del proceso democrático. Yo creo que mientras exista la necesidad de que la sociedad salvadoreña requiera reconciliación no tiene validez argumentar que se va a poner en peligro el proceso democrático y la paz.

Lo dije en 2005 y lo mantengo hoy en los mismos términos. Tal como señalan los Acuerdos de Paz, la reconciliación es un valor decisivo para el presente y futuro nacional y muy difícilmente habrá reconciliación si aquellos que cometieron grandes daños a la sociedad no son sometidos a la justicia. Tengo confianza en que ese momento llegará.

Fueron detenidos aquellos que tenían que ver con el asesinato de Monseñor Romero pero el régimen mantuvo la represión. Los militares jóvenes fueron aislados y nuevamente el mando militar tradicionalmente más represivo asumió la conducción en esa Junta Cívico-Militar en la que se constituyó una alianza entre los militares y la Democracia Cristiana; esto dio por resultado que colocaran a Napoleón Duarte al frente de ese gobierno. Una de las acciones represivas de mayor impacto mundial ocurrió durante la celebración del funeral de Monseñor Romero, el 30 de marzo. Más de 100 000 personas abarrotaban la plaza de la catedral en la que fue la última gran concentración de masas de la época. Estaba el cardenal de México dando el sermón cuando estalló una bomba lanzada desde el segundo piso del Palacio Nacional. Fue la señal para que francotiradores de la Guardia Nacional apostados en todos los edificios de la plaza comenzaran a disparar a la multitud indefensa. Murieron 40 personas, muchas atropelladas y asfixiadas y más de doscientas fueron heridas.

La unidad político-militar del FMLN

Bajo la dictadura de la Junta militar democristiana seguimos avanzando en la construcción de una fuerza social y política revolucionaria. En el mes de mayo de ese año 1980, las organizaciones político-militares logramos una dirección unificada a través de la DRU. Por su parte, en agosto el Frente Democrático Revolucionario (FDR) llamó a un paro nacional durante tres días. El 10 de octubre se formó el FMLN. La dictadura respondió con una nueva acción criminal: el asesinato de los dirigentes del FDR el 27 de noviembre. Capturan a toda la dirección en el Colegio Externado San José de San Salvador, luego son asesinados. Entre ellos a su presidente, Enrique Alvarez Córdova, hijo de los Alvarez, una de las catorce grandes familias. Había tenido una vida muy vinculada al campesinado y era partidario de una radical reforma agraria, de entregarle la tierra al campesinado y decidió dar el ejemplo entregando su finca; más tarde se incorporó abiertamente a la lucha por establecer un gobierno democrático y se erigió rápidamente en dirigente del FDR. También asesinaron al Secretario General del BPR, Juan Chacón, un campesino de Chalatenango emigrado a San Salvador donde fue limpiabotas y tipógrafo; a Enrique Barrera del MNR, a Manuel Franco de la UDN, a Humberto Mendoza del MLP y a Doroteo Hernández de la UPT.

La unidad político-militar en el FMLN fue el fruto de un proceso de acercamientos. Las FPL nacieron de una ruptura con el PCS, pero esto no impidió que ya en 1980 estrecháramos lazos. En ello tuvo que ver el hecho de que Marcial había sido Secretario General del partido, siempre mantuvo la relación con sus antiguos compañeros, sobre todo alrededor de los temas de seguridad. El intercambio servía para mejorar la seguridad. A veces una organización tenía información sobre cuáles eran los objetivos de los cuerpos represivos y ese intercambio de información nos permitió que muchas de nuestras casas de seguridad no cayeran en manos de la policía. Esa relación se fue incrementando y se comenzó a cooperar en torno al BPR, la lucha armada, a la elaboración de diagnósticos sobre la situación nacional e internacional... Después esa relación se amplió a la RN y esta se acercó mucho al PCS y a las FPL tras el asesinato de Roque Dalton que dio lugar a una crisis en el ERP. El gran poeta tenía la visión no militarista de construir un gran movimiento popular y fue de los que impulsó al interior del ERP la necesidad de levantar un frente de masas, chocando de este modo con quienes defendían el enfoque militarista dentro del ERP. En las FPL, se valoraba que fue el grupo dirigido por Joaquín Villalobos el que se enfrentó con el pensamiento de Roque y eso llevó a que dentro del ERP consideraran que Roque tenía una posición incorrecta, desviada y, como todos aquellos que no compartían la visión militarista, fue objeto de persecución y asesinato. Recuerdo que todavía no estaba en la dirección de las FPL cuando se da este lamentable episodio, en 1975. Yo era miembro de un grupo de apoyo de ANDES y no tenía acceso a la información privilegiada de las FPL. Cuando se da esta situación en el ERP, las FPL actuó de intermediario para intentar detener la persecución y evitar que se llegara a ejecuciones. Felipe Peña y el propio Marcial trataron de intervenir. Recuerdo que en las FPL no podíamos comprender ni concebir que las diferencias de ideas se resolvieran por la vía de ajusticiar a aquellas personas que pensaban de otra manera y eso fue señalado y cuestionado. Con el ERP se siguió manteniendo una relación pero con diferencias notables en cuanto al enfoque de cómo llevar adelante la revolución, había más coincidencia con la RN. Todo esto explica que la relación inicial se diera entre las FPL, el PCS y la RN, lo que se tradujo en que ya el 10 de enero de 1980 lanzáramos una declaración conjunta. Este primer esfuerzo de unidad sembró las condiciones que meses más tarde, en octubre, permitieron el nacimiento del FMLN. Las cinco organizaciones político-militares dimos el paso decisivo hacia la guerra popular. De una u otra manera todas tenían su origen en el Partido Comunista: entre 1968 y 1972 se da un proceso de divisiones al interior del PCS del que surge las FPL, se conforman pequeños grupos que conforman el ERP del que surgiría la RN y luego de esta el PRTC. En este complejo proceso el debate sobre las formas de lucha ocupó un lugar nuclear. Cuando se forma el FMLN este debate ya está saldado, lógicamente. Así, el horizonte más inmediato es la guerra popular. Si bien hay que decir que dentro de la concepción de la lucha armada la unidad no era completa —el ERP se inclinaba más al militarismo en tanto que la concepción de las FPL era una concepción de guerra de todo el pueblo—, una estrategia de lucha prolongada que contemplaba incorporar a los sectores populares a las diferentes formas de lucha. También tuvo peso en el debate la interrogante sobre cómo construir el FMLN. El tema de la unidad fue objeto de una permanente discusión. Las FPL sostenía que el

FMLN debía construirse alrededor de la hegemonía de las FPL ya que era la organización portadora de la verdad estratégica. A su alrededor debían aglutinarse las otras fuerzas, de manera que el FMLN tenía que hacer el esfuerzo de unir el pensamiento de las cinco organizaciones en torno a las FPL. Sin duda, ello obedecía a una posición sectaria.

A finales de 1980 la unidad de las fuerzas político-militares y de las organizaciones de masas en torno a la CRM, crea las condiciones subjetivas y de fuerza social real para diseñar lo que sería la ofensiva de enero de 1981. El triunfo de la Revolución sandinista era un factor positivo que en alguna medida incidió en el proceso salvadoreño empujando a la unidad y mostrando que la revolución era posible. El 19 de julio de 1979 triunfa la Revolución en Nicaragua y ello da una motivación extraordinaria para lo que sería la aparición del FMLN. Me viene a la memoria que cuando se inicia la insurrección sandinista las organizaciones políticos-militares salvadoreñas, en nuestro caso las FPL, formamos contingentes guerrilleros que se trasladaron a Nicaragua. Nuevamente el internacionalismo de los revolucionarios salvadoreños puso de manifiesto la fuerza de la Revolución centroamericana, unida ahora contra la dictadura somocista y siguiendo el ejemplo de nuestro dirigente Agustín Farabundo Martí que en 1925 viajó a las montañas nicaragüenses de Las Segovias para ser parte de las filas del ejército de Augusto César Sandino. Hay, por consiguiente, lazos históricos entre las luchas libertadoras de nuestros dos países. Desde luego, las FPL envió la brigada guerrillera «Farabundo Martí» al mando de Martín (José Roberto Sibrián) a pelear en Nicaragua. El triunfo levantó los ánimos del pueblo salvadoreño y dejó claro que era la coyuntura ideal para El Salvador y Centroamérica. En este contexto de fundado optimismo el FMLN organiza la primera ofensiva militar el 10 de enero de 1981. A partir de ahí se abre el período de la lucha armada revolucionaria: la ofensiva tenía una concepción insurreccional. Las fuerzas del FMLN eran entonces grupos de comandos armados y grupos de guerrilla urbana y suburbana pero no existían aún estructuras militares de ejército. La fuerza conjunta fue el resultado de un proceso que data desde mediados de 1980, cuando se dio una preparación acelerada de todos aquellos que decidieron incorporarse a la guerrilla: fue una incorporación masiva y lo mínimo que se enseñó fue el uso de la pistola y el fusil. Se dieron instrucciones militares en los barrios, en las colonias, en los pueblos, con el fin de preparar la ofensiva de enero. No contábamos ni con el armamento suficiente ni con la experiencia militar suficiente, ni con estructuras militares fogueadas, sin embargo la fuerza estaba más en lo que habían sido los frentes de masas y la idea era una idea insurreccional que consistía en el levantamiento de las fábricas, aglutinarse alrededor de ellas y en los barrios, ya que los frentes de masas se habían estructurado en el territorio de los barrios y las colonias, organizando allí los comités de base. La insurrección lanzada sobre los grandes cuarteles, con pocos fusiles y pistolas, e incluso con gente que iba desarmada, no pudo alcanzar los objetivos previstos. Pero tampoco fue una derrota ya que ese episodio permitió generalizar la lucha armada a todos aquellos que se habían organizado e insurreccionado: obreros, campesinos, maestros, estudiantes, cientos y cientos de ciudadanos salvadoreños que tuvieron que dirigirse a la zona rural para construir los frentes guerrilleros, en Chalatenango, Guazapa, el norte de Santa Ana, San Miguel, Usulután, el norte de La Paz, Cabañas y San Miguel, es decir se iban a donde estaban los grupos guerrilleros iniciales, extendiéndose de este modo la base del futuro ejército guerrillero.

VI. Tiempo de guerra

Ofensiva de 1981

Como ya he relatado, en 1980 se da un proceso de conformación de la unidad de los movimientos populares en la CRM, y de las fuerzas político-militares que formaron la DRU. En ello tuvo influencia el triunfo de los sandinistas que para derrotar a Somoza fomentaron la unidad política, reuniendo a sus tres tendencias en el FSLN [Frente Sandinista de Liberación Nacional] y extendiendo su influencia a una alianza representada en el Grupo de los Doce, que integraba al empresariado, a los trabajadores y a la intelectualidad. La Revolución nicaragüense creó un contexto centroamericano favorable, ya que en El Salvador se estaban creando las condiciones para lograr la derrota de la dictadura y había que superar toda tentación sectaria y abrir un proceso de mayor unidad de la izquierda social y política. En el mes de octubre de ese año surge el FMLN y casi al mismo tiempo se pone en marcha una alianza con fuerzas políticas que habían quedado fuera de las posibilidades electorales como eran el MNR que lideraba el doctor Guillermo Ungo y el Movimiento Popular Social Cristiano (MPSC) fundado por un grupo de dirigentes políticos separados de la Democracia Cristiana y liderados por Rubén Zamora. Estos dos partidos políticos, junto a la CRM y el FMLN constituyeron el Frente Democrático Revolucionario (FDR). De este modo se completó el escenario de cohesión de esfuerzos que tenía como agenda tomar el poder. El primer paso era comenzar a preparar la ofensiva guerrillera para tomar el gobierno. Un movimiento guerrillero recién unido, un movimiento social recién estructurado, una alianza de izquierda con partidos progresistas recién formados, tuvieron todos que preparar en pocos meses una ofensiva que debía ser contundente. ¿Cuáles eran los factores de un posible triunfo?: la crisis político-militar que vivía el país. El FMLN tenía poca experiencia militar y el mando de las unidades guerrilleras de las cinco organizaciones no podía consolidar en tan poco tiempo un Estado Mayor único, una comandancia unificada, sino como mucho una mejor coordinación. De modo que la posibilidad de una victoria político-militar descansaba más en el hecho de que los sectores dominantes habían perdido toda capacidad de gobernar teniendo al pueblo sumiso. El pueblo a su vez había creado una organización de masas impresionante y lo novedoso era su vinculación con las organizaciones político-militares. La mayoría de la población ya no aceptaba a la dictadura como forma de gobierno sino que veía otras opciones. Había condiciones objetivas de desgaste del régimen y una realidad subjetiva del deseo social de una transformación revolucionaria. Pero las condiciones organizativas, de desarrollo militar y de poder de fuego para lograr una victoria revolucionaria por la vía insurreccional, en 1981 eran aún insuficientes.

Se desplegó la ofensiva general el 10 de enero de 1981 bajo la modalidad de un levantamiento popular. Es decir, no tratamos de derrotar al régimen mediante una victoria militar sino a través de una insurrección en la que el pueblo se levantara, retomando la experiencia de la insurrección de Nicaragua dirigida por el FSLN. De manera que la posibilidad de triunfo no estaba determinada por la capacidad militar acumulada por el FMLN, sino por el aprovechamiento de que el grupo dominante ya no podía gobernar frente al alto nivel organizativo y de lucha del pueblo a través de los frentes de masas. Es por ello que la estrategia fue la combinación de una huelga general con la insurrección popular en la capital y en las principales cabeceras del país. En ese momento contábamos con organizaciones populares experimentadas y apoyadas por milicias y grupos de autodefensa. Una parte de los cuadros de las ciudades ya habían marchado a las montañas pero otros estaban insertos en los núcleos urbanos. Así es como la Huelga General en San Salvador, la toma de fábricas y de centros de trabajo, fueron apoyadas por grupos armados. Simultáneamente se organizaron ataques guerrilleros a los principales cuarteles de El Salvador: en Chalatenango, Santa Ana, San Miguel, Sonsonate, San Vicente, La Paz. Nuestras fuerzas no tenían fusiles, contaban sobre todo con pistolas y mucha gente iba desarmada. El ejército también tuvo dificultades para organizarse ya que algunos militares habían decidido incorporarse a la guerrilla, concretamente en Santa Ana. Eran estos militares vinculados al ERP que tomaron la decisión de sublevarse con parte de la tropa del cuartel de Santa Ana. Pero dicho movimiento no se generalizó. Mediante la ofensiva se logró cercar cuarteles y hostigarlos, pero no se consiguió tomarlos, el ejército se recompuso y comenzó a recuperar la iniciativa. La ofensiva del 10 de enero no alcanzó su objetivo de derrota de la dictadura y a partir de ese momento hubo una profunda reflexión en el FMLN y en el conjunto de la izquierda. Algunos valoraban que la ofensiva era una derrota y que implicaba un fuerte golpe al proceso revolucionario salvadoreño; otros valorábamos que no había sido un fracaso sino que había abierto una nueva fase de la lucha revolucionaria en El Salvador, que era pasar abiertamente a generalizar la lucha armada en todo el país.

Después de la ofensiva sobrevino una situación difícil porque muchos compañeros que se habían ido a las montañas no se adaptaron a la vida guerrillera, a alejarse totalmente de la familia y vivir en situaciones sumamente difíciles de mucho sacrificio, sin comer, caminando bajo la lluvia, durmiendo en el suelo. No se adaptaron a la nueva forma de vida que imponía la recién abierta lucha revolucionaria. Conformar el ejército guerrillero implicaba un cambio total y requería poner en alto los valores revolucionarios y asumir la disciplina de los frentes guerrilleros: grandes caminatas, llevar sobre los hombros las pertenencias, la mochila, el arma, la munición, dormir en el monte a cielo abierto. Muchos de los que regresaron a sus casas fueron asesinados, pues el ejército, los cuerpos policiales y los Escuadrones de la Muerte dieron inicio a una cacería contra todos aquellos que habían sido parte de la ofensiva guerrillera y no solo contra ellos sino también contra sus familiares. Por el contrario, los combatientes, hombres y mujeres, cuadros y dirigentes que venían de los núcleos de los comandos urbanos y grupos de apoyo lograron mayormente adaptarse, con mucha decisión, pero a la vez con mucha naturalidad. Estábamos forjados con el valor del sacrificio y la disposición de entregar la vida y eso implicaba un cambio total: vivir alejados de la familia en campamentos, comer si alcanzaba para todos, tomar agua si todos podíamos hacerlo, dormir en el suelo. Todo esto generó sentimientos de solidaridad, fraternidad y colectividad, que animaban una conciencia nueva, muy necesaria para enfrentar la guerra. Los primeros años, hasta 1984, fueron difíciles. Esa fue la etapa de construir la retaguardia estratégica de la guerrilla, se pasó penuria y hambre, lo que posteriormente nos ayudaría a todas y todos a fortalecer el compromiso de servicio al pueblo que habíamos jurado no romper. Tras la ofensiva de 1981 continuaron las grandes matanzas y la represión, murió mucha gente inocente, población que en su gran mayoría no estaba involucrada directamente a las unidades guerrilleras.

En lo personal, en 1980 yo era parte de la dirección de las FPL, de su Comisión Política (CP). Precisamente esta se convirtió en el mando político-militar de nuestro partido en la ofensiva de 1981, dado que aunque se había conformado el FMLN ello no dio lugar en los primeros tiempos a una unificación completa del mando. Lo que existía era una coordinación de las cinco organizaciones en un órgano de máximo nivel, la Comandancia General (CG). Por parte de las FPL el compañero Marcial y la compañera Ana María nos representaban en la CG. El hecho es que cada una de las cinco organizaciones estaba a cargo de su propia fuerza militar, su base social y control sobre un territorio determinado. Las FPL se desarrolló en la mayor parte del país pues había logrado construir el BPR en toda la geografía nacional, y un buen número de sus integrantes pasaron a formar las fuerzas guerrilleras, milicianas y clandestinas de las FPL en todo el territorio. Por consiguiente, las FPL, como las otras organizaciones, formó su propio Estado Mayor para conducir la guerra. Marcial como parte de la CG participó en el diseño de la ofensiva de 1981. En la CP, convertida en mando político-militar, había compañeros que eran jefes militares y estaban encargados de dirigir las operaciones. En la ofensiva guerrillera de 1981 a las FPL nos tocó atacar el cuartel de Chalatenango, el de San Vicente, Zacatecoluca participar en el ataque del cuartel de Santa Ana, en los cuarteles de San Salvador, y en alguna medida también en los ataques a los acuartelamientos de Sonsonate. También estábamos en la CP otros compañeros más pegados al movimiento de masas que teníamos como responsabilidad impulsar y organizar la insurrección popular. Es el caso que en el momento de dar inicio a la ofensiva, sabiendo el día y la hora, el conjunto de la CP decidimos trasladarnos al Cerro de Guazapa, ya que juzgamos imposible dirigir todo el operativo desde la ciudad de San Salvador. En Guazapa teníamos una zona territorial de control y unidades guerrilleras. Nos asentamos en lo más alto del cerro. Por primera vez, dirigentes que estábamos acostumbrados a la vida urbana nos vimos abocados a comenzar un nuevo aprendizaje, realizar largos recorridos por la noche y dormir en el suelo. Es verdad que en el BPR hacíamos caminatas, visitábamos poblaciones rurales y nos reuníamos en Chalatenango o en San Vicente, pero nada de lo que yo había vivido era comparable al nuevo escenario del Cerro de Guazapa. En aquel episodio Ana María dirigía el mando, pues Marcial se encontraba en otro lugar del país con la CG. Con ella subimos el Cerro a un lugar al que llaman El Roblar. Para llegar hasta allí caminábamos durante la noche muchas horas y es así que antes que se diera la orden de inicio de la ofensiva, ya nuestro mando estaba organizado y en capacidad de coordinarse con las unidades por medio de radio. La primera semana de la ofensiva la pasamos en el Cerro. Comenzamos a tener comunicación con la CG, con Marcial, y mediante la radio establecimos contacto permanente entre las FPL y el FMLN. Al agotarse el efecto sorpresa reorganizamos la continuidad de la ofensiva, lo que significaba el compromiso de cualificar la fuerza guerrillera, estructurarla en ejército, construir una retaguardia segura y seguir fortaleciendo el movimiento popular y el respaldo internacional. Las FPL decidieron hacer de Chalatenango su retaguardia, misión que se encargó al compañero Dimas Rodríguez, quien junto con Salvador Guerra se fue a Chalatenango a construir el mando estratégico de las FPL. Otra parte de la CP que estábamos más vinculados a la vertiente popular de organización social y del partido tuvimos que regresar a la capital. El ejército, que tenía sus medios tecnológicos, comenzó a detectar nuestras comunicaciones y terminó ubicando al mando de las FPL instalado en el Cerro de Guazapa. Nos lanzaron la primera ofensiva. Detectamos el movimiento del ejército sobre la carretera troncal del norte y sobre la vía que va a Suchitoto, así como otros movimientos que anunciaban una gran ofensiva sobre Guazapa. Analizamos la situación y tomamos la decisión de salir del cerro porque ya era muy difícil mantenerse y organizamos la retirada a media noche. Para llevar a cabo la maniobra algunas unidades guerrilleras tuvieron que entrar en combate con el fin de detener y contener a los grupos avanzados del ejército. Logramos salir del cerco lo que fue, al menos para mí, la primera gran experiencia como dirigente político-militar.

Cambio en la situación político-militar

Siempre he pensado que no lograr el objetivo principal de la ofensiva de 1981 no significó una derrota, sino que permitió abrir una nueva etapa de la lucha. Nosotros que habíamos comenzado con acciones urbanas esporádicas a principios de los años setenta, vimos que había llegado la hora de desplegar por todo el mapa del país la organización de las fuerzas guerrilleras que desarrollaron la lucha armada. También para el régimen se trataba de una nueva etapa: no estaba capacitado para hacer frente a una guerra de guerrilla, estaba, en el mejor de los casos, preparado para una guerra convencional de ejército a ejército, pero ahora se encontró con el pueblo en armas y formas de lucha irregular. El ejército tuvo que cambiar sus mandos, capacitarlos, equiparse con armamento más sofisticado y adecuado para este tipo de combate y eso no lo podía hacer sin el apoyo e intervención de Estados Unidos que se involucró directamente para evitar la derrota militar del ejército salvadoreño. Así nos encontramos con un nuevo escenario caracterizado por un mayor intervencionismo norteamericano que actuó en auxilio de la dictadura. Su injerencia fue completa: apoyo financiero, en armamento, tácticas políticas más sutiles para ganarse a la población según su estrategia de operaciones de guerra psicológica para dividir a las comunidades, e incluso con el involucramiento directo en el terreno con asesores y militares insertos en las Fuerzas Especiales. Estados Unidos formó de manera acelerada en centros de instrucción de Panamá y El Salvador los batallones Atlacatl, Atonal y Ramón Belloso. Estas fuerzas fueron preparadas en la estrategia de guerra de baja intensidad utilizando la táctica de «rápido despliegue» para localizar concentraciones guerrilleras, cercarlas y tratar de aniquilarlas. En la práctica, el ejército no pudo alcanzar las victorias que buscaba con su rápido despliegue. Así, por ejemplo, lanzó una ofensiva sobre el entorno del volcán Chinchontepec en San Vicente, se extendió desde junio a diciembre de 1983, con participación directa de asesores norteamericanos. Nuestra fuerza guerrillera enfrentó el operativo enemigo con tácticas de desgaste y golpes directos a sus unidades, las cuales quedaban aisladas. Aprovechamos que el ejército tenía en el Frente Roberto Sibrián de San Vicente gran cantidad de unidades y lo golpeamos estratégicamente en otros frentes de guerra: en Chalatenango tomamos la Cuarta Brigada y en Morazán se realizaron operaciones de gran envergadura. Nuestra reacción obligó a que el ejército enemigo sacara sus tropas de San Vicente y reforzara los puntos atacados; el operativo enemigo fue derrotado y esto fue posible por la capacidad de coordinación operativa alcanzada por las fuerzas guerrilleras del FMLN. Una experiencia sin resultados llevaría a los norteamericanos y a los altos oficiales salvadoreños a modificar sustancialmente su estrategia. Tomaron conciencia de que no podían alcanzar una victoria rápida y empezaron a diseñar nuevas modalidades basadas en la desconcentración de sus fuerzas, en la creación de batallones de 350 hombres con mucha capacidad de movilidad que se asentaron en nuestras zonas de control o disputa. Estas fuerzas se dislocaban hasta multiplicarse como patrullas que penetraban en nuestros territorios. Nosotros respondimos a esta modalidad con dos variantes: entrando en combate cuando la correlación nos era favorable y haciéndole el vacío cuando el enemigo tenía una fuerza muy superior. Efectuamos grandes ataques sorpresa contra puntos neurálgicos de tipo militar o logístico e inicialmente desarrollamos una guerra de desgaste, destruyendo los puentes más importantes del país: el Puente del Oro y el Cuscatlán sobre las carreteras del Litoral y Panamericana, derribando el tendido eléctrico o parando el transporte nacional. Atacamos el cuartel de El Paraíso en Chalatenango, tomamos el Cerrón Grande, la hidroeléctrica más importante de El Salvador, golpeamos los sistemas de comunicación y de conducción de energía. Por otra parte, también nosotros pasamos a desconcentrar las fuerzas al establecer una guerra de movimientos tácticos, de búsqueda de sorpresas, lo que poco a poco nos fue forjando como expertos militares a gente que veníamos de las luchas gremiales. Aunque es verdad que parte de nuestros jefes venían de una experiencia en la clandestinidad y de comandos urbanos, pero no era lo mismo operar como comando que como guerrilla en el monte.

En este contexto, la Junta y el gobierno de Napoleón Duarte, el período 1980–1984, hizo una reforma agraria como parte de un plan global de contrainsurgencia diseñado para quitarle la bandera de la tierra al FMLN. Efectivamente, el FMLN había levantado una bandera desde la época de Agustín Farabundo Martí: una reforma agraria profunda a través de la cual la tierra pasaba al campesinado. La estrategia de Duarte, asesorado por los norteamericanos, fue comprarles tierra a los grandes terratenientes y entregarlas a los campesinos, pero no con el propósito de hacer una verdadera reforma agraria sino con el objetivo fundamental de quitarle esa bandera a la revolución. Con este enfoque contrainsurgente se puso en marcha el famoso Plan CONARA que consistía en llevar alimentos y construir escuelas para la población rural con el propósito de que no se organizaran en el FMLN. Ese plan, combinado con grandes operativos del ejército, como el de San Vicente en 1983, respondía a una aplicación en El Salvador de un modelo que Estados Unidos había implementado en Vietnam, las «aldeas estratégicas», y que en El Salvador se adaptó a la estrategia de «guerra de baja intensidad». ¿Por qué le llamaban de baja intensidad? A mi modo de ver, Estados Unidos había logrado llegar a un entendimiento con la Unión Soviética en el sentido de disminuir el peligro nuclear y bajar el perfil de la llamada Guerra Fría en el enfrentamiento entre los dos grandes bloques mundiales. En ese contexto adecuaron su política intervencionista de agresión contra nuestro pueblo, hay muchos datos que lo avalan, aunque es en el Documento de Santa Fe donde aparece definida de manera integral toda la concepción militar contrainsurgente que Estados Unidos aplicó tanto en El Salvador como en Nicaragua. La meta concreta de la estrategia norteamericana era disputar las masas a la guerrilla, lo que implicaba incorporar dentro de las estructuras militares del ejército la lógica de la guerra irregular, reducir el tamaño de sus unidades, incrementar su capacidad de movilización, inculcar en la tropa mayor sensibilidad social hacia la población civil, profundizar en el adoctrinamiento ideológico de las tropas, mejorar su relación con los medios de comunicación y redefinir los servicios de inteligencia. Su estrategia reconceptualizaba incluso el papel de los refugiados internos o desplazados fuera de las fronteras para neutralizarla como base social de la guerrilla. Sin embargo, lo que para Estados Unidos fue de baja intensidad para nuestro pueblo fue una guerra de alta intensidad. Su injerencia ayudó decisivamente a que el ejército y los cuerpos represivos mataran a más de 100 000 personas. Claro que, si la guerra de Iraq ha producido 650 000 muertos en 4 años, se puede entender por qué a la nuestra le llamaron de baja intensidad, lo cual es una forma cínica de denominarla. Lo cierto es que nuestra guerrilla debió hacer frente a un enemigo poderoso, con gran logística y capacidad de fuego.

Construcción del
ejército guerrillero

Tras la ofensiva de enero de 1981 que duró veinte días, entre el 10 y el 30 de enero, se abre una nueva etapa de la lucha revolucionaria en todo el país. La guerrilla se estructura en ejército y se consolida en zonas geográficas donde era fuerte nuestro control. Se constituye una guerrilla que domina un territorio con base social que apoyaba y a la que había que proteger y garantizar su supervivencia material; en nuestras zonas había numerosa población, caseríos, cantones. La reacción del ejército fue desarrollar una política de «Tierra Arrasada» a través de grandes operativos que buscaban el exterminio de la gente que vivía en las comunidades. Estas entraron en una etapa bastante difícil, tuvieron que abandonar sus territorios y vivir en el monte en condiciones extremadamente precarias, primero viviendo cerca de los campamentos guerrilleros pero después, como era difícil mover a las unidades guerrilleras junto con la gente, la población tuvo que andar moviéndose y durmiendo en el monte, sin alimentos. Hay casos de niños y niñas que murieron en ese movimiento permanente al escapar de cercos del ejército, bajo la lluvia, el frío, la falta de alimentos; las madres tenían que tapar sus bocas para que no lloraran pues podían ser descubiertos por el ejército y muchos niños y niñas murieron asfixiados o de hambre. Es muy duro aceptar que hubo madres que tuvieron que hacer eso para evitar que toda la comunidad fuera asesinada. Llegó un momento en que ya la gente no podía vivir en esa situación y las comunidades comenzaron a salir del país e irse a vivir a las fronteras de Honduras donde se organizaron en campamentos protegidos por ACNUR [Alto Comisionado de las Naciones Unidas para Refugiados]: La Merced, Mesa Grande, San Antonio y Colomoncagua. Comunidades enteras se trasladaron a Nicaragua, Panamá, Costa Rica e incluso a Estados Unidos. En esta etapa de la guerra, que denominamos «Resistir, desarrollar y vencer», la guerrilla comenzó a liberar el terreno de presencia enemiga e iniciar acciones para aniquilar pequeñas unidades del ejército enemigo que quedaban en las zonas. Había puestos de la Guardia Nacional, de la Policía de Hacienda, a veces presencia del ejército, todas ellas reforzadas con fuerzas paramilitares de ORDEN, que tenían de quince a veinte efectivos, según el caso. En El Jícaro, Las Vueltas, San José Las Flores, Arcatao, se aniquilaron los puestos y se tomaron las armas, pertrechos militares y uniformes, lo que nos permitió equipar escuadras y columnas, e ir asentando lo que serían las «zonas de control» en donde quedaron las estructuras de masas, sobre todo población joven que no se había marchado con las comunidades. La mayoría de los jóvenes que quedaron estaban en capacidad de combatir y se incorporaron a la guerrilla. En Chalatenango y Guazapa la población que quedó se fue organizando como comunidades en guerra y entre 1983 y 1986 se formaron los poderes populares. En esas comunidades la población pasó a ser parte de un poder que gobernaba de forma autogestionaria y se comenzó a difundir la realidad de El Salvador como una dualidad de poder: el poder del FMLN en esas zonas de control y el poder del gobierno en las zonas cercanas a los grandes cuarteles y a las ciudades. Las poblaciones organizadas en el poder popular comenzaron a administrar su producción la cual también servía para alimentar a las unidades guerrilleras de las FPL y del FMLN; era una producción en guerra. Además implementaron formas de organización política de gobierno: elegían democráticamente a sus dirigentes y representantes, tenían su propia forma de autodefensa en base a la organización de milicias. Se realizaron elecciones en Arcatao, Las Vueltas y Tecoluca, donde nombraron su directiva comunitaria. Después surgió una organización regional conformada por una asamblea y una directiva regional, a la asamblea llegaban representantes de todos los poderes populares del departamento de Chalatenango. Recuerdo que participé en una de estas asambleas. Estaba con Susana, hermana de Lorena Peña, que era la responsable del partido en el departamento de Chalatenango, y Facundo Guardado, entre otros. Fue la primera asamblea departamental. Era impresionante ver a ese pueblo con el que convivíamos deliberar, debatir y decidir. Escuchábamos las discusiones entre los compañeros de las diferentes comunidades sobre cómo ejercían su trabajo en situaciones de permanente hostigamiento y bombardeos. Esas primeras experiencias de poder popular se fueron perfeccionando hasta que sobrevino la etapa de las repoblaciones con la gente que iba regresando de los refugios de Honduras, momento en el que se consolidó el poder popular. Por consiguiente, no solo teníamos el poder de la fuerza guerrillera sino que también había un poder político y popular.

En estas zonas de control, entre 1981 y 1983, no había fuerza militar del régimen ya que había sido expulsada y lo único que se mantenía eran los grandes cuarteles cercanos a las cabeceras departamentales. Tras la ofensiva de 1981 el país quedó dividido en lo geográfico, en lo social y político. Eso nos permitió instalar en las zonas de retaguardia nuestros hospitales centrales. Se logró desarrollar un sistema de salud muy completo y complejo que incluía desde atención primaria hasta la hospitalización. Se realizaron delicadas intervenciones quirúrgicas con instrumentos rústicos por parte de los médicos que se habían incorporado de los comandos urbanos; hubo gran cantidad de doctores y doctoras de la Universidad Nacional que dejaron la profesión y primero se incorporaron a los comandos urbanos y luego a la montaña. También hubo médicos internacionalistas, hombres y mujeres que mostraron siempre una dedicación abnegada y gran identificación con la causa del FMLN. Todos ellos fueron el núcleo inicial de nuestras unidades médicas y hospitales, que atendían tanto a los combatientes como a la población civil. Se hicieron intervenciones quirúrgicas muy meritorias, rehabilitación de heridos y mutilados para lo que se contaba con instalaciones de infraestructura bajo tierra. Creo que solo una vez el ejército detectó un hospital en Chalatenango y los soldados asesinaron a nuestros compañeros médicos y combatientes, entre ellos a la mexicana Alejandra Bravo Betancourt. En muchas ocasiones, cuando ya era inminente la llegada del enemigo, las enfermeras, los doctores y la población ayudaban a transportar a los heridos que estaban en recuperación hacia zonas más seguras. La gran experiencia de la medicina en medio de la guerra se transformó tras a los Acuerdos de Paz en los sistemas de salud de las comunidades repobladas. Es decir, que en las zonas de control a donde no llegaba el sistema gubernamental de salud y educación fueron los sanitarios y médicos comprometidos con el proceso revolucionario los que comenzaron a implementar sistemas propios de educación y salud. También fue implantado un sistema de comunicaciones. Se establecieron imprentas para producir nuestra propaganda. Después logramos crear las unidades de filmación y de cine, además se desarrolló un sistema de información y el área de propaganda elaboró nuestro símbolo y el Himno. Fundamos la Radio Farabundo Martí que comenzó a funcionar desde la ofensiva de 1981 y después la trasladamos a Chalatenango en donde tomó un fuerte impulso con tecnología más avanzada. La radio era la voz oficial de las FPL, órgano de difusión que daba a conocer los partes de guerra y la acción guerrillera del FMLN a nivel nacional y, en particular, la acción guerrillera de las FPL. Chalatenango se convirtió en un territorio donde las FPL logró implantar su retaguardia estratégica desde la que dirigía su accionar militar y política. Parecida experiencia se vivió en los otros frentes de guerra: San Vicente, en occidente, en Guazapa y Cinquera y también en alguna medida en San Miguel y en San Salvador donde tenía lugar la lucha urbana con una red de comandos y unidades guerrilleras basificadas en el Volcán de San Salvador.

La construcción de nuestro ejército guerrillero implicó tareas sumamente complejas que solo fue posible resolver con la incorporación del pueblo a la guerra. La logística supuso obtener el armamento necesario para armar a todas nuestras unidades. Para trasladarlas, darles mantenimiento y repararlas se organizaron talleres y redes de transporte desde el interior del país así como también desde el exterior. El armamento lo obtuvimos de las requisas al ejército enemigo. Es también de destacar la organización de los abastecimientos, vituallas, medicinas, víveres y las unidades de cocina —tan vitales para mantener la moral combativa de la tropa—, ubicadas en los campamentos y en las unidades móviles de combate. En estas labores se desempeñaron muchos compañeros héroes y heroínas, mujeres y hombres ejemplares por sus valores y disciplina revolucionaria. En mi campamento los compañeros Chomo y Mingo organizaron estas tareas, y se convirtieron en mi familia más cercana junto a una red de niños *correítos*. Minguito el hijo de Mingo era uno de ellos, a otro muchachito le decían Pata de Hule, pues era muy resistente para las caminatas y los compañeros de mi seguridad personal, guerrilleros destacados que por su capacidad combativa y su lealtad al partido me habían asignado, Adolfo, Angelito, Findo y Moris.

Es meritorio recordar la participación de gran cantidad de internacionalistas en nuestra lucha. En el mundo nuestra causa despertó admiración, respaldo, solidaridad y compromiso personal y, por ello, gran cantidad de compañeros y compañeras de América Latina, Estados Unidos, Canadá, España y la mayoría de los países de Europa, se incorporaron junto a nosotros, con gran determinación y tenacidad en las diferentes etapas de nuestra lucha: médicos, enfermeras, intelectuales, luchadores sociales, trabajaron todos con sobrado mérito. Un buen número de ellos y ellas dieron su vida, cayeron combatiendo. Quiero destacar a Lori Berenson,[12] de nacionalidad norteamericana, quien fue mi secretaria en la etapa de la negociación y posterior a la firma de los Acuerdos de Paz. Al finalizar la guerra consideró que su misión internacionalista en El Salvador había concluido y meses después de su salida hacia México tuve noticias de que había sido capturada en Perú y posteriormente condenada a cadena perpetua. Conocí la lucha de sus padres por buscar una rectificación del veredicto y supe también que su caso se trasladó a los organismos internacionales, pero creo que con ella el gobierno peruano ha cometido una grave injusticia.

En esta primera etapa de los años ochenta que tenía la consigna de «Resistir, desarrollar y avanzar» las FPL logró conformar sus propios mandos militares. Éramos una fuerza que adquirió experiencia militar en el combate, complementada con la autoformación. Organizamos y formamos unidades de milicia, de guerrilla local, unidades de ejército y fuerzas especiales. Teníamos nuestros comandos urbanos y hasta construimos una estructura completa y complementaria de lo que serían los pilares del auténtico ejército guerrillero que, junto a las otras cuatro organizaciones del FMLN, conformaríamos un bloque que no pudo ser derrotado por el régimen y las fuerzas injerencistas de la administración imperial de Estados Unidos.

El cielo está en Chalatenango

Las FPL, en 1981, realizó una reunión extraordinaria de la Comisión Política con el objetivo de definir nuevas misiones a partir de la evaluación de la ofensiva de comienzos de año. Se definió una nueva estructuración de la directiva. Se delega a Marcial como el primer miembro propietario de la CG y a Ana María como suplente en ese mismo órgano del FMLN. Pero poco después la

CP decidió que Marcial se trasladara a la zona de Chalatenango donde ya estábamos organizando la retaguardia estratégica de las FPL y, al permanecer en esa zona, se nombró a Ana María parte de la CG. Unos compañeros fueron seleccionados para integrar el mando militar, otros para la conducción de los frentes de masas, otro grupo se dedicó a la formación político-ideológica y a mí me dieron la misión de desarrollar la construcción del partido, crear sus células y estructura general. Con esa responsabilidad, tras un breve tiempo en San Salvador, partí hacia Chalatenango en cuyo territorio teníamos el centro de conducción de toda la estructura del partido. También me tocó recorrer todos los frentes del país: el Frente Apolinario Serrano que comprendía a Chalatenango, Frente Feliciano Ama en Santa Ana, el Frente Clara Elizabet Ramírez que abarcaba San Salvador, el Frente Felipe Peña en Cinquera y Guazapa, el Frente Roberto Sibrián que comprendía San Vicente y Zacatecoluca, y el frente oriental Isaac Aguilar Flor. Debía moverme también en el frente urbano de San Salvador. Es de este modo que entre 1981 y 1983 desarrollé mis tareas en la organización del partido con la misión de garantizar el funcionamiento de la CP y del Consejo Revolucionario y asegurar la dirección del partido en la zonal y subzonales de los frentes. Me movía así por todo el territorio nacional pero también hacía salidas al exterior para revisar el funcionamiento del partido en el exterior.

Chalatenango estaba estructurado en zonas militares, la zonas 1, 2 y 3, las cuales se dividían en subzonas. La más segura era la que acogía a la retaguardia de las FPL y en ella estaba ubicado el mando estratégico. La zona 1 abarcaba Arcatao, San José Las Flores, Las Vueltas, Guarjila, Los Ranchos, San Isidro y Cancasque; la zona 2 abarcaba desde La Laguna hasta La Palma; y la subzona 3 Agua Caliente y Nueva Concepción, ya colindante con Santa Ana. En todos estos lugares había una dirección del partido, además de un mando militar. La CP era el mando estratégico y debía moverse por las zonas permanentemente. El mando y sus movimientos eran clandestinos incluso para los propios combatientes, es decir, en Chalatenango nadie sabía dónde se encontraba el mando de las FPL; claro que, cuando los compañeros veían pasar una unidad con una gran cantidad de radios y radistas, decían: «Ahí va el mando», pero no sabían en realidad dónde nos ubicábamos. En 1981 realizamos la reunión de la CP en la parte alta de Arcatao, en un lugar que se llamaba Los Filos. Allí desarrollamos las actividades de conducción y fue precisamente donde se estrenó el batallón enemigo Atlacatl, preparado por los norteamericanos. El ejército desembarcó este batallón élite directamente contra el mando estratégico de las FPL, en el cual se encontraban Marcial y el resto de la dirección. Como la zona tiene una geografía complicada, lanzaron el ataque desde el lado de la frontera con Honduras que ofrecía mejores condiciones; nuestros compañeros no sabían que eran fuerzas especiales contra las que combatían y después de ver el tipo de armamento, sus modalidades tácticas, la forma de vestimenta y camuflaje, tomaron en cuenta que eran tropas de élite. Fue la primera experiencia contra ese tipo de unidades del ejército. Nuestras fuerzas se quedaron combatiendo y el mando tuvo que trasladarse desde Arcatao a la Montañona de la Laguna, y fue ese el episodio de la experiencia de grandes caminatas nocturnas bajo un operativo militar enemigo. Llegamos a Las Vueltas, El Jícaro, y de pronto se oyeron combates en la Montañona donde había entrado el batallón contrainsurgente Belloso. El combate terminó con un desastre para este, nuestras fuerzas guerrilleras aniquilaron varias de sus escuadras a las que se les quitó el armamento. Estos combates guerrilleros contra el Atlacatl y el Belloso aumentaron la confianza de la guerrilla que pudo comprobar su capacidad de hacer frente y derrotar a fuerzas entrenadas en escuelas de Estados Unidos, aunque estuvieran dotadas de buen armamento y tuvieran conocimiento de nuevas tácticas militares. Efectivamente, Atlacatl y Belloso eran frágiles porque desconocían el terreno que dominaban nuestros compañeros, por lo que caían con cierta facilidad en emboscadas. Nuestras unidades requisaron documentación que nos permitió conocer cómo estaban estructuradas las fuerzas élites del ejército de la dictadura. Una vez que se rechazaron esas incursiones enemigas se abrió un período de mayor tranquilidad que nos permitió crear escuelas de formación militar y política; los dirigentes desarrollábamos los planes de capacitación en el arte político-militar y los cursos abarcaban a combatientes y oficiales de nuestro ejército guerrillero, cuadros y dirigentes de milicias y masas. A mí me tocaba adiestrar sobre la estrategia integral del partido, el desarrollo de la línea militar, el frente de masas y el frente externo; valorábamos y discutíamos la situación internacional y la coyuntura. A veces pasábamos una semana o dos en el campamento donde se ubicaba la Escuela Central de Cuadros cuya responsable era la compañera Ruth (Marta Castillo), miembro del Consejo Revolucionario y que luego cayó combatiendo en la periferia de San Salvador en Nejapa. Recuerdo que la escuela de cuadros mantenía un régimen muy estricto, no solo en lo referente a normas de conducta, sino también en las relaciones amorosas entre combatientes; por lo que todo el mundo comentaba cuando se le seleccionaba para ir al curso de cuadros que pasaría unos días en el convento.

Etapas de la guerra

En conclusión, a mi juicio, la guerra tuvo varias etapas. Tratando de hacer una síntesis más o menos flexible, el período entre 1981 y 1984 fue de construcción de la retaguardia de la guerrilla salvadoreña desde una concepción estratégica resumida en la consigna «Resistir, desarrollar y vencer». Para ello era necesario un gran espacio de terreno con población. Pegado a este territorio, bajo control guerrillero, había una zona en disputa entre nuestras tropas y el enemigo; en muchos casos estas zonas en disputa se situaban en las cercanías de las ciudades. En estas últimas manteníamos unidades de comandos urbanos, por ejemplo en San Salvador, Santa Ana, San Miguel, San Vicente, Zacatecoluca. En todo caso hay que reconocer que el ejército no perdió la capacidad de penetrar nuestra retaguardia, pero para lograrlo necesitaba organizar grandes operaciones con uno o varios batallones y apoyo aéreos. Claro que este tipo de operativos lo hacían una vez al mes o cada dos meses, y en los intervalos entre operaciones gozábamos de cierta estabilidad para proseguir con nuestro esfuerzo de consolidar zonas liberadas, cimentar el poder popular, las fuerzas guerrilleras y las milicias, así como preparar a los cuadros militares y del partido. También nos permitía desarrollar la planificación de las acciones militares y los preparativos para vencer los nuevos ataques enemigos, desarrollábamos una estrategia de ofensiva continua. Las FPL logró desarrollar su retaguardia en Chalatenango —el Frente Apolinario Serrano—, donde estaba ubicado el mando central; también consolidamos el Frente Occidental Feliciano Ama que comprendía los departamentos de Santa Ana parte de La Libertad y Chalatenango, el Frente paracentral Roberto Sibrián que abarcaba San Vicente y La Paz, el Frente Ángela Montano de Usulután y el norte de San Miguel, el Frente Urbano Clara Elizabeth Ramírez: la capital San Salvador y su retaguardia, el Volcán de San Salvador, y el Frente Felipe Peña que comprendía Guazapa-Cinquera. En esas zonas se formaron las escuelas políticas y militares a donde llegaban los combatientes para prepararse, ejercitarse y estudiar arte militar. En estas zonas rurales la población construyó los poderes populares; cultivaban la tierra y de esos cultivos se alimentaba a las comunidades y a la guerrilla. He de decir que en los poderes populares que fueron surgiendo se organizaron las mujeres campesinas con un grado muy alto de compromiso e iniciativa, por lo que el papel de la mujer en las FPL tuvo una importancia estratégica: participaron activamente en las diferentes etapas de la revolución como milicianas, combatientes, sanitarias, cocineras, apoyo logístico, radistas, ocupando cargos de dirección y en la conducción estratégica. Estas mujeres se destacaron con excelencia en tales tareas y muchas de ellas incluso ofrendaron su vida. Una característica importante de la Revolución salvadoreña es el aporte de la mujer desde la etapa de la independencia y de las luchas insurreccionales, hasta la lucha contra la dictadura. Es una historia de participación heroica de la mujer. Por ello, en el surgimiento de la lucha armada es muy destacado su rol, particularmente en la primera etapa de nuestra lucha: compañeras de las FPL como la dirigente campesina Ángela Montano, Clara Elizabeth, Virginia Peña Mendoza y Mélida Anaya Montes, entre otras, aportaron con sus conocimientos a la elaboración teórica de la revolución, y con su acción, cotidiana y consecuente, constituyen un pilar importante en todas las fases de la lucha revolucionaria salvadoreña.

Tras la firma de los Acuerdos de Paz, el comandante Ricardo Gutiérrez, de nacionalidad guatemalteca, condujo un proyecto de investigación y recopilación de la experiencia militar del FMLN e involucró en él a combatientes y jefes militares. El estudio se titula «Memorias de la guerra popular revolucionaria en El Salvador, enero de 1981 a diciembre de 1987»[*] y considero importante para la comprensión de las diferentes etapas de la guerra revolucionaria citar algunas intervenciones.

La primera conclusión es que la ofensiva (10 de enero de 1981) no fue final. De los cuarteles solo se logró el levantamiento parcial de la Segunda Brigada en Santa Ana, la quema y destrucción

___

[*]   Material inédito.

de ese cuartel, y el levantamiento e insubordinación me parece
que de dos compañías. En segundo lugar, no logramos definir
el aniquilamiento, toma o rendición de ninguno de los demás
cuarteles. Se les mantuvo asediados entre ocho y doce horas
a los de Chalatenango, Zacatecoluca y Gotera, pero no se
logró el asalto a los cuarteles. Tampoco se consiguió definir el
aniquilamiento y la toma de ninguna de las posiciones menores
en Suchitoto y Cinquera; eran varias, pero no logramos tomar
ninguna posición y recuperar el armamento que teníamos
previsto. En algunas posiciones quedó vivo el ametralladorista,
en otra quedaron vivos como siete soldados, en otra como cinco,
pero la realidad es que no logramos ocupar las posiciones y
recuperar las armas. La huelga general no se logró desarrollar
ampliamente. Las masas no estaban en su momento álgido,
como ya quedó dicho, la conducción del movimiento de masas
estaba desarticulada por la represión que hizo el enemigo sobre
los dirigentes y la incorporación de otros muchos a las unidades
guerrilleras. La falta de comunicación ágil entre las direcciones
de los partidos con las direcciones del movimiento de masas
tuvo también su influencia negativa. La insurrección fue parcial
y localizada fundamentalmente en algunos barrios de la periferia de la capital, sobre todo en los barrios de la zona norte y
oriente. Hubo varios barrios que estuvieron insurreccionados
hasta tres días, pero no se logró incendiar y articular toda la
insurrección en San Salvador. En el campo, la población de
las zonas organizadas políticamente se insurreccionó en sus
cantones pero no avanzó; otros sectores de la población tenían
misiones, junto con las fuerzas guerrilleras, misiones de aseguramiento, transporte y recogida de heridos en los puestos
en que se iba a combatir. Un hecho muy importante es que la
ofensiva no se desarrolló simultáneamente ni en forma completa. Hubo varios elementos de modificaciones del plan a
última hora, entre finales de diciembre y los primeros días de
enero de 1981. Como no teníamos un sistema de comunicación
fluido y efectivo, sino un sistema a través de correos, las

variantes y nuevas orientaciones no se lograban transmitir con agilidad a los mandos de los frentes, o a las fuerzas directamente operativas. Si bien la ofensiva y la insurrección para la toma del poder fracasa, no fracasó en cuanto a que nos dio posibilidades al FMLN de dar un salto de calidad y sentar las bases para el desarrollo generalizado de la guerra popular revolucionaria.

Las citadas memorias abundan en algunos detalles que conviene recordar ya que explican por qué no se lograron los objetivos. Veamos otro testimonio de un comandante:

En el asalto al cuartel de Chalatenango participaron unos 200 hombres armados; como 125 eran carabinas M-1; armas de apoyo, creo que llevaban solo algunos RPG-2 y algún M-74. El contingente se dividió en grupos con misiones concretas. La mayoría de la gente no tenía experiencia de cómo ir a tomar el cuartel. Muchos de estos grupos se perdieron en el terreno, de tal manera que empezaron a combatir unos grupos y los otros fueron llegando a las seis de la mañana del día siguiente. Ya cuando llegaron los últimos grupos los primeros se habían replegado; no había comunicaciones entre los distintos grupos y las distintas unidades. El enemigo, después de lograr resistir en el cuartel, empezó a maniobrar con la ayuda de la Policía Nacional, y eso fue obligando al repliegue de las unidades guerrilleras. En el caso de Cinquera se logró atacar y aniquilar todo el puesto, como 25 guardias, pero al único que no se le logró aniquilar fue al ametralladorista que bien atrincherado no dejaba a nadie ponerle «pie en la plaza». Teníamos poca experiencia para poder asaltar una posición de esa naturaleza, éramos más fuerza militar pero la escasa preparación no posibilitó el asalto a la posición. También es cierto que al haber dispersado bastante nuestra fuerza en todo el territorio, en el caso de Cinquera habíamos dejado a una fuerza de 50 hombres con solo 20 armas. Solo para tener una idea acerca del problema de la dispersión, cabe señalar que en el frente central, en la zona de Guazapa, Cinquera y El Paisnal, las FPL teníamos en ese momento 60 fusiles; en vez de concentrar los 60 fusiles y garantizar una posición, 20 fusiles fueron para Cinquera, 29 fusiles para el ataque de Guazapa, otra cantidad para Suchitoto, etcétera, de manera que se dio una dispersión tanto de las fuerzas como de los medios que había. En la ofensiva se dieron por consiguiente una serie de elementos que, en los distintitos lugares y por razones específicas, impidieron la victoria militar.

Veamos otros ejemplos: cuando decía que el plan no se había desarrollado completamente, fue porque a algunas fuerzas que tenían misiones específicas no les llegaron a tiempo las armas. Las unidades que tenían la misión de contener los refuerzos que pudieran llegar de Usulután a Zacatecoluca, a la hora prevista de la tarde del 10 de enero, se encontraron que tenían las ganas de ir, pero no tenían las armas, entonces los refuerzos gubernamentales los alcanzaron allá, al poner las barricadas. Otra fuerza que tenía que atacar La Unión, debía trasladarse desde Jucuarán. Recibió tarde la orden y se puso en marcha. Cuando iba camino de atacar La Unión, era como el día 13 ó 14, le viene la orden de que había cambiado todo el cuadro, entonces se replegaron. Es decir, ni fue simultáneo, ni fue completo todo el cuadro. Sin embargo, obtuvimos la primera experiencia de combate generalizado. El primer enfrentamiento de una masa de combatientes con el enemigo, ya no en una situación defensiva, sino en una posición ofensiva. Se lograron estructurar y consolidar algunas unidades guerrilleras, aunque con un nivel de armamentización limitado, pero bastante satisfactorio para ser el inicio de un proceso. Las mismas misiones y los ataques hechos, nos obligaron a tener que desarrollar estructuras militares que después quedaron más permanentes.

Para comprender esta etapa es importante desarrollar algunas ideas, algunos factores que considero importantes ¿De dónde

surge toda la experiencia militar del FMLN? Siguiendo el hilo de
las «Memorias...» encontramos algunas reflexiones al respecto:

> El aprendizaje y la experiencia militar procedían de las ciudades,
> y es que el FMLN era fundamentalmente una fuerza urbana, o
> sea, nació en ese terreno, cuando la lucha armada tenía por teatro
> de operaciones las ciudades. Es ahí donde se forma un núcleo de
> cuadros militares que van a ser decisivos. Es importante citarlo
> para conocimiento de otros movimientos revolucionarios, ya
> que a veces se cree equivocadamente que el FMLN es el campo
> y las grandes unidades. El FMLN antes de 1981 había sido una
> fuerza urbana que posteriormente supo aprovechar las bases
> políticas que había ido extendiendo en el campo, para tener un
> amplio apoyo social y crear la retaguardia. Otro factor es el hecho
> de que la misma lucha de las masas, en sus niveles superiores
> de autodefensa, también fogueó una cantidad de cuadros y de
> combatientes avanzados que fueron clave para construir las
> unidades militares. Recordemos la experiencia de la lucha de
> masas por los años 1979–1980: eran verdaderos combates en
> las calles y barrios, donde ya había gente que sabía utilizar las
> armas cortas, las sub-ametralladoras, los fusiles, las escopetas.
> Esa fue una escuela de aprendizaje de muchos compañeros que
> fueron a parar a las fuerzas militares cuando el FMLN comienza
> a estructurar sus fuerzas. También contribuyeron los cuadros
> de base de las diferentes organizaciones que habían estado en
> el ejército burgués y supieron enseñar lo que habían aprendido
> cuando habían estado de soldados. Hay que citar asimismo a
> los cuadros que habían estado instruyéndose en el exterior y
> fundamentalmente a los que pelearon en Nicaragua.

Se puede decir por tanto, que la construcción militar del FMLN
fue la suma y combinación de experiencias:

> Pero de modo particular fue la capacidad de ir pasando de un

conocimiento de la guerrilla urbana en la que habíamos nacido y formamos los primeros jefes, a un conocimiento de todas las modalidades y en todos los terrenos. En las ciudades aprendimos algunos principios de lo que es el combate guerrillero, muchos de los cuales son aplicables a la guerra regular, a las otras modalidades de guerra de movimiento, como es la sorpresa, la planificación de objetivos, la división de las fuerzas en choque y seguridad, el uso táctico de las armas, la superioridad táctica de las armas... A partir de esa base se supo combinar toda la riqueza que habíamos acumulado: compañeros que habían sido soldados o que habían tenido el grado de sargento comenzaron a mandar pelotones; cuadros urbanos terminaron en el Estado Mayor de un frente; combatientes que procedían del movimiento de masas, jefes de autodefensa, terminaron también al mando de unidades militares.

Me llamaron especialmente la atención por su lucidez las palabras de uno de los compañeros:

Quería hacer énfasis en la importancia que tuvo para nuestra consolidación el quebrar el primer intento del enemigo por evitar nuestro asentamiento en las retaguardias y que ampliáramos nuestro terreno de control. El objetivo del enemigo era ocuparnos las bases y sacarnos del terreno para arrojarnos a una situación de inestabilidad total. En un momento dado ya no era solo que estuviéramos rodeados sino que ya nuestras bases principales estaban ocupadas. La orientación de resistir fue primordial porque si no nos quedamos sin espacio; lo logramos y además pasamos a la ofensiva contra las posiciones fijas que el enemigo tenía regadas por nuestras zonas. En la medida en que vamos desmantelando esos cuarteles el enemigo dice: para qué esperar que nos vayan a aniquilar. Y se repliega. Esa campaña militar nos permitió limpiar grandes espacios y así construir una compleja red de retaguardia. Otro punto que deseo recalcar es el cómo nace la retaguardia del FMLN. Las bases eran fundamentalmente políticas desde los inicios; es el caso del Bloque Popular cuya base social, en su mayoría, era campesina. Eso nos permitió contar en el campo con importantes bases de apoyo, que después de la insurrección de enero y al pasar la guerra al campo, fueron la garantía de la resistencia y posterior desarrollo de nuestra fuerza. Me parece que no es trivial señalar esto ya que en los frentes donde no teníamos esas bases políticas no logramos sostenernos, como es el caso de Conchagua, porque la base política que estaba allí era muy débil. Sin embargo este punto requiere una explicación mayor. Este es un país muy pequeño con muchas vías de comunicación. Nosotros no habíamos construido una retaguardia de logística militar en zonas aisladas o en zonas montañosas, porque ni siquiera las tenemos, como en el caso de otras experiencias guerrilleras. Habíamos creado bases políticas que luego fueron decisivas para crear nuestra retaguardia. Esto demuestra que un movimiento revolucionario puede levantar una retaguardia en aquellos puntos del terreno donde haya hecho trabajo político previamente, sin que la gente se involucre inicialmente en la lucha armada por motivos incluso de seguridad; puede estar en los movimientos de masas, fogueándose.

Estados Unidos acentúa su intervencionismo

Entre 1984 y 1987 se profundizó la intervención militar de Estados Unidos, ya que entre 1983 y 1984 el ejército de la dictadura había sido sometido a un desgaste estratégico y la capacidad guerrillera fue desarrollada al máximo: golpeamos al ejército en sus cuarteles y en movimiento, concentramos la fuerza en batallones con capacidad de agrupar a las restantes tropas, aniquilamos y desarticulamos compañías enemigas, tomamos el cuartel de la cuarta brigada en Chalatenango, recuperamos miles de armas e hicimos cientos de prisioneros. Fue la injerencia norteamericana lo que impidió la derrota del ejército de la dictadura. La Administración norteamericana tuvo que restructurar el ejército y comenzar una nueva estrategia, más sutil, demagógica y asesina, usar el diálogo táctico como instrumento al servicio de la guerra de contrainsurgencia de baja intensidad; se realiza dicho diálogo con el FMLN en la ciudad de La Palma, Chalatenango en 1984, luego Ayagualo, departamento de La Libertad en 1985 y el de la Nunciatura en San Salvador en 1987. Es interesante anotar que en este período, el régimen, con el apoyo de Estados Unidos, intenta presentar un proceso de democratización del Estado, colocando al PDC como fuerza hegemónica surgida de una contienda electoral. La idea era proyectar este partido como una fuerza moderada entre dos extremos, respetuosa de las leyes y única garantía para las reformas y pacificación del país. Desde las FPL y el FMLN analizamos al gobierno democristiano no como un intento serio de acabar con la guerra por la vía de la negociación, tal y como proclamaba Duarte, sino como la aplicación de una nueva estrategia de contrainsurgencia que buscaba nuestra derrota militar, usando la negociación y la guerra contrainsurgente. Ese aparente cambio en el panorama político no logró el desplazamiento del poder de los sectores más radicales de la oligarquía. Napoleón Duarte, de hecho, se convirtió en una pieza clave de la estrategia contrainsurgente de Estados Unidos, pero al no contar con el apoyo de la ultraderecha nacional, fracasó. En efecto, las elecciones de diputados y alcaldes en 1985 supusieron una recomposición del espectro político de la derecha, aflorando divisiones en ARENA, en el PDC y en el PCN. Se produjo asimismo un debilitamiento importante de la alianza que mantenía el PDC con su base social organizada en la Unión Popular Democrática de la que se salieron algunos sindicatos. El gobierno de la Democracia Cristina con José Napoleón Duarte dirigió el país de 1984 a 1989 y ARENA ganó las elecciones en 1989. El FMLN también venía presionando por una salida política al conflicto y presentó muchas propuestas e iniciativas al gobierno. El inicio del diálogo táctico, a mi juicio, fue un golpe importante a la política intervencionista de Estados Unidos, pues el FMLN conjugó la guerra con el diálogo para lograr una correlación internacional más favorable y generar en el propio Estados Unidos una opinión pública que exigiera a su gobierno detener la intervención en El Salvador. Ellos, por su parte, trataron de bajar la moral combativa de nuestra tropa desplegando una campaña millonaria por tierra y aire y llamando a nuestros combatientes a entregarse.

Siguiendo la reflexión, me parece pertinente rescatar otras lecciones militares de «Memorias...»:

En esta fase de la guerra, en el terreno militar, se dieron algunos avances en el proceso de construcción del FMLN como ejército capaz de combinar todas las modalidades de lucha. El ataque a la Tercera Brigada constituyó un salto de calidad. Fue una operación de incursión a la ciudad mediante la combinación de artillería con infiltración de tropas especiales; hay sabotajes tanto en la ciudad como en su periferia; se atacó por razones de diversionismo a otras posiciones secundarias en el oriente del país. En la operación convergen dos fuerzas: una fuerza que viene del norte y otra fuerza que viene del sur del departamento. Esta experiencia fue importante, porque inicia movimientos de cooperación, interacción y coordinación de diferentes fuerzas, de diferentes agrupaciones; inicialmente fuerzas y agrupaciones de una misma organización y, posteriormente, entre fuerzas de diferentes organizaciones. Y no solo esto sino que se producen asimismo acciones coordinadas y combinadas de fuerzas de por lo menos dos frentes. El ataque a la Tercera Brigada abrió un proceso de operaciones similares en la zona oriental; hay un asalto hasta rendir una posición en la Antena de Cacaopera. Se realizan dos operaciones de toma en Ciudad Barrios; por tres veces se ataca en el oriente del país y se toma por dos veces la posición de Nuevo Edén de San Juan, en el segundo de cuyos ataques cae capturado Medina Garay, un oficial de rango elevado. Se asalta y se logra destruir el puente Cuscatlán, de importante relieve tanto militar como económico y social. Es al inicio de esta fase que las fuerzas de oriente, fundamentalmente las fuerzas del nororiente, desprenden una parte de sus contingentes y desarrollan una campaña en el sur de la zona oriental. Lo que supone la limpieza de posiciones menores y medianas en lo que es la sierra Tecapa-Chinameca, de notable peso económico al ser zona cafetalera, densamente poblada y, por otra parte, desde el punto de vista topográfico, ventajosa en comparación con otros frentes. En los meses de marzo y abril de 1984 se dieron en oriente, en la parte de San Miguel, algunos combates que abrieron un debate en el FMLN: en el Cerro Mirachapa, con el Batallón de Paracaidistas y con el Atlacatl, donde las fuerzas del FMLN que combatieron intentaron desarrollar diferentes maniobras de envolvimiento al enemigo. Se logró recuperar algún armamento y el enemigo tuvo gran cantidad de bajas; pero la recuperación logística que logramos no fue compensada con la inversión logística que habíamos hecho. Por otra parte, esos combates tuvieron la característica de que el FMLN tuvo grandes bajas. De modo que no compensaba en el terreno de la logística y en el terreno de las bajas el desarrollo de este tipo de maniobras de envolvimiento contra concentraciones enemigas grandes. Sin embargo es un hecho que una característica de esta fase es que el FMLN pasa de aniquilar y desarticular pelotones y secciones, al aniquilamiento de compañías y batallones, tanto en sus posiciones como en movimiento. Así que a pesar de las bajas que sufrimos y con mucho costo, dimos en la práctica un salto de calidad en nuestra capacidad de fuego y de movimiento de combatientes. En el frente paracentral sur, se dio un golpe contundente al batallón Atonal, en Usulután, precisamente en el Cementerio de Santa Clara; y fuerzas guerrilleras concentradas en el norte paracentral dieron otro golpe fuerte al batallón Jiboa que venía incursionando por el lado del sector de La Joya. Tal vez la maniobra de Chalatenango de finales de 1983 es un buen ejemplo del avance que experimentamos.

El contexto militar en el que Napoleón Duarte trata de maniobrar no es muy favorable para sus propósitos de utilizar el diálogo como táctica para desmovilizar al FMLN. El ataque a la IV Brigada en Chalatenango puso de relieve que la vía del gobierno estaba destinada al fracaso.

El 30 de diciembre de 1983 una operación marca un hito en la historia de nuestra guerra: la maniobra de Chalatenango. Primero hubo una operación principal, que fue el asalto y toma del cuartel de la IV Brigada, en el cual participan fuerzas especiales combinadas con tropas regulares, preparadas para esa ocasión. Al mismo tiempo que se desarrolla esta operación que comprende tres momentos: infiltración, asalto y aniquilamiento del cuartel —es digno de señalar que es el primer cuartel que se tomaba por parte del FMLN— hay otra maniobra de apoyo a esa misión principal: el ataque al cuartel del Destacamento No.1 de Chalatenango. Estas dos operaciones iban acompañadas de la voladura del Puente de Colima —si ustedes observan en el mapa a Chalatenango, verán que a Chalatenango realmente lo que lo une con el resto de la zona central es la Troncal del Norte, y en ese sentido el Puente de Colima siempre fue un puente grande, pero hoy, con el embalse del Cerrón Grande, es un puente todavía más grandes, de mayor longitud, de tal manera que con la voladura del puente Chalatenango hubiese quedado incomunicado del resto del país por vía terrestre— y ataques a otras posiciones menores en apoyo de los ataques a los dos cuarteles. Centenares de armas fueron recuperadas y se dan capturas de oficiales. En esta maniobra departamental se produce el efecto que un compañero llama «explotar el éxito», es decir un fenómeno de simpatía.

El asalto a la IV Brigada no fue un ataque aislado sino parte de una ofensiva que se implementaba en todas partes:

En el Frente Central podemos poner como momento límite de esta segunda fase, la maniobra interregional del Cerrón Grande, que fue el 28 de junio de 1984. La operación principal consistió en aniquilar a la fuerza enemiga de la planta hidroeléctrica. Se preveía que debido al impacto que podía producir en el régimen, desde todos los puntos de vista, la toma de la planta, el enemigo tenía que pelear y buscar la forma de enviar refuerzos y salir en defensa y en auxilio de esa posición a como diera lugar. De ahí que acompañando a la operación principal, se desarrollan varias maniobras de emboscada y de envolvimiento a los refuerzos. Como la central está ubicada entre Cabañas y Chalatenango, se veía que necesariamente las fuerzas de Sensuntepeque iban a salir en auxilio, así como las de San Vicente y Cojutepeque. De modo que se puso una emboscada en maniobra de envolvimiento entre Sensuntepeque y San Isidro, otra emboscada entre Ilobasco y San Rafael Cedros, otra emboscada de envolvimiento entre San Rafael Cedros y San Vicente y otra emboscada entre Ilobasco y Cerrón Grande, toda una telaraña. Esta operación con sus ramificaciones fue exitosa por completo. Entre Sensuntepeque y San Isidro, en una emboscada clásica, se recuperaron como 180 fusiles y un cañón de 120 milímetros. Un batallón entero del FMLN se ubicó cerca del cuartel de la Fuerza Armada, a unos cinco kilómetros, —una distancia que a algunos les puede parecer larga pero que hay que evaluarla en relación al terreno concreto—, dejando entrar al enemigo que lo hizo en camiones; los vehículos pisaron las minas e inmediatamente nuestras unidades les tiran con los RPG-2, RPG-7, ametralladoras y granadas, que fueron los medios principales de combate. En otra maniobra simultánea que se desarrolla entre San Rafael Cedros y San Vicente, en un terreno totalmente desfavorable, se detiene a la V Brigada que marchaba hacia el Cerrón Grande, se le hacen bajas y se le recupera armamento.

El intervencionismo norteamericano también queda reflejado y explica uno de los testimoniantes:

Es en esta etapa cuando los norteamericanos reacomodan su proyecto contrainsurgente y presentan a la Democracia Cristiana y a Duarte como la alternativa para la reactivación económica, la pacificación y la participación de las masas en el proyecto. Obviamente el reacomodo de la estrategia gringa exigió cambios en la estructura militar para fortalecer el mando y potenciar las tácticas de los norteamericanos en el país. Es cuando llega Blandón al Estado Mayor y se producen traslados que aseguran el mando de las unidades del campo por oficiales con influencia de los norteamericanos. Así es como Monterrosa pasa al oriente del país. Dentro del esquema de pacificación que manejan los norteamericanos se produce el primer ensayo del Plan CONARA que integra los esfuerzos de reactivación económica, y por eso se llamaba Plan de Bienestar para San Vicente. La idea de pacificación inserta en el plan se basaba en el aniquilamiento o el desplazamiento de las fuerzas del FMLN hacia el norte, y buscaba asimismo la incorporación de las masas, ganarlas para el proyecto contrainsurgente. El CONARA es un ensayo contrainsurgente que se da en Usulután, en San Vicente, y en lo que es La Paz, en esta área del país. En el intervienen directamente los asesores norteamericanos junto con Golcher, que es ahora el viceministro de la Seguridad, un cuadro nacional que comparte plenamente el pensamiento de guerra de baja intensidad. Por la importancia que tuvo el Plan CONARA, le agregaría algunas reflexiones. Su base filosófica y político-militar se encuentra en la experiencia de los norteamericanos en Vietnam. Tiene como uno de sus principios ganar el corazón y la mente del pueblo a partir de la actividad cívico-militar, es decir de poner en marcha alguna reforma, alguna obra de carácter infraestructural, como son clínicas, algunas carreteras, algunos puentes que habían sido volados, construir escuelas... Esta actividad de cara «bondadosa» se compaginaba con la construcción de una red de informantes en las zonas que les permitiera posteriormente hacer trabajo en nuestras filas.

En esta línea, otro compañero relata:

Antes el compañero que ha hecho la exposición citaba a las aldeas estratégicas como un posible objetivo del enemigo. Creo que el plan contemplaba la implantación de esas aldeas, sobre todo, en el volcán de San Vicente. Hay que partir que esta zona es de las económicamente más ricas del país. Usulután es el departamento que produce más granos: frijoles, maíz. Esas sierras son zonas cafetaleras, principalmente en la parte de Berlín, San Vicente, el volcán es zona cafetalera y de caña. Las aldeas estratégicas le habrían permitido al enemigo un control importante sobre unas zonas tan ricas. También tenían la idea de trasladar a población atrasada de otros lugares e intentar ubicarla en el interior de nuestras zonas de control, incorporándolas, como bases paramilitares, y conviviendo con refuerzos de unidades del ejército. Pienso que el factor decisivo que influyó sobre estas bases potenciales del enemigo fueron los golpes militares del FMLN en la etapa anterior, e hizo que esa gente destinada a ser paramilitar no tuvo confianza de irse a meter en las zonas nuestras porque sabían que los podríamos barrer fácilmente.

Otra intervención aporta sobre la necesidad de combinar la lucha armada con el diálogo y la negociación:

Sin hacer una apreciación internacional de esta etapa, habría que tomar en cuenta que en octubre de 1983 se produce la intervención de los yanquis en Granada. Ese es un factor que influye e incide y llama a la preocupación del FMLN en cuanto que pone la situación en la región bastante compleja. Preocupación que tiene su peso a la hora de la readecuación estratégica; ¿cómo resolver la posibilidad de enfrentar la intervención de los norteamericanos en el país? Por otra parte en marzo de 1984 se dan las elecciones que gana Duarte. Hay que señalar que sus contradicciones y el enfrentamiento con la oligarquía en ese momento es bastante fuerte por la negativa de esta última en apoyar el desarrollo de la segunda etapa de la reforma agraria que había sido emprendida por el consejo norteamericano. El partido ARENA, de la oligarquía, tiene la mayoría en la Asamblea en ese momento y las contradicciones dentro del enemigo son profundas. Duarte llega a la presidencia por los días de la operación del Cerrón Grande, y habría que señalar que por eso dicha operación tenía bastante trascendencia política. Con la llegada de Duarte se puso más de actualidad y era más urgente combinar la lucha del campo y de la ciudad; la combinación armónica de la lucha militar con la lucha política.

Estas son algunas de las inquietudes que estaban planteadas al final de esta fase que culmina en junio de 1984.

Adaptación del FMLN a los movimientos del enemigo

Continúo rescatando del citado estudio, algunas apreciaciones sobre la readecuación militar del FMLN ya que encuentro en ellas una mejor precisión que en mi propia memoria.

La Comandancia optó por discutir la forma de cómo derrotar el nuevo plan conducido por los asesores norteamericanos, y como asegurar el avance de la guerra popular revolucionaria. Y no solo era esto sino que era necesario darle respuesta a algunos problemas internos que habían aparecido ya en la etapa anterior. Por un lado teníamos una perdida de recursos tanto humanos como materiales y eso teníamos que verlo a la luz del problema de crecimiento de nuestras fuerzas. Pero al mismo tiempo estaba planteada la necesidad de buscar la incorporación de todo el pueblo a la guerra y dar paso así a la disputa del terreno y promover el desarrollo de la lucha de masas. Sobre todo esto profundizó la Comandancia General que diseño las líneas a implementar: lo primero era romper la fuerza enemiga, el primer escalón de su nueva táctica que son las tropas móviles sin cuartel que nos estaban presionando y persiguiendo en nuestra propia retaguardia. La segunda línea era profundizar la desestabilización de la economía de guerra del enemigo. Tercera, hacer esfuerzos por garantizar el máximo de economía de recursos humanos y materiales. Cuarta línea, la construcción y acumulación de nuevas fuerzas y en quinto término la reactivación a plenitud del movimiento popular.

Nosotros creemos que esta etapa de la guerra que tiene que ver con la readecuación tiene dos fases: la primera fase es la que nosotros siempre hemos llamado de transición. No sé si vale la pena decirlo así, pero lo que queremos expresar es que esa fase se caracteriza por la continuidad de la actividad militar sobre la base de las unidades concentradas y al mismo tiempo aparecen los esfuerzos por la readecuación táctica, es decir la táctica guerrillera y el proceso de desconcentración de nuestras fuerzas. La desconcentración no se dio simultáneamente en todos los frentes. Variaron los ritmos y la profundidad de los cambios en la medida en que el enemigo no aplica sus nuevas tácticas con la misma intensidad en todas partes. Ya se ha dicho que aparecen primeramente en la zona oriental con el coronel Monterrosa, a finales de 1983. En la zona central, a mediados de 1984 todavía era posible desarrollar la guerra haciendo uso de las unidades concentradas, como en la maniobra de Suchitoto y El Salto. En esta primera fase que llamamos de transición en la zona central aparecen rasgos de la readecuación, pero en lo fundamental se mantienen las características de la fase anterior, es decir el uso de unidades concentradas. Por lo tanto lo que se planteaba era si procedía o no la desconcentración generalizada. Ahora bien, una vez iniciado el esfuerzo de readecuación, se nos planteó la cuestión de la cualificación política y militar de los compañeros combatientes. Y esto era lógico porque la nueva modalidad de accionar en grupos pequeños, regados, exigía un cambio de pensamiento y actitud por parte de todos los compañeros. No es lo mismo combatir en unidades de 100 ó 200 que en escuadras y pelotones, ni es igual combatir en unidades de aseguramiento que manejar la táctica guerrillera. Además, era desde estas nuevas pequeñas unidades como había que plantearse el trabajo político con las masas, su instrucción. La readecuación a la guerra de guerrillas en el sentido más clásico implicó las siguientes modalidades:

- el uso masivo de explosivo y de armamento casero;
- el uso de la emboscada con pequeñas unidades;
- la realización de golpes de mano con pequeños grupos sobre posiciones aisladas del enemigo;
- extensión de los francotiradores;
- por último el sabotaje como una modalidad en particular.

Pero la readecuación guerrillera hubo de superar un número de dificultades. ¿Cuáles fueron los problemas fundamentales que enfrentamos en esta etapa? En las «Memorias...» dice:

Se pueden resumir en tres: primero los problemas de tipo ideológico que tenían que ver precisamente con la resistencia de dar el salto que demandaba la guerra y creer que esta readecuación significaba dar un paso atrás con relación a lo que habíamos alcanzado hasta 1984. Otro tipo de problemas era el acomodamiento de algunas unidas; al principio los compañeros una vez que se veían acosados por el enemigo buscaban la zona de control, no manteniéndose en la zona que les había sido asignada. El otro problema es psicológico. Ya hemos dicho que veníamos de unidades concentradas, tanto combatientes como jefes y que el nuevo momento de desconcentración demandaba la realización de diversas tareas, no solo políticas sino también militares, y eso creaba un marco de inseguridad en los compañeros. El esfuerzo de desconcentración estaba vinculado estrechamente a la apertura de nuevas zonas guerrilleras, extender el conflicto por todo el país para cambiar la correlación de fuerzas y llevar al enemigo a hacer inútil sus concentraciones en determinados frentes. Las nuevas zonas generalmente tenían que ver con una alta presencia del enemigo, por ejemplo en la periferia de las ciudades, o en occidente, que en este momento pasa a jugar un papel importante. La utilización masiva del explosivo nos planteó algunas dificultades. ¿Cómo asegurar la cantidad de explosivos necesarios para profundizar el desgaste de la fuerza viva del enemigo y derrotar sus patrullajes? Y, ¿cómo producir o en quiénes fundamentar la producción del explosivo, tomando en cuenta que el enemigo en alguna medida logró la desestabilización de nuestras zonas de retaguardia? Como consecuencia de esto último los grandes talleres de explosivos hubo que desmantelarlos, de modo que debíamos pasar a los pequeños talleres. Al mismo tiempo el uso generalizado del explosivo demandó la profesionalización de los compañeros. Tomemos en cuenta que anteriormente eran compañeros aislados los que conocían el uso del explosivo. Las nuevas medidas implicaban que todos los compañeros tenían que saber usarlo, incluso saber producir el explosivo. En el proceso de aprendizaje se dieron accidentes que provocaron algunas bajas y en cierta medida inseguridad acerca de la efectividad del explosivo para enfrentar al enemigo. Esto significó, entre otras cosas, un lucha permanente con los compañeros para convencerles que le tomaran confianza a esa arma que ya la considerábamos estratégica en la derrota de las nuevas modalidades militares del enemigo.

Lo cierto es que la readecuación completa de las nuevas tácticas guerrilleras se fue logrando a partir de la reunión de la Comandancia General un año después, entre junio y julio de 1985. Ese momento fue el punto que marca el comienzo de la etapa que finaliza en abril de 1986. Es la coyuntura en que termina la desconcentración y alcanzamos un importante nivel de cualificación. Resolvimos el problema del explosivo y superamos en lo fundamental los problemas ideológicos y psicológicos. En las memorias se señala acertadamente:

> Consecuencia rápida de las nuevas modalidades es la extensión de la guerra y su reaparición con fuerza en las ciudades. La operación del Tazumal, estrictamente de sabotaje a la economía de guerra del enemigo son otro ejemplo de los nuevos planteamientos de la Comandancia. En la segunda fase, las actividades incluían la liberación de presos de la cárcel de Mariona y la captura y canje de Inés Duarte que reflejan también las nuevas orientaciones. Las pequeñas unidades o las tropas especiales pasan a ser el fundamento de las actividades de mediana y gran envergadura. Los partes de guerra empiezan a ser diarios y sobre todo en oriente se advierte un desgaste permanente, tres, cuatro bajas al día... Pero también hay operativos del ejército que expresan su nuevo plan, al que nosotros oponemos las nuevas tácticas. Torola IV y Torola V en Morazán, el Fénix y el Carreño en la zona central y norte del país. En estos momentos empezamos a hacer con mucha más efectividad e incidencia en la vida del país, los paros de transporte que se fundamentaban precisamente en todas esas unidades guerrilleras diseminadas. El resultado es que infligimos en este período un gran desgaste a las fuerzas activas del ejército. Según los datos que tenemos, entre abril de 1984 y abril de 1985 se causaron aproximadamente 11 600 bajas de las cuales 2 070 son producto directo del uso del explosivo. El FMLN realiza al mismo tiempo operaciones de envergadura

mediante las tropas especiales: El Picacho, Cacaguatique, Peña Colorada, CEMFA. En algunos de estos casos no actúan estas unidades de élite, pero las tropas regulares utilizan tácticas propias de tropas especiales. Un dato que explica con claridad los beneficios de las nuevas tácticas guerrilleras es que si con las operaciones concentradas habíamos llegado a tener una baja propia por cuatro del enemigo, ahora se pasa a una relación de una a veintitrés. Y, el número de bajas por día que hacemos al ejército, es más o menos de 16. No es necesario enfatizar que logramos economizar recursos de todo tipo y aprendimos a utilizar de manera creativa todas las formas tácticas anteriormente mencionadas.

Y prosigue:

En esta etapa tuvimos asimismo logros importantes que tienen que ver con el crecimiento de nuestra fuerza. Tal vez el crecimiento no haya sido masivo e igual en todas partes —aunque en oriente se logró mucho— pero es obvio que conseguimos no solamente mantener nuestras fuerzas sino al mismo tiempo crecer. Crecimos en las milicias y en las unidades guerrilleras secretas, que son las unidades que viven y actúan en la zona donde se han incorporado. Esto último tiene una importancia decisiva porque el conocimiento del terreno y una información fresca permiten una mayor efectividad. Las unidades guerrilleras secretas tienen una importancia vital en la guerra y en los acontecimientos que consideramos vamos a estar enfrentados hasta el último minuto.

Hay que tomar en cuenta, que las readecuaciones que hace el FMLN contribuyeron a enfrentar con eficacia los grandes operativos que planteó el enemigo en 1986.

El objetivo del régimen era «aislar el pez del agua», es decir, los grandes operativos tenían como propósito desplazar a la población de nuestras zonas de control, tratando de dejarnos sin base social mediante ofensivas de «Tierra Arrasada». De este modo pretendía que no tuviéramos posibilidad de vivir, de sembrar, de movilizarnos. Pero la respuesta a esta situación fue inesperada para el régimen: las poblaciones empiezan su lucha combativa, una lucha de resistencia, no se quedaron de brazos cruzados, no fueron al refugio, sino que dieron inicio a una lucha combativa, tanto en Chalatenango como en otros departamentos. Las memorias reflejan bien esta reacción:

> Producto de esa lucha y en medio de esos operativos las masas logran conquistar sus repoblaciones, regresar a San José Las Flores, a Arcatao y todo esto va originando un nuevo fenómeno en el desarrollo de la vida y la política de las masas, que después fue configurando toda la repoblación e incluso el retorno de algunos refugiados a las repoblaciones. Y esto se da en medio de un enfrentamiento con el enemigo. Lejos de quitarle el pez del agua, el enemigo contribuyó a la resolución de un problema que tenía el FMLN: el pase de las masas de su situación ilegal y crítica en todos sus aspectos, a lanzarse a la lucha y conquistar una nueva alternativa de participación. Estos hechos generaron la atracción de la solidaridad internacional. Son como siete u ocho ciudades entre Europa, Canadá y Estados Unidos que se han hermanado con las poblaciones que están en las repoblaciones, y no se trata ya de un apoyo de comités de solidaridad, sino de alcaldías, los consejos municipales de esas ciudades. Aquí quiero señalar un hecho que tal vez no conozcan todos. Después que la compañera representante de las repoblaciones viajó a Estados Unidos el año pasado o a principios de este año, y una semana después de que recibiera las llaves de la ciudad de Madison, a la semana siguiente, apareció muerto el alcalde de la ciudad de Madison, misteriosamente.

De la resistencia al ataque

En 1987 el desgaste causado por nuestras fuerzas especiales fue significativo. La gran cantidad de operaciones realizadas tuvo una clara proyección ofensiva, y sus bases humanas de crecimiento tenían en la lucha de masas la más segura fuente de alimentación. En las «Memorias...» se analiza cómo llegamos a niveles altos de efectividad en el transcurso de la segunda mitad de los años ochenta. El régimen aparecía debilitado y cada acción guerrillera le hizo mucho daño. Uno de los participantes de estas memorias narradas oralmente señala:

> Un factor nuevo que aparece como tendencia es que el FMLN va a comenzar a introducir armamento para neutralizar los helicópteros. Esto supone una diferencia cualitativa con etapas anteriores. El FMLN en el transcurso de estos años ha hecho emboscadas a desembarcos helitransportados, ha hecho operaciones como la de Suchitoto, ha derribado helicópteros, murió Monterrosa cuando tiramos su nave... Pero no teníamos una organización militar adecuada, era a punta de fusilería. Ahora hay condiciones para desarrollar una tendencia que nos va a permitir mejorar mucho en este tipo de guerra. No hablo de que tengamos «flechas» (misiles) porque si tuviéramos «flechas» ya estaría definida la guerra. Me refiero a la puesta en marcha de variantes de modalidad, a partir de unidades especiales antiaéreas, con ametralladoras sofisticadas, granadas antiaéreas y hasta el uso de armamento casero, morteros y cargas de elevación. Todo eso ya se siente en el combate. Los helicópteros tienen que aumentar su techo de vuelo, ganar altura y sus paseos pierden efectividad real. Los pilotos sienten que les estamos desestabilizando y no es tan seguro que una vez ha hecho el despegue regrese para su casa. La mayor efectividad en esta modalidad nos está permitiendo salir a hacer maniobras concentradas de día, atacar de día. Esto último le permite al

FMLN actuar con una mentalidad más ofensiva. En un combate de día hay dos posibilidades: que lleguen los helicópteros o que no lleguen. Si no llegan puede ser porque el enemigo los tiene amarrados en otros frentes y eso nos facilita la maniobra rápida y bien aprovechada, pero si se sabe que van a llegar los helicópteros se hace el plan para actuar ofensivamente contra ellos, no bajándolos, pero sí obligándoles a permanecer a gran altura y neutralizando buena parte de su eficacia.

Otro factor en esta etapa es el hecho de que el armamento popular está jugando un papel principal en el desarrollo de la guerra. Si en la etapa anterior la táctica guerrillera creó sus propias armas, como fueron las minas, las minas saltarinas, el abanico, la mina vietnamita, también en esta etapa están apareciendo nuevas armas ligadas a las modalidades que se aplican: granadas antiaéreas, las granadas de fusil, la artillería casera liviana, la artillería pesada casera, granadas incendiarias, etcétera. Si bien es cierto que el FMLN no tiene cañones, el uso del fuego permite que el enemigo abandone la posición, porque el fuego ejerce un efecto psicológico y es clave en el combate urbano. El ataque a Usulután se hizo con armamento popular. El ataque al cuartel no fue realizado con artillería convencional de 120 milímetros, ni de 81, ni de 60, fue realizado con armamentos populares. Se resuelve de esa manera un problema serio. Desarrollamos el armamento popular, podemos desarrollar cañones, morteros y todo lo que posibilite armar más unidades, darles capacidad creciente de fuego, sin esperar a recuperar cañones enemigos o a que nos lluevan morteros del cielo. Creo que se trata de una experiencia que cualquier movimiento revolucionario guerrillero tiene que contemplar. Claro que este desarrollo de las armas populares requiere un aprendizaje permanente: fabricas armamento y te falla, la granada no sale, la otra estalló muy bajita, la otra se fue muy alta, una sí le dio al blanco, el mortero salió a 400 metros... Es una escuela que no agota sus enseñanzas.

Preparación de la ofensiva de 1989

Entre 1987 y 1989 es la etapa de preparación y despliegue de la ofensiva estratégica que culminaría a finales de este último año con especial impacto en la capital San Salvador. A partir de 1985 se da un viraje estratégico en la readecuación del FMLN, se produce un salto en la unificación de sus ejércitos guerrilleros, se estructuran mandos conjuntos que profundizaron el mecanismo de coordinación y cooperación militar; en algunas zonas se hacen ensayos de mandos integrados y en el trabajo internacional se pasó a realizar una política diplomática bajo una sola conducción, la Comisión político-diplomática del FMLN. Al mismo tiempo se fortaleció la conducción única del FMLN bajo la Comandancia General. En lo militar se pasó de la concentración a la descon-centración de las fuerzas, a desplegar unidades guerrilleras en todo el país con el objetivo de desgastar al enemigo y fomentar nuevas fuerzas guerrilleras. Se hizo masivo el uso de explosivos y del armamento artesanal para derrotar la táctica militar del enemigo basada en los helitransportados que daba gran movilidad en nuestras zonas de retaguardia; con el uso del explosivo quebramos la moral del ejército y lo sometimos a un desgaste estratégico. A lo largo del despliegue del ejército guerrillero desde 1981 a 1989, adquirimos experiencia y dominio del arte militar, el pueblo no incorporado a las unidades guerrilleras desplegó también su lucha como miliciano, colaborador de milicia, de la guerrilla y el par-tido. En este contexto de guerra y en medio de una dura repre-sión la lucha reivindicativa de los obreros, del campesinado, cooperativistas, del magisterio, de los estudiantes, aferrados todos a sus reivindicaciones se enfrentan a las políticas represivas y neoliberales de los gobiernos de Napoleón Duarte (PDC), primero y de Alfredo Cristiani (ARENA) después. Dos grandes demandas reivindicativas se transformaron en importantes movilizaciones aglutinadoras, la lucha por la libertad de los presos políticos y la demanda por la paz y el fin de la intervención de Estados Unidos. La Unidad Nacional de Trabajadores Salvadoreños (UNTS) junto a otras organizaciones, realizan protestas y manifestaciones en contra de las medidas económicas implementadas por el gobierno de Duarte denominados *paquetazos* económicos. Sus dirigentes son perseguidos y asesinados. Ejemplo de ello es el atentado dinamitero contra las instalaciones de FENASTRAS, donde murieron diez personas, entre ellas la dirigente sindical Febe Elizabeth Velásquez.

Este fue el escenario en que desplegamos la ofensiva estratégica el 11 de noviembre de 1989 sobre la retaguardia enemiga, concentrando toda la fuerza del FMLN sobre San Salvador y las principales cabeceras departamentales: Santa Ana, Zacatecoluca, San Vicente y San Miguel. No conseguimos una derrota militar del ejército de la dictadura pero sí creamos las condiciones irreversibles para el inicio de la negociación estratégica.

De 1989 a 1992 mantuvimos la iniciativa en un contexto en que el ejército había perdido su moral y en Estados Unidos estaba abierto un debate alrededor de la tesis de combinar la ofensiva contrainsurgente con la búsqueda de espacios de negociación y de diálogo con el FMLN. En esta época también en América Latina había fracasado el modelo de dictaduras militares implantadas por las oligarquías nacionales y Estados Unidos como instrumento de dominación buscaba otros modelos políticos de neocolonialismo, bajo la presión de que la victoria sandinista en Nicaragua pudiera convertirse en un símbolo y ejemplo a seguir. Las dictaduras llegaban a su fin, un nuevo período histórico, que algunos caracterizan como el fin de la Guerra Fría, se iniciaba. El derrumbe de la Unión Soviética y el modelo socialista de Europa del Este conforma también la coyuntura de esta época. En El Salvador, la ofensiva guerrillera estratégica sobre la retaguardia de la dictadura, en

San Salvador y las principales cabeceras departamentales, creó las condiciones para iniciar la negociación estratégica. Desde 1990 hasta el 16 de enero de 1992, en que se firma la paz en el Castillo de Chapultepec, en México se negoció mientras la guerra continuaba contra un ejército que tenía la moral baja y frente a la política intervencionista de Estados Unidos, que en ese momento se encontraba en un contexto internacional desfavorable. En esta última etapa de la guerra, el FMLN desarrolló acciones ofensivas contra los medios aéreos del enemigo desde el terreno; en Chalatenango en 1991, un batallón del ejército incursionó por la zona de la Montañona en La Laguna, las fuerzas guerrilleras de las FPL lo cercaron y pronto vino en su apoyo la fuerza aérea. En ese combate se derribó un avión C-47 y un helicóptero, el batallón completo tuvo que replegarse a territorio hondureño donde fue desarmado y enviado en camiones a San Salvador, solo así pudo salir del cerco y evitar ser aniquilado completamente por nuestras fuerzas.

También el ejército gubernamental fue acomodándose a las características de la guerra en cada una de las etapas. Tras la ofensiva de 1981 tomó conciencia de que no estaba preparado para una guerra de guerrillas, iniciando una preparación acelerada de adecuación a la nueva realidad. En dicha preparación el papel de Estados Unidos fue decisivo: asesores de sus fuerzas armadas fueron enviados al terreno, pilotos norteamericanos realizaron con mayor intensidad vuelos de reconocimiento para ubicar a nuestras unidades, y equiparon al ejército salvadoreño contrainsurgente con armamento de infantería y artillería moderno, unidades helitransportadas y aéreas. Al mismo tiempo la ayuda económica de Estados Unidos se incrementó. Parte de su estrategia fueron los esfuerzos reformistas que en lo económico contemplaban los planes de contrainsurgencia. Precisamente el triunfo sandinista en Nicaragua, la destrucción del ejército somocista y la creación del Ejército Sandinista fueron un golpe mortal para el CONDECA, que era la alianza de los ejércitos de la región centroamericana. Ello conduce a una readecuación de la cooperación militar de la región, estableciéndose una cooperación operativa entre los ejércitos de Honduras y de El Salvador. Por su parte, el ejército guatemalteco estaba atado debido al incremento de la acción guerrillera en ese país. Es evidente que tanto la dictadura como los norteamericanos buscaban la solución militar. El proceso de modernización le permitió, al ejército oficial, entrar en la etapa de 1984 a 1987 en mejores condiciones. Sin embargo, en algo estaban confundidos los asesores estadounidenses: afirmaban que el FMLN estaba perdiendo capacidad de mover unidades grandes y que muy pronto lograrían reducirlo a grupos de bandidos en los picos de las montañas. Pero las FPL y demás organizaciones del FMLN comenzaron a desarrollar operaciones con grandes unidades de ejército guerrillero, con grupos de 200 y 300 hombres y mujeres. Estos actuaban en el departamento donde tuvieron sus bases, pero a veces se movían a teatros de operaciones de otras zonas del país. En ese momento, en 1984 e incluso un año antes, ya pasábamos con agilidad de la concentración a la dispersión y viceversa, lo que nos permitió golpear duramente a un ejército apoyado por el Imperio norteamericano. El ataque combinado de fuerzas especiales y locales al cuartel El Paraíso, en Chalatenango, es un buen símbolo de la capacidad con que contábamos. En el cerco, asalto y aniquilamiento de esa gran guarnición, nuestras tropas se introdujeron en el fortín y golpearon desde adentro. Otra gran operación ya citada anteriormente fue la de Cerrón Grande. De manera que los analistas norteamericanos estaban realmente confundidos.

Hacia 1985 el ejército utilizaba de manera regular la modalidad de los helitransportados y de extensos bombardeos sobre las áreas de combate y nuestras zonas de retaguardia. Era la respuesta a nuestra capacidad ya demostrada. Esta modalidad, como se ha visto en la televisión en la guerra de Iraq, permite al atacante arriesgar poco y desestabilizar mucho. Bombardeaban y luego venían los helicópteros con tropa entrenada en los centros regionales de Estados Unidos, operaciones que en poco tiempo podían colocar a cientos de soldados a pocos metros de nuestros campamentos. En esa etapa nuestra táctica fue la dislocación de la fuerza guerrillera. Fueron años complicados en los que tuvimos muchas bajas pues nuestras unidades cayeron en un exceso de confianza que fue aprovechada por el enemigo. A veces se detectaron concentraciones mientras hacían paradas militares o celebraciones de combate y que fueron saturadas por bombardeos dando lugar a la muerte de muchos combatientes. La dispersión, entonces, se hizo urgente.

Enfrentar a la modalidad helitransportada del ejército no fue fácil, pues había un factor sorpresa y otro psicológico sobre la guerrilla y la población civil que le daba apoyo. Con facilidad desembarcaban tropas en un punto, embarcaban y las trasladaban a otro lugar. Para contrarrestar, utilizamos mucho armamento casero y nuestros fusiles averiaron gran número de helicópteros y algunos de los cuales fueron derribados. A la táctica helitransportada del ejército de colocar tropas en nuestros territorios respondimos con minados y la acción de francotiradores insertos en las pequeñas unidades guerrilleras. Los francotiradores frenaban el avance del enemigo y daban cobertura para la salida de la zona de nuestra gente. Así fue que entre 1987 y 1989 el ejército comenzó a perder movilidad, ya que los campos minados paraban el avance de la tropa enemiga y se lograba el desgaste del ejército por los francotiradores y por las unidades de guerrilla. Muchas veces el ejército del régimen tenía que hacer operaciones de apoyo para sacar a su tropa empantanada en los campos minados, lo que era aprovechado por los combatientes para causarles bajas. Además, ya nos habíamos acostumbrado a los vuelos bajos de las naves enemigas que recibíamos en una primera fase con fusilería

(Leonel pequeño) Salvador Sánchez Cerén, y sus hermanos Angela, Dolores y
Gilberto.

Alfonso Antonio Sánchez y Dolores Hernández , padres de Salvador Sánchez Cerén.

Salvador Sánchez Cerén junto a sus hermanos Gilberto y Raúl.

Leonel González y Facundo Guardado en el Frente de guerra Apolinario
Serrano, Chalatenango, 1984, en camino a la primera asamblea de los
Poderes Populares.

Francisco Jovel, Schafik Jorge Hándal, Eduardo Sancho, Leonel González y Joaquín Villalobos, Comandancia General del FMLN, Chalatenango, 1984.

Leonel González, primer responsable de las FPL, a los 57 años de edad,
Managua, Nicaragua.

Taller de zapatería en zona de control de las FPL, Chalatenango, 1987.

Operación de repoblación en San José Las Flores, Chalatenango, 1986.

Claudia Sánchez, segunda hija de Leonel González, realizando tareas de información en el Frente Feliciano Ama, 1988.

Mujeres incorporadas a las tareas revolucionarias, elaborando explosivos caseros, 1984.

Leonel González en la población de El Zapotal, Chalatenango, 1983.

Leonel González con Roberto Cañas, miembro de la Comisión de Negociación del FMLN.

Leonel González y comandantes del FMLN en conferencia de Prensa en San Juan de la Cruz, Chalatenango, 26 de enero de 1987.

La Comandancia General del FMLN en el Frente Apolinario Serrano, Chalatenango, en intercambio con mandos militares del FMLN, junio de 1984.

Formación de pelotón, en cantón Laguna Seca, Chalatenango, 1982.

Reunión del Consejo Revolucionario de las FPL, Chalatenango, 1983.

Combatientes de las FPL en celebración de la firma de los Acuerdos de Paz, Cinquera, Cabañas, 1992.

El FMLN celebra la firma de la paz, Plaza Cívica, San Salvador, 1 de febrero de 1992.

Mélida Anaya Montes, "Comandante Ana María", dirigente de ANDES 21 de Junio y segunda responsable de las FPL, Managua, Nicaragua, 1982.

Monseñor Oscar Arnulfo Romero, Arzobispo de San Salvador, desarrollando acto religioso de "confirmación" a Salvador Antonio, primer hijo de Leonel González, Quezaltepeque, 1979.

Comandante Leonel González en visita a lugares de acuartelamiento de combatientes de las FPL en San José Las Flores, Chalatenango, 1992.

Boutros Boutros-Ghali, Secretario General de las Naciones Unidas en reunión con Salvador Sánchez Cerén y Schafik Jorge Hándal, 1993.

Schafik Hándal y Salvador Sánchez Cerén en el Hotel Manhattan de Nueva York, en las reuniones de negociación de los Acuerdos de Paz, 1991.

Augusto Ramírez Ocampo, jefe de la Misión de Naciones Unidas en El Salvador, ONUSAL, hace entrega de la credencial de desmovilizado a Leonel González, diciembre 1992, Hotel Sheraton, San Salvador.

Schafik Hándal, Guillermo Ungo y Leonel González, dirigiéndose a la prensa en el encuentro de la Nunciatura Apostólica en San Salvador, 7 octubre de 1987.

Leonel González y la Comisión Política del FMLN en visita al Presidente de Cuba, Fidel Castro, La Habana, 2001.

El Papa Juan Pablo II saludando a Leonel González en su visita a El Salvador, Ilopango, San Salvador, febrero de 1996.

Salvador Sánchez Cerén explicando a la población el tema de la corrupción en la Tribuna Pública del FMLN. Plaza Gerardo Barrios, conocida como Cívica, San Salvador, 20 de octubre de 2006.

Salvador Sánchez Cerén, en primera Tribuna Legislativa Departamental del FMLN en Chalatenango, 13 de agosto de 2006.

Salvador Sánchez Cerén dirigiéndose al pleno de la Asamblea Legislativa sobre la política de endeudamiento, San Salvador, noviembre de 2006.

Salvador Sánchez Cerén, a 15 años de los Acuerdos de la Paz, hace un balance ante una concentración de simpatizantes reunidos en Plaza Gerardo Barrios (Cívica), San Salvador, 5 de enero de 2007.

Salvador y su esposa Margarita en Las Pilas, San Ignacio, Chalatenango, 2006.

haciéndoles mucho daño, lo que las obligaba a volar cada vez más alto y, más tarde, cuando logramos adquirir recursos técnicos tras obtener misiles tierra-aire, estuvimos en condiciones de derribar aviones.

Crisis en las FPL

La historia de las FPL que es parte de mi propia vivencia dentro del proceso revolucionario salvadoreño no está desligada de aciertos y errores. En los años de guerra, y aún antes, vivimos una época apasionante y difícil, en la que había que sobrevivir y a la vez construir un proyecto de sociedad, estableciendo las vías más eficaces y convenientes para derrotar a la dictadura. Éramos un grupo humano tratando de encontrar los mejores caminos para instaurar la justicia social y las libertades, lo que significaba, necesariamente, poner en común puntos de vista, análisis, sensibilidades, valores. Así que nuestra historia colectiva está jalonada por debates, contradicciones, posicionamientos plurales. Ello forma parte de una organización viva en constante dinámica de crecimiento y mejora de sus planteamientos políticos y militares. En las FPL, formada por hombres y mujeres con capacidad de reflexión, hubo valoraciones diferentes de la realidad dándose lugar a discusiones inevitables para tratar de profundizar tácticas y estrategias hacia la victoria.

Ya en sus orígenes, las FPL había vivido contradicciones entre los compañeros que estaban en la estructura militar y aquellos que formábamos parte de las estructuras semiclandestinas construyendo el frente revolucionario de masas. Un factor que influía en esa tensión estaba vinculado al problema de la seguridad de las estructuras militares, ya que compañeros que eran jefes de comandos consideraban que la actividad abierta político-gremial

de cuadros de las FPL ponía en peligro la seguridad de las unidades
de comandos urbanos que requerían una gran compartimentación.
En el fondo de esta contradicción tenía su peso otra cuestión más
profunda: la forma de lucha que debía priorizar la revolución, pues
un sector de las FPL consideraba que la única forma de lucha debía
de ser la lucha armada. Creían que la lucha de masas no aportaba
nada decisivo. Asi, también en el seno del movimiento de masas se
daban apreciaciones críticas hacia quienes veían en las armas una
forma acelerada de lograr la victoria, lo que no concordaba con
la realidad. Ese enfoque empujaba al movimiento popular hacia
formas de lucha muy forzadas por su radicalismo y que reñían con
las dinámicas de lucha reivindicativa. Cuando se incitó a las masas
a realizar confrontaciones para las que no estaban preparadas se
dio un fuerte desgaste de las organizaciones populares e incluso
de cuadros de las FPL. El debate sobre las formas de lucha fue
recurrente en la conducción de las FPL. Recuerdo que nadie en
el partido negaba la necesidad de tomar los ministerios, fábricas,
haciendas, para obligar a que se diera respuesta a las necesidades
inmediatas que tenía el campesinado y la clase obrera. En relación
a la toma de embajadas había opiniones distintas dado que algunos
países eran concientes de la pobreza en que vivía el campesinado,
por lo que mostraban una política de apoyo. Algunos gobiernos
tenían una actitud de valorar positivamente la lucha de los sectores
populares y condenaban las acciones represivas de la dictadura a
la vez que estaban alertas y en disposición de hacer señalamientos
críticos al gobierno. De modo que cuando se organizaba una toma
de embajada había que examinar y evaluar bien las consecuencias.
Aun así surgían dificultades porque países que daban apoyo a la
lucha popular eran contrarios a este tipo de acciones, aunque en
ningún momento se planteó una crisis irreversible en este punto.
En las FPL habían discusiones sobre la pertinencia o no de este
tipo de actividades. Esas contradicciones entre la prioridad de

lo armado o de la lucha popular se resolvieron en la práctica, a partir de que se pudo comprobar que el despliegue guerrillero de las FPL a nivel nacional solo fue posible por su relación con el pueblo. Entonces se completó el concepto de guerra popular, es decir de una lucha armada que no podía ser sin la participación de sectores importantes del pueblo. De este modo la contradicción fue transformada en una visión superadora que combinaba las dos modalidades de lucha.

En relación a lo anterior uno de los debates se dio alrededor del problema de la represión y de cómo evitar exponer a las masas a la brutalidad represiva del régimen, a partir de que el accionar continuo de las masas nos había causado muchas muertes y fue golpeado el movimiento popular, los sindicatos, las cooperativas, el estudiantado, el magisterio, los campesinos... Muchos fueron masacrados en esas marchas de apoyo a las tomas de embajadas. La cuestión a debate era que la lucha por desgastar a la dictadura no podía darse al precio de llevar a la multitud a situaciones de indefensión frente a la salvaje represión de la dictadura. El objetivo político no podía justificar tanta muerte y era urgente planificar la defensa de las masas para garantizar la vida de la gente. Estos eran temas de ardientes discusiones durante la década de los setenta en las FPL.

A finales de los años setenta también estaba planteado un debate entre las organizaciones político-militares que más tarde formarían el FMLN. El punto central de la discusión era cómo impulsar la revolución en El Salvador. Las FPL defendía una estrategia de guerra popular prolongada a partir de la tesis de que el enfrentamiento no era únicamente contra la dictadura y la burguesía salvadoreña, sino que implicaba el enfrentamiento con Estados Unidos. No era realista pensar en una estrategia insurreccional o golpista que se apoyara en un golpe de Estado de militares progresistas. Las FPL defendía la estrategia de guerra popular prolongada y por lo tanto se propuso construir una estrategia de guerra de todo el pueblo, estructurada en la construcción de diferentes instrumentos de lucha que permitieran la incorporación de mucha gente, construir el ejército guerrillero para desarrollar la lucha armada, el frente de masas, organizar el partido y abrir un frente internacional. Una tesis distinta a la nuestra ponía el acento en que estábamos en una coyuntura en la que había que procurar el levantamiento del pueblo a través de una insurrección. Probablemente esta tesis tenía un componente más político, en tanto que en la nuestra prevalecía el elemento militar. La estrategia insurreccional implicaba una política de alianzas y acercamiento a sectores progresistas, incluso empresarios y sectores del ejército que estuvieran de acuerdo en terminar con la dictadura. Claro que una alianza de este tipo supondría asimismo postergar algunos temas de la lucha revolucionaria. Esas dos estrategias se enfrentaron y en las reuniones clandestinas que teníamos entre las organizaciones político-militares estos temas concentraban el mayor interés.

¿Por qué comienzo relatando estos detalles a la hora de hablar de la crisis que se desató en las FPL en abril de 1983? Porque lo que ocurrió no fueron hechos aislados, casuales, sino vinculados a un hilo de nuestra historia. Con permiso del lector y lectora profundizo un poco más sobre el contexto.

Con la fundación del FMLN en octubre de 1980 comenzaron a aparecer nuevas contradicciones. Quizás las más importantes que puedo señalar tratan alrededor de cómo construir el FMLN. Lo que planteaba un acuerdo sobre la política de unidad del nuevo frente guerrillero, y la relación entre lucha armada y diálogo con la dictadura. En cuanto a la primera se expresaron dos visiones: la de las FPL que partía de la idea de que éramos la fuerza política que mejor expresaba los intereses de la clase obrera y del campesinado y, por consiguiente, estaba llamada a ser el partido líder del proceso revolucionario. Este punto de vista hegemónico no era ajeno a cuál era la ideología predominante en las FPL. No podemos decir que todos los integrantes de la dirección tuvieran una formación académica del pensamiento marxista-leninista, habíamos asumido sus principios y los aplicábamos en la práctica revolucionaria y en la lucha diaria y cotidiana aprendimos a entender estos principios científicos, tan necesarios para comprender la realidad y asumir conscientemente la aplicación de la estrategia revolucionaria. Pero Marcial, en cambio, sí había profundizado en esa teoría y se empeñó en educarnos en ella, desde la dirección hasta la base de las FPL. Sobre este aspecto hemos hecho algunas reflexiones con el paso del tiempo. Hoy podemos decir que existía una carga importante dogmatismo, y en aquella fase inicial de las FPL de enfrentamiento brutal y clasista de la lucha, no supimos aplicar de forma creativa esos principios a la realidad, de modo que ese era el pensamiento y la conducta partidaria nuestra. Fue un error pretender que las demás organizaciones asumieran el pensamiento y la estrategia de las FPL, hoy lo entendemos.

La otra visión de que hablábamos partía de comprender al FMLN como una conjunción de todas las fuerzas revolucionarias en El Salvador y que, por tanto, todas conformábamos el núcleo conductor de la revolución desde una visión común. Esta posición rechazaba la pretensión hegemónica de las FPL y defendía que las cinco organizaciones del frente tenían igual legitimidad y la existencia en todas ellas de enfoques positivos a rescatar en un plano de igualdad. La segunda contradicción se planteó en torno a cómo combinar la lucha armada con la política de diálogo y de negociación. Las FPL sostenía que el eje básico era empujar, extender y profundizar la lucha armada en todo el país; el diálogo y la negociación eran vistos como un paso atrás en el proceso revolucionario ya que podía desviar la atención principal que no era otra que la confrontación armada. Otro enfoque ponía el acento en abrir un proceso de diálogo y negociación sobre la base de acumular fuerzas sociales y políticas mediante alianzas con sectores de la burguesía y progresistas contrarios a la dictadura. Una alianza que pudiera suscitar apoyos internacionales para aislar al régimen y fortalecer a las fuerzas del cambio.

Estas dos contradicciones pasaron a tener vida propia en el interior de las FPL. Ambas se decantaron progresivamente hacia una posición mayoritaria no hegemónica de la unidad y uma visión más favorable al diálogo y la negociación. Este cambio tuvo que ver con que a partir de 1980 las FPL inicia una relación muy estrecha con la revolución vietnamita y la mayoría de los cuadros dirigentes, desde la Comisión Política hasta el Consejo Revolucionario pasamos cursos en Vietnam lo cual nos abrió a una visión y mentalidad nueva. Conocimos su historia: de cómo el pueblo vietnamita había logrado derrotar al imperialismo, con una estrategia integral que impulsaba la lucha armada y la negociación. La táctica simultánea de lucha armada y entendimiento diplomático aplicada por los dirigentes vietnamitas en su lucha puso sobre el tapete una perspectiva nueva ante el Comité Central y la CP de las FPL que se revirtió en la derogación de aquella posición hegemónica y sectaria que no daba lugar a la política de diálogo y negociación. Este proceso es lo que Marcial caracterizó como un aburguesamiento dentro de las FPL. Dada la composición de la dirección del partido, una mayoría de maestros y estudiantes, junto con una parte de campesinos y obreros, Marcial señaló que el foco del pensamiento pequeño burgués estaba aglutinado en torno a Ana María y que ella generaba una influencia decisiva en las nuevas posiciones que, en realidad, siempre —a mi juicio— eran las más adecuadas a la realidad del país, las menos dogmáticas. Estas discusiones no eran exclusivas de las FPL, de una u otra manera se daba en el seno del FMLN.

El asesinato de Ana María

A principios de 1983, entre enero y febrero se convocó un Comité Central de las FPL en el exterior, en la ciudad de Managua. Salimos hacia Nicaragua todos los cuadros que pertenecíamos al Comité Central, los jefes militares y los cuadros políticos. En la reunión, los temas centrales que se debatieron fueron el de la unidad del FMLN y el desarrollo de un planteamiento estratégico de negociación y diálogo. La postura encabezada por Marcial quedó en minoría, aislada, y como consecuencia se hizo una nueva reorganización de las tareas político-militares: se decidió que Ana María y Marcial fueran al interior del país; a mí me dijeron: «Vos te vas al exterior como representante nuestro en la Comandancia General». La decisión no dejó de causar en el FMLN y su Comandancia General ciertas reservas, pues la interpretación de las otras organizaciones fue que las FPL había tomado la medida de debilitar su participación en la conducción de la Comandancia General del FMLN, que buscaba fortalecerse como partido, como FPL, en detrimento de la unidad. La interpretación era equivocada pero se sustentaba en el hecho de que el primer y la segunda responsable se iban al interior dejando un vacío en la Comandancia. Las demás organizaciones nos pidieron una reconsideración de la medida, lo que se discutió en la CP de las FPL que mantuvo su posición, pero es en esa coyuntura cuando se produce el asesinato de Ana María y el suicidio de Marcial.

Ana María estaba preparando su viaje al interior del país, todas las medidas de seguridad que impone la clandestinidad desde su identidad personal, la ruta e introducción al territorio nacional y el movimiento logístico al frente elegido, Chalatenango. Ella saldría primero y después lo haría Marcial que, antes de hacerlo, llevaría a cabo una gira internacional, comenzando por Libia. En ese momento a mí, que me encontraba de regreso en Chalatenango me ordenaron salir para el exterior con el fin de coordinar con la Comandancia General. Debía ir a la capital para planificar la salida del país, caminé toda una noche y llegué al Volcán de San Salvador, allí me recogieron y me llevaron a una casa de seguridad. Preparé mi documentación y la de quienes me iban acompañar en el viaje hacia el exterior, mi leyenda y otros aspectos, y es en la madrugada del 6 de abril cuando llegó la compañera que le daba cobertura a la casa y me dijo: «Por todas las emisoras de radio están transmitiendo que ha muerto Ana María». Encendimos un radio y los primeros noticieros de la televisión y escuché la información sobre el asesinato. Según el despacho fue un acto bestial con modalidades semejantes a las utilizadas por los escuadrones de la muerte: la asesinaron con un picahielos con el que le dieron más de 60 puñaladas y para rematarla la degollaron, había sido una muerte muy dolorosa. En esos primeros momentos me negaba a creerlo porque el enemigo usaba mucho la desinformación y muchas veces ya la habían declarado muerta. La hipótesis posterior fue que el responsable del asesinato era el gobierno salvadoreño con apoyo norteamericano, probablemente de la CIA. Su muerte me afectó mucho pues yo había trabajado con ella durante años. En la guerra uno está preparado, o cree estarlo, para asumir que en cualquier momento puede morir un ser querido, pero la mañana en que, una maestra llorando, me comunicó la noticia tuve que hacer acopio de fortaleza externa aunque en mi interior había mucho dolor. Enseguida tomé la decisión de moverme lo más rápidamente posible para llegar a Managua.

No estuve presente en el funeral de Ana María pues la ruta que me asignaron para llegar a Managua fue Europa-México. Fue un viaje largo. Marcial, que estaba en Libia, fue informado telefónicamente y regresó a Managua el día 9 de abril para asistir a los funerales. A mi llegada a Managua comienzo a comunicarme y reunirme con los compañeros que se encontraban allá para recabar información sobre el asesinato y reconstruir los hechos. Toda nuestra gente y el resto del FMLN pedía información de cómo había sucedido el crimen. En esa tarea estuve coordinado con Marcial. Enseguida convocamos a los compañeros y compañeras del partido que estaban en Nicaragua para hacer las primeras valoraciones. Llegamos a la conclusión de que lo mejor para responder al asesinato era comenzar a preparar una ofensiva militar, en respuesta a la dictadura, que inicialmente considerábamos responsable del asesinato. Se transmitió la orden y las unidades guerrilleras en el terreno iniciaron los preparativos con mucha firmeza, había que golpear al enemigo con toda la fuerza, responder como nos había golpeado. Como este hecho sucedió en Nicaragua y era el Frente Sandinista el que gobernaba, tuve varias reuniones con la dirección del FSLN. La mayor parte de la dirigencia del frente participó en la discusión. Lo sucedido tenía alcance internacional y su desenlace incidiría estratégicamente en la lucha revolucionaria en El Salvador y la región, por ello ofrecieron investigar a profundidad el caso y esclarecerlo lo más pronto posible; ellos eran el partido gobernante y solicitaron nuestra colaboración para esclarecer el caso. Se analizaron los hechos y se revisaron los posibles motivos. Los sandinistas pusieron al frente de la investigación a la gente más experimentada, tenían como prioridad llegar hasta el fondo del asunto. Para nosotros, para las FPL, el hilo de investigación que señalamos era la participación de agentes de la CIA, e indicamos explorar esa vía. Los sandinistas recogieron información, investigaron, y una noche nos llamaron y nos dijeron: «Por la información que tenemos creemos que el asesinato ha sido obra de un grupo de las FPL». Esa información tuvo en nosotros un impacto terrible. Pero ellos ya tenían pruebas para sustentar sus conclusiones. Habían detenido a un grupo de compañeros que vivían en El Crucero, en las afueras de Managua, estos pertenecían a las fuerzas especiales que se encontraban en Nicaragua, en capacitación. Los investigadores sandinistas encontraron, en la casa donde estaban alojados, algunas indumentarias que habían utilizado en el operativo contra Ana María. Para detectar la casa habían seguido huellas desde su casa en Montefresco, ubicada en el kilómetro 15 1/2 de la Carretera Sur, en una parte intermedia entre la zona de El Crucero y otro sector al que le llaman Monte Tabor. Habían capturado gente que les suministraron información. Pronto detuvieron a la persona que trabajaba como empleada de Ana María, ella colaboró con el grupo que la asesinó, les había dejado abierto el portón y señaló al comando la habitación donde dormía. Adicionalmente, los investigadores contaron con la información de un compañero de seguridad que sobrevivió al atentado y al que los autores del crimen habían herido y dado por muerto.

Varias veces nos reunimos con Marcial y otros compañeros dirigentes que estaban en Nicaragua. Descartábamos la versión de la policía sandinista pues seguíamos pensando en una acción de la CIA. La Comisión Política decidió realizar nuestra propia investigación. El Ministerio del Interior sandinista nos informó que tenían a los actores materiales pero que existía un actor intelectual aún libre. Que la gente capturada había confesado de quién había recibido la orden. Marcial era el responsable de la unidad a la que pertenecían las personas capturadas, pero nosotros seguíamos pensando en la CIA. En la noche del 12 de abril tuve una reunión con la gente de la seguridad sandinista y yo les transmití lo que decían desde Chalatenango de llevar a Marcial a un lugar seguro con lo que estuvieron de acuerdo. Ellos aún no habían dado el nombre del autor intelectual, que decían conocer, pero ese día nos informaron que todo apuntaba a Marcial como el autor intelectual del crimen. Temíamos por Marcial pero al mismo tiempo no podíamos creer que los sandinistas pensaran en él como culpable. Esa noche del 12 de abril yo estaba en casa de Marcial, pues cuando el trabajo se prolongaba, por seguridad, yo pernoctaba en ella y dormía en el cuarto de Marcial. Esa noche, como era normal, él se metió en su oficina en la que se quedaba todas las noches trabajando. De repente se oyó un disparo, todos nos levantamos para indagar que sucedía y encontramos a Marcial en su oficina de trabajo, desplomado, muerto. Se había suicidado. Tenía una pistolita de doble cañón que al parecer se la había regalado Omar Torrijos. Esa fue el arma que usó para suicidarse.

Yo, como toda la dirección y militancia de las FPL sentíamos un gran respeto y cariño hacia Marcial, aunque no había convivido con él como conviví con Ana María en el magisterio, en el BPR y después en las FPL. Además, Ana María era cercana a mi familia, conocía a mi esposa e hijos, habíamos estado presos juntos, muchas veces teníamos oportunidad de olvidarnos del trabajo y compartir conversaciones y ratos de ocio. Con Marcial la relación era en el marco de la vida política partidaria, lo conocí cuando ya llevaba varios años de militar en los grupos de apoyo, a él le asignaron atender el colectivo del magisterio. Allí comenzó una más cercana relación que se extendió por años, ya que pertenecí al Consejo Revolucionario y a la Comisión Política, conocí a su esposa Tulita y a sus hijas. Tulita, era una dirigente del movimiento de mujeres desde los años sesenta y tenía gran experiencia revolucionaria. Estuve acompañándola en su dolor, dentro de la perplejidad inicial, la acompañé en el funeral y ante su tumba le prometimos empujar la revolución. En aquellos momentos yo tenía, además del dolor y del deber de solidaridad con la familia de Marcial, una gran preocupación por el futuro de las FPL. En seis días habían desaparecido los dos dirigentes máximos y ese hecho multiplicaba la incertidumbre y hasta una cierta confusión. Me preocupaba también cómo recibirían los combatientes dos sucesos tan terribles.

El suicidio complicó hasta el extremo la crisis en las FPL y por extensión en el FMLN. Decidimos acelerar nuestra propia investigación. Junto con Jesús Rojas (Chusón), que estaba en Managua, y Salvador Guerra, que vino desde Chalatenango, los tres, hicimos gestiones, platicamos con algunos de los compañeros que estaban detenidos y entonces sí confirmamos lo que nos habían informado los investigadores sandinistas: Marcial había llegado a la conclusión de que las FPL se había aburguesado y, siendo Ana María la responsable de tal degeneración, había ordenado eliminarla. Los asesinos fueron juzgados y condenados por la justicia nicaragüense, aunque después fueron amnistiados por el gobierno de Violeta Chamorro. Marcial dejó escritas dos cartas en las que se declaraba inocente, pero la información de que disponíamos por las declaraciones de los reos y de sus propios archivos decía lo contrario. La noticia sembró una percepción en todo el país y a nivel internacional de que la derrota del FMLN era cuestión de tiempo. La muerte de Marcial provocó una nueva contradicción en las FPL en relación con aquellos que nunca aceptaron el involucramiento de Marcial en el asesinato: una parte del frente metropolitano decidió separarse y formar su propio frente Clara Elizabeth. Era un pequeño grupo en el país y otro en el exterior. Se separaron y comenzaron a hacer una labor de desprestigio no solo de las FPL sino también del FMLN y a señalar que este problema había sido originado por la influencia sandinista y de los cubanos.

De dirigente guerrillero a Secretario General

Con toda la información de los sucesos de abril decidimos convocar al Consejo Revolucionario. El momento era difícil, política y emocionalmente. Marcial era nuestro líder máximo, el hombre que había forjado las FPL y que nos había educado, y asumir que era responsable del asesinato de Ana María era muy duro. Tomamos tres medidas urgentes: llevar adelante lo más pronto posible la ofensiva militar prevista; hacer una readecuación del partido y nombrar un nuevo secretario general de las FPL para evitar el vacío. Se debatió sobre quién era la persona idónea para estar al frente de las FPL y se habló del compañero Dimas Rodríguez, que era parte de la jefatura militar. Se contempló la posibilidad de elegir a Salvador Guerra que también era parte del mando militar y también apareció mi nombre. Pasamos varias noches discutiendo y la resolución que nos permitió salir adelante fue la de una conducción colectiva, dado que los retos inmediatos lo exigían. Esa fue una las decisiones más acertadas. Se llegó a la conclusión de que los compañeros Dimas y Salvador debían garantizar la dirección militar y yo tenía que asumir la secretaría general debido a mi experiencia política y la relación que había mantenido con la Comandancia General del FMLN. Dimas Rodríguez fue nombrado segundo responsable político de las FPL. Era un compañero que también tenía una larga trayectoria desde los comandos urbanos y a quien además nuestro ejército guerrillero le tenía respeto, confianza y cariño. Reafirmamos la necesidad de que para salir adelante teníamos que fortalecer la unidad del FMLN. Las FPL necesitaban en ese momento un fuerte respaldo y apoyo de las otras organizaciones. También decidimos acelerar el proceso de definición de la revolución salvadoreña combinando la lucha armada, diplomática y el diálogo y la negociación. Todas éstas resoluciones nos permitieron implementar las primeras medidas para salir de la crisis y fueron adoptadas por el Consejo Revolucionario, el cual se reunió en Chalatenango, en la zona de la Montañona, en medio de un fuerte operativo militar del enemigo.

Se llevaron a cabo grandes operaciones militares con éxito, logramos hacer buena cantidad de prisioneros y también por primera vez logramos requisar gran cantidad de armamento. Realizamos operaciones en el Cerrón Grande, en San Vicente y en todo el país. Estas victorias cargaron de moral a la tropa y en la CG comenzamos a presentar propuestas e iniciativas para avanzar en la unidad del FMLN: había que trascender la simple coordinación de las cinco organizaciones y pasar a una mayor unidad, organizar mandos conjuntos en todos los frentes de guerra. Fuimos desactivando lo que venía bloqueando el avance de la unidad. La nueva dinámica dotó de entusiasmo al FMLN. A finales de 1983 e inicios de 1984 se elaboraron los primeros planteamientos estratégicos conjunto del FMLN y la CG comenzó a tener un rol superador de las direcciones particulares de las cinco organizaciones. Se definió una línea coherente entre la lucha armada, la lucha político-diplomática, la lucha popular y el movimiento de solidaridad internacional, todo lo cual implicó un avance que disipó cualquier percepción en el sentido de que lo ocurrido en Managua hubiera sido el principio de la derrota del FMLN. El asesinato de Ana María alimentó un mayor heroísmo en muchos combatientes y cuadros militares que vieron la oportunidad de rendirle un homenaje a la compañera cuyo asesinato solo favorecía a nuestros enemigos, a la dictadura y al imperialismo norteamericano.

VII. La construcción de la paz

Primeros contactos

Si bien la lucha armada fue el eje fundamental, el FMLN desarrolló una estrategia integral que contemplaba la lucha social, política y diplomática. Se trataba de varios esfuerzos coordinados que tuvieron en cada momento diferentes actores y grados de intensidad. La visión integral tuvo que ver con algunas experiencias internacionales que estudiamos, como es el caso de Cuba en cuya revolución el papel de las fuerzas guerrilleras fue decisivo en la derrota de la dictadura militar de Fulgencio Batista; pero también nos fijamos en la historia reciente del Frente Sandinista y su victoria sobre Anastasio Somoza que fue el resultado de una amplia alianza política interna y de un despliegue de diplomacia internacional. Además, tal y como he señalado, conocimos de cerca el recorrido de la revolución vietnamita que supo concitar un gran apoyo mundial e incluso una crisis interna en la propia sociedad norteamericana. La mayoría de los cuadros y dirigentes del FMLN tuvimos contacto con Vietnam, de cuya gesta de liberación nacional aprendimos y asumimos el concepto de la guerra de todo el pueblo y a la vez su habilidad para abrir escenarios favorables en la lucha diplomática y los procesos de negociación.

Desde las diversas experiencias, cada una de las organizaciones del FMLN aprendimos a diseñar una estrategia político-militar para generar condiciones a favor de una correlación favorable a nuestro proceso revolucionario. En la esfera diplomática era esencial evitar la participación masiva de Estados Unidos en El Salvador; en segundo lugar era prioridad sumar algunos gobiernos hacia una posición de crítica a la dictadura, alentando en ellos una actitud receptiva hacia nuestros esfuerzos internacionales en el campo de la diplomacia. Es cierto, en todo caso, que no pudimos impedir la conocida intervención de Estados Unidos contra el FMLN que se expresó incluso con presencia de personal norte-americano especializado, parte del cual murió en esta guerra. Finalmente nuestros esfuerzos concluyeron en una solución política, es decir no hubo definición militar sino un acuerdo negociado, lo que marca una notable diferencia de los desenlaces de Cuba y Nicaragua, y también del desenlace de Vietnam. El acuerdo que puso fin a la guerra abrió una nueva etapa de la lucha revolucionaria en El Salvador. El FMLN se transformó en una fuerza político-electoral para seguir la lucha por alcanzar sus objetivos de cambio social y la revolución democrática. Con los acuerdos como instrumento, nos dimos la posibilidad de abrir un marco político e institucional para poner fin a la dictadura militar que en nuestro país a lo largo de muchas décadas fue la forma de dominación establecida por la oligarquía salvadoreña y los Estados Unidos.

El proceso de diálogo y negociación entre el gobierno y el FMLN fue complejo. Hubo que superar una alta barrera de desconfianza. En segundo lugar nos vimos en la necesidad de construir un espacio de interlocución con un lenguaje que ayudara a la aproximación y no al distanciamiento. Un tercer esfuerzo se centró en la elaboración de una agenda y en el manejo lo más unificado posible de conceptos. En el interior del FMLN hicimos también un trabajo de inserción del proceso de negociación en una estrategia más amplia y ambiciosa que de ningún modo contemplaba un acuerdo de paz como el final del proceso revolucionario. En todo caso la vía del diálogo político era parte de la filosofía y de la visión del FMLN desde 1981, cuando incorporamos a nuestra voluntad de lucha la hipótesis de modificar el escenario institucional y político de nuestro país por la vía de un acuerdo político basado en principios y reglas democráticas, y que significara un avance sustantivo hacia la justicia social.

La visión negociadora estuvo siempre vinculada a nuestra opción guerrillera que, como he venido explicando, fue el resultado de la imposibilidad de resolver la grave crisis de la sociedad salvadoreña por la vía electoral. Pero esa opción de lucha armada no negaba que estuviéramos en disposición de acordar un marco político que pusiera fin al sufrimiento del pueblo y a su lucha heroica castigada por insoportables niveles de represión y genocidio. Esa es la razón por la que, ya constituido el FMLN a finales de 1980, la Comandancia General (CG) realizó los primeros contactos en la búsqueda de canales de diálogo con el gobierno. Yo en ese tiempo no estaba en la CG pero Marcial nos mantenía informados de las gestiones: se estaba trabajando por impulsar un primer contacto directo con Estados Unidos y quien estaba intermediando era el gobierno de México a través del intelectual y posteriormente ministro de Exteriores Jorge Castañeda, que contaba con la cobertura de la cancillería mexicana y sus buenos oficios. Ronald Reagan había ganado las elecciones y los primeros contactos entre México y el Departamento de Estado no dieron buenos resultados. En Estados Unidos, el grupo que estaba por el desarrollo de la industria de guerra asumió un mayor control sobre las políticas de la Administración republicana, apostando por derrotar a la insurgencia salvadoreña a través de la guerra, creyendo que era cuestión de muy poco tiempo. En realidad no fue este el único grupo de interés que creía que los militares salvadoreños podían contener las ofensivas del FMLN y que fácilmente resolverían la guerra a su favor. Con Reagan se instaló en el poder un grupo visceralmente anticomunista, que concebía para Estados Unidos una misión de liderazgo universal consistente en abrir frentes de confrontación del Bien contra el Mal, y no cabe duda de que el FMLN, como la Revolución sandinista, formábamos parte del eje del Mal. Esta valoración se impuso y se cerraron las posibilidades de que las iniciativas diplomáticas intermediadas por México tuvieran alguna concreción.

Al no producirse avances por esta vía, en agosto de 1981 se produce la declaración propiciada por los gobiernos de México y Francia, la llamada Declaración Franco-Mexicana presentada ante el Presidente del Consejo de Seguridad de las Naciones Unidas en la que se establece el reconocimiento del FMLN como fuerza beligerante, política y representativa. Por consiguiente, no se logró un diálogo directo con el gobierno de Estados Unidos pero se pudo conseguir una resolución firmada por dos países con influencia internacional que declaraba a nuestra organización como fuerza insurgente con legitimidad. Este reconocimiento facilitó y amplió espacios para que el FMLN desarrollara una dinámica de esfuerzos diplomáticos ante muchos gobiernos. En este logro importante tuvieron que ver las gestiones diplomáticas realizadas en la misma época por el Frente Democrático Revolucionario (FDR) integrado por la CRM que sumaba a todos los frentes revolucionarios populares y también por el MNR dirigido por Guillermo Manuel Ungo y el MPSC que era una división de la Democracia Cristiana liderada por Rubén Zamora. El FMLN era el otro componente del FDR. Fue esta alianza que con anterioridad a la ofensiva de enero de 1981, llevó a cabo gestiones diplomáticas destinadas al reconocimiento del FMLN, en México, América Latina y Europa, encabezadas por los miembros de la comisión diplomática, el dirigente de la CRM Juan Chacón, y el presidente del FDR Enrique Alvarez Córdova, hijo de una de las catorce familias más ricas de esa época. Fueron precisamente estas gestiones las que dieron como fruto la disponibilidad del gobierno de México de interceder ante el gobierno de Estados Unidos, con el resultado ya indicado.

Acumular fuerza para negociar

Desde 1981 la actividad diplomática del FMLN fue constante, realizando una formidable tarea de *lobby* permanente en las Naciones Unidas. Se conformó la Comisión Político-Diplomática integrada por miembros del FDR y FMLN, que fue la que desplegó una ingente labor hasta que se logró formar la mesa de negociación con Naciones Unidas. En el seno de la ONU, el representante más firme que tuvo el FMLN fue el sacerdote jesuita Rafael Moreno, de nacionalidad mexicana, defensor de los campesinos, que trabajaba en la misión pastoral y social liderando numerosas iniciativas, y apoyaba de manera decidida a Monseñor Óscar Arnulfo Romero. Se desarrolló también un trabajo sistemático con los gobiernos de los países No-Alineados y en la Internacional Socialista donde Guillermo Manuel Ungo era muy respetado y tenía prestigio entre sus integrantes. Se crearon representaciones diplomáticas del FMLN en una gran cantidad de países y muchos partidos políticos y gobiernos del mundo fueron receptivos a los planteamientos de nuestros delegados. El largo recorrido de acumulación política en el terreno diplomático terminó siendo un pilar decisivo, junto a nuestra fuerza militar y el apoyo social, en la búsqueda de una solución política negociada. Esta solución no era inicialmente del agrado del gobierno de Estados Unidos que deseaba destruir militarmente el proceso revolucionario en Centroamérica, lo que se manifestó en sus reticencias al proceso abierto por los gobiernos de la región en Esquipulas, donde se puso en marcha un mecanismo de trabajo de los presidentes a favor de la democratización y la paz en Centroamérica. La Administración norteamericana quería una victoria aplastante sobre los pueblos y sus organizaciones revolucionarias, y lo expresó elocuente y públicamente en su papel como potencia organizadora y financiadora de la contrarrevolución nicaragüense, teniendo como base a Honduras. Desde este último país, literalmente prisionero de la política guerrerista de Reagan, se preparaba, mantenía y armaba al ejército de los llamados *contras*. Se diseñaban grandes operaciones sobre el territorio de Nicaragua, masacrando a la población civil de acuerdo con una táctica de terror destinada a quitarle base social a la revolución. También la lucha revolucionaria en El Salvador tuvo que enfrentarse a la intervención norteamericana que se convirtió en el soporte militar de la dictadura. Antes del acuerdo de Esquipulas, sobre el que más adelante volveré, el FMLN ya había empujado un movimiento diplomático a favor de la solución regional y en ese esfuerzo hay que registrar, en 1983, el surgimiento del Grupo de Contadora que contó con la participación de México, Colombia, Panamá y Venezuela. Este Grupo trabajó por una solución política a la crisis centroamericana, aunque ciertamente focalizó su atención en resolver la guerra de Nicaragua. Su plan de paz recibió el respaldo del Consejo de Seguridad, de la Asamblea General de las Naciones Unidas y de numerosos organismos regionales e internacionales.

Contadora generó un movimiento que evitó una mayor escalada y profundización de la intervención norteamericana. La gestión iniciada recibió el respaldo de Europa y Naciones Unidas. Esta y otras iniciativas contaron con el respaldo del gobierno de Cuba que apoyaba procesos que pusieran fin a la intervención y agresión de Estados Unidos, y respetaran la independencia y el derecho a la autodeterminación de los pueblos de Centroamérica. Solo con estos contenidos Cuba apoyaba una solución política negociada. Contadora, finalmente, no pudo tener concreción, ya que no se alcanzó ningún acuerdo sustancial.[*]

En esa difícil coyuntura regional en la que los esfuerzos diplomáticos chocaban con la persistencia guerrerista de Ronald Reagan, en marzo de 1984 se realizaron en El Salvador unas elecciones, que dieron la presidencia de la república al candidato de la Democracia Cristiana, José Napoleón Duarte, quien tuvo como rival al candidato de ARENA, el mayor Roberto D´Aubuisson, fundador de los Escuadrones de la Muerte y asesino intelectual de Monseñor Romero. Duarte ganó la presidencia con una campaña en la que retomó parte de la propuesta del FMLN de solución negociada. Efectivamente el FMLN, a iniciativa de las FPL, había hecho pública meses antes la propuesta consistente en impulsar un Gobierno de Amplia Participación, alternativa que se presentó públicamente en el Zapotal, Chalatenango en 1983, en una conferencia internacional a la que llegaron todos los periódicos importantes de Estados Unidos y una gran cantidad de corresponsales del mundo. A la prensa nacional no se le permitió el acceso a las zonas de control guerrillero por parte del ejército de la dictadura. En todo caso, la conferencia tuvo un impacto nacional e internacional, de manera que se difundió nuestra idea de Gobierno de Amplia Participación. José Napoleón Duarte en su campaña electoral retomó elementos de nuestra propuesta y se comprometió a iniciar un diálogo directo con la guerrilla. Su gobierno se situó en las coordenadas de la presión internacional iniciada por Contadora, en el sentido de darle a la guerra de El Salvador una salida política. Así fue como ese mismo año Duarte llama al diálogo con el FMLN.

---

[*]   Augusto Ramírez Ocampo: *Contadora. Pedagogía para la paz y la democracia.*

La posición del presidente Duarte permitió la apertura de un proceso que hizo posible, seis meses después de que formara gobierno, la reunión de La Palma, en Chalatenango, el 15 de octubre. En La Palma tuvo lugar un primer diálogo entre el FMLN y el gobierno al que siguieron la reunión de Ayagualo, en el departamento de La Libertad en noviembre de 1984, y la tercera y última reunión con Duarte en octubre de 1987 en la Nunciatura Apostólica en San Salvador. En realidad, en ese proceso no hubo una negociación sino la tentativa de Duarte, en la lógica de Estados Unidos, de buscar la desmovilización y desarme unilateral del FMLN, facilitando su conversión en partido político y la reinserción de los combatientes mediante su acceso a la tierra o a un puesto de trabajo. Obviamente el FMLN en ningún momento consideró las propuestas del gobierno que eran absolutamente inapropiadas y no respondían a la realidad del país. Nosotros mostramos flexibilidad pero no encontramos receptividad. En la práctica Duarte nos propuso firmar nuestra derrota, lo que era sencillamente un despropósito. Proponer a una fuerza beligerante con control de territorios que se disolviera no tenía sentido, objetivamente hablando. Nosotros pusimos sobre la mesa una negociación verdadera sobre los cambios que debían operarse en el país, en el campo socioeconómico y democrático. Este planteamiento implicaba examinar las raíces del conflicto y resolver la crisis nacional generada por la dictadura militar e iniciar la construcción de una institucionalidad democrática de la sociedad salvadoreña. Sin embargo el proceso mostró un desencuentro que predominó en las tres reuniones hasta que en la última celebrada en la sede de la Nunciatura se cerraron las negociaciones porque el gobierno salvadoreño y Estados Unidos seguían insistiendo en una posición alejada de la realidad que daba la espalda a los problemas del país.

Logros en los primeros diálogos

Estos procesos de diálogo tuvieron al menos un efecto positivo en la humanización del conflicto. Se encontró una salida al problema de los heridos, lisiados y prisioneros de guerra. El FMLN había capturado a lo largo de los años a centenares de soldados del ejército, pero también a oficiales de alta graduación y estaba en condiciones de liberarlos. Por nuestra parte tuvimos un desgaste permanente ya que muchas compañeras y compañeros que fueron heridos y quedaron lisiados vivían en los frentes de guerra en una situación sumamente difícil, sin adecuada atención médica pues no se les podía dar toda la asistencia profesional que necesitaban. Los contactos permitieron que se hicieran canjes de prisioneros, favoreciendo la atención médica y salida de muchos lisiados hacia el exterior. Cientos de compañeros y compañeras encontraron una recepción solidaria en distintos lugares del mundo: Alemania, Suecia, Bélgica, España, México, Cuba, a donde se dirigió el mayor contingente. Recibiendo todo el apoyo de la Revolución cubana fueron acogidos más de 500 lisiados de guerra; muchos de ellos se recuperaron y se fueron reintegrando a la lucha revolucionaria y otros no pudieron por sus condiciones de minusvalía pero recibieron asistencia gracias a los logros de la Revolución, estudiaron carreras universitarias y algunos lograron concluir sus estudios y convertirse en profesionales. Este fue el resultado más efectivo de los tres diálogos entre el gobierno de Duarte y el FMLN. Otro logro importante fue la disminución de los efectos de la guerra sobre la población civil. El gobierno fue presionado para evitar operaciones dirigidas contra ésta disminuyendo las masacres que el ejército ejecutó desde el inicio del conflicto a través de los grandes bombardeos y las operaciones de destrucción de caseríos, cantones y pueblos completos bajo el concepto de «Tierra Arrasada» que pretendía aniquilar a toda la población civil que apoyara a la guerrilla. Era la lógica de sacar al pez del agua, el agua era el pueblo. El ejército trató de limpiar de población todas las zonas donde el FMLN ejercía control y en estas operaciones ocasionaba destrozos indiscriminados y daños irreparables en familias y poblaciones enteras. El FMLN también operaba en las ciudades usando explosivos, estas operaciones también afectaban a la población civil. En los diálogos se lograron acuerdos para evitar daños a la población tanto por el ejército de la dictadura como por el ejército guerrillero. Había que evitar que la guerra golpeara a la población.

Es justo destacar el papel de la Iglesia católica en las diferentes tentativas de diálogo; tanto nacional como internacionalmente hizo lo que pudo por propiciar un acercamiento entre el gobierno y el FMLN. Monseñor Arturo Rivera y Damas fue uno de sus más visibles actores. Recuerdo que viajó varias veces a Chalatenango para conversar con nosotros. Antes de la reunión de La Palma, la Comandancia General de las FPL nos reunimos con él. Hablamos de las expectativas abiertas por el diálogo, de su importancia y del papel de la Iglesia. Nosotros respaldábamos su implicación en el proceso y sus iniciativas humanitarias y a partir de ahí se abrió una relación personal muy cercana con Rivera y Damas. De alguna manera, desde entonces existió siempre una comunicación con Monseñor y después, en 1986, nuestro contacto se intensificó al iniciarse el proceso de retorno de la población refugiada en Honduras y el consecuente surgimiento de zonas de repoblación de comunidades con el apoyo de la Iglesia y de Naciones Unidas. Muchos habían huido a los refugios entre los años 1980 y 1982, los más críticos de la guerra, en los que el ejército de la dictadura llevó a cabo las operaciones de «Tierra Arrasada». La mayoría regresó desde los campamentos de refugiados de Colomoncagua,

San Antonio, La Virtud y Mesa Grande situados en la frontera hondureña. También había campamentos de refugiados en Nicaragua, Costa Rica, Panamá y México, pero la mayor parte se había ubicado en la frontera con Honduras cerca de las bases del FMLN. ACNUR, como organismo de ONU, estuvo encargada de atender a los refugiados. El hostigamiento del ejército hondureño, las capturas y asesinatos eran frecuentes y hacía insostenible esos centros de refugio en Honduras con un mínimo de seguridad; por ello los refugiados tomaron la decisión de retornar aun en medio de la confrontación armada. Tuvimos varias reuniones con ACNUR y otros representantes de Naciones Unidas para garantizar que el retorno fuera respetado por el gobierno. El FMLN garantizó que esa población no fuera afectada y ambas partes nos comprometimos a respetar sus zonas de asentamiento. Estos temas de derechos humanos ligados a las repoblaciones fueron parte de las conversaciones que sosteníamos con Monseñor Rivera y Damas.

En el marco de la humanización del conflicto, la agenda era la de atender adecuadamente a los lisiados, canjear y liberar prisioneros de guerra, respetar el regreso de refugiados y practicar un respeto íntegro a la población civil en el accionar de nuestra fuerza guerrillera. El gobierno se comprometió a respetar el regreso de la población, aunque hubo resistencia en algunos lugares por parte del ejército, pero las representaciones de ACNUR y la Iglesia hicieron posible que la gente regresara a los lugares convenidos. En estos años Monseñor Rivera y Damas visitó Chalatenango con frecuencia y comenzó a oficiar las primeras misas, ya que la mayoría de la población era católica. En una de sus visitas a Chalatenango lo recibimos en el Zapotal, desde donde caminó hasta Arcatao; hay fotos históricas de Monseñor bañándose en el río Sumpul en esos años de duro enfrentamiento militar. Tuvimos la oportunidad de desayunar y almorzar con él, en San José Las

Flores donde ofició la misa. En una guerra que se prolongaba teníamos que pensar en la población civil y al menos se lograron algunos avances mediante las conversaciones con el gobierno y la intermediación de la Iglesia.

El FMLN en La Palma, Ayagualo y la Nunciatura

La preparación del diálogo de La Palma la realizamos por medio de nuestra comunicación radial con la Comandancia General del FMLN. Yo me encontraba en Chalatenango, en un lugar cercano a esa población que es famosa por sus artesanías. La CG propuso que asistiera al encuentro de La Palma formando parte de la delegación pero lo valoramos con los compañeros de la jefatura de las FPL y consideramos que por ser el primer contacto debíamos nombrar a otro compañero de nuestra organización. Se designó a Facundo Guardado, quien asistió a esa reunión acompañado de otros compañeros del FMLN. Esta misma delegación dio continuidad a la cita de Ayagualo. La tercera reunión propusimos que fuera en San Salvador, en la sede de la Nunciatura, para lo cual exigimos que se nos permitiera tener nuestra propia seguridad y el apoyo de embajadores acreditados en el país que debían actuar como garantía. En ese contexto decidimos participar miembros de la CG. Yo me tuve que trasladar de Chalatenango a San Salvador y Schafik Jorge Hándal viajó desde el exterior, para lo cual se exigió garantizar su seguridad en la entrada al país, lo que hizo con acompañantes de países amigos. Además, Guillermo Ungo, Héctor Oquelí Colíndres, Ruben Zamora, Jorge Villacorta, del FDR, y otros compañeros del FMLN estuvieron presentes. Schafik Hándal y yo encabezamos la delegación, en tanto que por la parte gubernamental estuvieron el presidente José Napoleón Duarte, Fidel Chávez Mena y casi todo el Estado Mayor del ejército —entre ellos los generales Eugenio Vides Casanova y Carlos Reynaldo López Nuila. De parte de la Iglesia el Nuncio Apostólico, Monseñor Rivera y Damas y el moderador de esta reunión, Monseñor Gregorio Rosa Chávez. Un día o dos antes de la reunión, algunos embajadores y Monseñor Rosa Chávez viajaron a Chalatenango, a la zona donde estaba ubicado el mando estratégico de las FPL. Este hecho, que fue cubierto por la prensa internacional y nacional, significó un golpe moral a la política de engaño de la dictadura ya que la prensa recorrió parte de la zona controlada por la guerrilla, los periodistas vieron nuestra tropa, entrevistaron a los mandos, y de este modo la campaña de engaño que difundía la idea de que la guerrilla era una suma de grupos aislados fue desenmascarada. El cuerpo diplomático y el representante de la Iglesia se trasladaron a Chalatenango y pudieron constatar el control militar del FMLN. Tomamos la decisión de recibirlos no en Arcatao, ni en San José Las Flores, que eran la base más fuerte de nuestra retaguardia, sino en los alrededores de Dulce Nombre de María, en el pueblito de San Juan de la Cruz; allí los recibimos y ellos llegaron un día antes, en la noche, acompañados de un gran despliegue de la prensa nacional e internacional. Dimos las primeras conferencias de prensa con la participación también de Ferman Cienfuegos, de la CG, que en ese momento estaba en la zona, y en la noche recibimos a Monseñor Rosa Chávez con quien tuvimos una larga conversación sobre el futuro de la reunión con el gobierno. El despliegue y la conferencia de prensa ante numerosos reporteros, tuvo un gran impacto porque desmintió la versión de que el FMLN era una fuerza derrotada y desgastada, sin control de ningún territorio del país. Mostramos capacidad de movimiento y control del departamento de Chalatenango, ya que la conferencia de prensa fue cerca de la carretera troncal y del cuartel El Paraíso que era el único lugar donde el ejército podía tener cierta seguridad relativa, acuartelado. Hasta la frontera de Honduras el control era del FMLN. Todo eso pudieron verlo los medios de comunicación que también conversaron con nuestros combatientes y jefes y con la población de esos lugares. Se dio la reunión en la Nunciatura. Allí hicimos la primera presentación pública en la capital: esa noche Schafik, Guillermo Ungo y yo, preparamos el informe de cómo se había desarrollado la reunión, cuál era nuestra posición y al fin anunciamos que no se había logrado ningún resultado, reafirmando la continuidad de la lucha. Fue la primera presencia que tuvo la CG y el FDR en un mitin frente a la Nunciatura en San Salvador. El pueblo asistió dándonos un acompañamiento permanente con la activa participación de comunidades, estudiantes y artistas. Sentimos asimismo el apoyo del Comité Permanente del Debate Nacional (CPDN), que abanderaba la demanda del diálogo y la solución política negociada. En ese organismo estaban representadas las iglesias: Monseñor Arturo Rivera y Damas y Monseñor Gregorio Rosa Chávez por la católica, el Obispo luterano Medardo Gómez y el reverendo Edgar Palacios, el empresario Ramón Díaz Bach, y otros representantes sindicales de la UNTS, del movimiento de padres y familiares de los presos políticos, de las ONG de derechos humanos, del movimiento campesino, de las organizaciones estudiantiles y de otros actores sociales que conformaban una amplia representación del pueblo salvadoreño. El CPDN estableció frente a la Nunciatura Apostólica una tribuna permanente acompañando el desarrollo de las pláticas que la delegación del FMLN-FDR realizaba con la delegación del ejército y con el presidente José Napoleón Duarte. Lamentablemente, no se reunieron las condiciones básicas para dar continuidad al diálogo y en esa misma tribuna hicimos pública nuestra posición.

Contadora y Esquipulas

Como he indicado, Contadora abrió nuevas posibilidades de paz en la región, a partir de las reuniones de los presidentes de Centroamérica. En el primer encuentro se sentaron en una misma mesa Daniel Ortega, presidente de Nicaragua, y Napoleón Duarte, lo que ya era un hito, junto con los demás presidentes de la región a fin de dar inicio a un ciclo de discusiones sobre cómo alcanzar la pacificación en Centroamérica. En esos encuentros la posición del gobierno de Honduras era incómoda dado que su territorio era base de la contrarrevolución que atacaba a Nicaragua, mientras que Costa Rica trataba de jugar un papel autónomo con respecto a la influencia norteamericana, y Guatemala que también estaba en guerra buscaba sus propias ventajas para aislar a la guerrilla de la URNG. Cuando Centroamérica logró pensarse a sí misma y sus gobiernos aprendieron a discutir sus diferencias sin comportarse como títeres del imperialismo surgió el proceso de Esquipulas en 1986, del que participó las Naciones Unidas cuyo Secretario General estaba interesado en la paz con democracia. En una primera fase se dio impulso al proceso de integración regional, dando nacimiento al Parlamento Centroamericano. En ese momento la posición del FMLN era de prudencia y de reserva: Nicaragua era una garantía para la Revolución salvadoreña, pero al mismo tiempo las resoluciones de los presidentes consideraban que la lucha salvadoreña era posible por el apoyo logístico que le daba la Revolución sandinista, de modo que si Nicaragua clausuraba ese apoyo, el problema quedaría zanjado. Naturalmente este enfoque respondía a una tesis equivocada, ya que el conflicto salvadoreño tenía sus propias raíces. Fuimos muy cuidadosos al no condenar nunca las resoluciones de Esquipulas, pero al mismo tiempo marcamos distancias críticas. Uno de los puntos con los que no estuvimos de acuerdo es que se montara un sistema de Naciones

Unidas en la frontera entre El Salvador y Honduras y Nicaragua que se llamó ONUCA (Grupo de Observadores de las Naciones Unidas para Centroamérica) pues nosotros estuvimos siempre en desacuerdo con una intervención de cascos azules en nuestro país y en la región, ya que era una forma disfrazada de intervención de Estados Unidos. Nos reunimos varias veces con los mandos de ONUCA a los que planteamos que si movilizaban efectivos armados en las fronteras cabía la posibilidad de que nuestras fuerzas pudieran entrar en combate con las mismas. De hecho, se dieron incidentes tensos cuando fuerzas de ONUCA desplegadas para vigilar la frontera entre El Salvador y Honduras pasaron a detener población civil que regresaba a Chalatenango desde los campos de refugiados. Para poner fin a esas capturas reclamamos un mecanismo de cooperación y coordinación entre las fuerzas de ONUCA y el FMLN tanto en Chalatenango, Cabañas, Morazán y en San Miguel, es decir en las zonas fronterizas. A nuestro lado de la línea fronteriza había fuerzas del FMLN y al otro lado estaban efectivos del ONUCA y del ejército hondureño. Siempre que ellos iban a patrullar las zonas nos informaban previamente para evitar que se fueran a dar choques y enfrentamientos en la frontera, pero lo cierto es que con los patrullajes no estuvimos de acuerdo.

Política contraria a la paz

Esquipulas, en la medida en que se fue consolidando, abrió una puerta para nuestra propia política en El Salvador, generando un nuevo ambiente de distensión. Después del fracaso de la reunión en la Nunciatura, buscamos crear nuevos escenarios de diálogo y compromiso con la solución política al conflicto salvadoreño. El objetivo era lograr que Estados Unidos comprendiera que éramos fuertes, y que, por tanto, no tenía ninguna posibilidad de victoria militar, su permanencia en el país se prolongaría por mucho tiempo y alejaba la solución política negociada. Los norteamericanos tenían conversaciones directas con la Unión Soviética para abrir una nueva época en sus relaciones, poniendo fin a la escalada armamentista y nuclear, y terminar con los conflictos militares existentes en el mundo. Desmontar los instrumentos nucleares, la amenaza de los cohetes con misiles de largo alcance con ojivas nucleares era, sin duda, lo principal, pero para llegar a ese punto no era poca cosa pacificar regiones del mundo donde se venía dando una confrontación. Nosotros veíamos que la lógica de Estados Unidos de no negociar en El Salvador era contraria a la lógica que ellos estaban aplicando con la Unión Soviética a quien estaban obligando a una política de paz. La Casa Blanca y el Pentágono seguían interviniendo directamente en El Salvador y, por consiguiente, era necesario demostrar que militarmente no era fácil derrotar al FMLN. En la misma línea teníamos la decisión de demostrarle al capital salvadoreño, a los grandes poderes económicos, que muy difícilmente podría haber desarrollo económico con guerra, que en el marco de la guerra el país seguiría en una situación de crisis económica que tendería a profundizarse. Para ello comenzamos a diseñar una ofensiva superior a la ofensiva de 1981, a gran escala, y nos propusimos lograr una nueva correlación internacional que presionara por el diálogo y la negociación. Planificamos durante casi dos años lo que sería la ofensiva que desatamos a finales de 1989. En esa etapa la Comandancia General decide que es importante que parte de sus miembros que estaban en el interior del país, realizara una gira latinoamericana para sensibilizar sobre la necesidad de entrar a una negociación estratégica. Se decide que Joaquín Villalobos y yo saliéramos a esa gira por América Latina, entre 1987 y 1989. Visitamos la mayoría de los países latinoamericanos y en todos los lugares fuimos recibidos por los Presidentes o las cancillerías.

Estuvimos en Costa Rica y México y logramos un respaldo significativo a la iniciativa de negociación estratégica en cuyo marco debía buscarse cómo resolver los problemas que habían originado la crisis y la posterior guerra civil en El Salvador.

En esos años ARENA fue acumulando más poder, más presencia en la Asamblea Legislativa al tiempo que la Democracia Cristiana se iba debilitando como aliado de Estados Unidos. Durante la fase de la negociación ARENA llegó a la presidencia, en 1989, con Alfredo Cristiani. La embajada norteamericana había bloqueado al mayor Roberto D'Aubuisson y promovió a Cristiani, un empresario no vinculado públicamente a los Escuadrones de la Muerte. ARENA tomó el gobierno y asumió una política revanchista contra la Democracia Cristiana a la que culpaba de llevar adelante la reforma agraria que había quitado tierra a grandes terratenientes areneros quienes recibieron cuantiosos pagos a cambio de las tierras afectadas por la reforma agraria. A pesar de que no hubo tal confiscación, sino compra de la tierra, esta fue una medida que para la derecha más poderosa significaba debilitar su poder económico. El 11 de noviembre de 1989 se dio inicio a la ofensiva estratégica del FMLN que terminaría por crear un nuevo contexto nacional y regional en el que se conformaría la mesa para una negociación estratégica en donde participó las Naciones Unidas. Como medida de apoyo al Secretario General, España, Colombia, Venezuela y México conformaron el grupo de países que daría cobertura diplomática y legitimidad al proceso que se estaba poniendo en marcha. Como digo, el escenario internacional de distensión entre las dos grandes potencias era asimismo un factor favorable a nuestra disposición al diálogo. El FMLN valoró: «Esta es una coyuntura favorable para abrir la negociación estratégica, hay que aprovecharla». Por su parte, en el marco de Esquipulas, los presidentes centroamericanos también dieron apoyo a la negociación en El Salvador con la presencia de las Naciones Unidas.

Ofensiva de 1989

Evitar un nuevo fracaso y asegurar una negociación estratégica eran puntos esenciales a presentar en la mesa del diálogo. De ahí que junto al despliegue diplomático decidimos una ofensiva estratégica militar que inclinara definitivamente la correlación de fuerzas a nuestro favor. La idea era ir hasta el tope, buscar una derrota militar del régimen y demostrarle que su estrategia de contrainsurgencia era un fracaso y que su ilusión de derrotarnos por cualquier vía estaba agotada. Avanzamos por consiguiente en un doble esfuerzo: multiplicamos los contactos internacionales y, a la vez, los preparativos militares, acumulamos suficiente armamento, intensificamos las operaciones de requisa de armas al ejército para tener la suficiente logística que garantizara desarrollar la ofensiva con gran potencia de fuego. Se implementó una preparación específica de nuestras fuerzas militares que se reagruparon; se reclutaron nuevos combatientes, intensificamos el entrenamiento y el conocimiento de las tácticas urbanas para operar en la ciudad, ya que la modalidad operativa de nuestra fuerza era más rural, es decir una guerrilla de montaña, del campo, y no una guerrilla acostumbrada a pelear en las ciudades con tácticas urbanas. Se preparó a nuestros mandos para dirigir en dicho terreno la nueva ofensiva, mejor preparada militarmente que la de 1981. En aquella, la mayoría de los muchachos y muchachas que se incorporaron tenían una experiencia insurreccional forjada al calor de la lucha contra la dictadura, experiencia acumulada a través de largos años de lucha reivindicativa de los gremios, asociaciones y sindicatos. El entonces naciente movimiento guerrillero desarrolló una audaz acumulación en experiencia de guerrilla urbana y construyó una fuerza semi-urbana al fragor del combate popular. Se crearon los primeros mecanismos de autodefensa armada de las masas y de allí surgió la fuerza miliciana que, junto a los contingentes de comandos urbanos y los recién incorporados a la guerrilla, fueron la base militar de la ofensiva de 1981 que tuvo un carácter insurreccional. En cambio, en 1989 contamos con una fuerza guerrillera ordenada, disciplinada y entrenada durante más de nueve años de combates, estructurada en un ejército organizado en unidades de ejército guerrillero, milicias, guerrillas locales, agrupamiento de fuerzas concentradas, tropas especiales y con capacidad de practicar diversas tácticas militares. Se contaba además con unidades especialidades dentro del ejército: zapadores, francotiradores, armas de apoyo; claro que no teníamos aviación, ni artillería, pero teníamos conocimiento, capacidad y fuerza moral.

El golpe principal fue sobre la capital, San Salvador. Pero además se tuvo la capacidad de atacar y penetrar las principales cabeceras departamentales: las tropas entraron en San Miguel y atacaron su guarnición, en San Vicente libraron combates contra su cuartel, en Zacatecoluca lo mismo, se combatió en Santa Ana y hubo un ataque a su cuartel, y además se paralizó todo el país al quedar las carreteras intervenidas. La ofensiva, como demostración del poderío militar alcanzado por el FMLN, tenía como objetivo la derrota del ejército, lo que fue impedido por una mayor participación de los asesores militares norteamericanos y las operaciones de castigo sobre la población civil, ejecutadas por la aviación, con el fin de impedir su incorporación al FMLN. Entramos en diversos puntos de San Salvador y el ejército realizó masivos bombardeos contra barrios y colonias de Soyapango, usando aviación, helicópteros y blindados. Lo mismo sucedió en Mejicanos y otros lugares. El 16 de noviembre el batallón Atlacatl asesinó a seis sacerdotes jesuitas y a dos colaboradoras, acto criminal que pretendió extender el terror entre la población civil y organismos defensores de los derechos humanos y críticos con el ejército y el gobierno. Se combatió en las ciudades, en San

Salvador por más de quince días, manteniéndose las acciones en las principales colonias y sectores de la capital. En cierto momento se concentró el ataque en las zonas residenciales de los grandes millonarios como las colonias Escalón y San Benito, se tomó el Hotel Sheraton y eso también incidió para que la alta burguesía comprendiera que el FMLN no era tan fácil de derrotar y que no era cierto que estuviera en una situación de debilidad, tal y como había venido pregonando el gobierno. La ofensiva replanteó una nueva correlación militar que creó las condiciones para pasar a la negociación estratégica.

Inicio de una negociación estratégica

Tras la ofensiva se levantaron innumerables voces que plantearon la necesidad de ponerle fin a la guerra a través de una solución negociada. Las organizaciones sociales, iglesias, movimientos comunales, profesionales y muchos más se aglutinaron en el CPDN, se movilizaron y levantaron la bandera de la paz, el diálogo y la negociación; todos ellos coincidieron en un planteamiento de plataforma que presentaron a las partes en conflicto, para solucionar la guerra civil en El Salvador. El asesinato múltiple de los jesuitas dejó la imagen del gobierno y del ejército completamente desacreditada. Los padres jesuitas habían trabajado a favor de la paz y la solución política negociada, a lo que el régimen respondió con el crimen. La comunidad internacional era consciente de que Estados Unidos procuraba cobertura y apoyos a un ejército criminal, a todos los niveles. De manera que en los comienzos de 1990 se dibuja un escenario más favorable que nunca para iniciar la negociación estratégica.

Concluida la ofensiva iniciada el 11 de noviembre de 1989, el FMLN replegó sus fuerzas en zonas bajo su control y continuó trabajando la diplomacia sin descuidar su capacidad combativa. No se logró derrotar al ejército pero se puso de manifiesto que éramos una parte necesaria, imprescindible, para lograr la paz duradera. Ese balance de la ofensiva lo hicieron también el gobierno y los Estados Unidos que tomaron buena nota de que la prolongación del conflicto armado podía volverse decisivamente en su contra. En un nuevo escenario, en 1990, se realiza en Ginebra la primera reunión en la que la delegación del FMLN es liderada por el compañero Schafik Jorge Hándal. En dicha reunión participaron el señor Javier Pérez de Cuellar, Secretario General de la ONU, y Oscar Santamaría, coordinador de la Comisión Gubernamental. Allí, se logró el primer acuerdo, llamado Acuerdo de Ginebra, el 4 de abril de 1990. En él se establece la metodología, el contenido y los propósitos del proceso de paz; se definieron cuatro grandes compromisos: terminar el conflicto armado por la vía política, impulsar la democratización del país, garantizar el irrestricto respeto a los derechos humanos y lograr la reunificación de la sociedad salvadoreña. Se acordó también mantener una estricta discreción en todo el proceso y que el Secretario General de Naciones Unidas pudiera mantener contactos bilaterales con el gobierno y con el FMLN. Se definió asimismo la participación permanente de un representante de Pérez de Cuellar en todo el proceso, siendo designado el señor Álvaro de Soto, que junto a su equipo político actuó como garante e intermediario de un diálogo directo entre las comisiones negociadoras del FMLN y del gobierno. A partir de ese momento se iniciaron dos intensos años de negociación que dieron como resultado el Acuerdo de Paz que firmamos el 16 de enero de 1992 en Chapultepec. La Comandancia General definía los contenidos previamente a las discusiones con el gobierno, dialogábamos hasta llegar a un acuerdo en el seno del

FMLN. La Comandancia nombró una delegación permanente en la que Schafik Hándal era el jefe y la integraban además Salvador Samayoa, Guadalupe Martínez, Mercedes Letona, Roberto Cañas, Eduardo Sancho, Dagoberto Gutiérrez, Marta Valladares, Lorena Peña y Rafael Moreno. Los demás miembros de la Comandancia General participábamos en dependencia de la temática y la coyuntura. La dinámica de la guerra no paró y eso requería que otra parte de la Comandancia General se vinculara en la conducción militar. La CG definió la agenda para las reuniones en Caracas. En Venezuela se firmó el 21 de mayo de 1990 un acuerdo que fija una agenda y un calendario. La agenda general contenía los temas políticos que se abordarían como fase previa a la incorporación del FMLN a la legalidad. Con ello quedó definitivamente superada toda tentación a reproducir el esquema de Napoleón Duarte, que exigía primero el desarme del FMLN para poder hablar de los temas políticos. Se precisó la temática política: Fuerza Armada, derechos humanos, sistema judicial, sistema electoral, reforma constitucional y la problemática económico-social; también se definieron los mecanismos de verificación de Naciones Unidas. Hubo otras reuniones en Costa Rica donde se llegó a acuerdos más amplios sobre derechos humanos —el 26 de julio de 1990—, y se definió el mecanismo sobre la verificación internacional. Después hubo varias reuniones en México: el 27 de abril de 1991 se firma un acuerdo en relación con la reforma constitucional, que abordaba el tema de las reformas del ejército, el sistema judicial y los derechos humanos, el sistema electoral y, además, se tomó el acuerdo de formar la Comisión de la Verdad. Enseguida se trasladan las reuniones a la sede de Naciones Unidas, en Nueva York, hasta finales de 1991. En esta última fase de la negociación la Comandancia General se incorpora directamente al proceso pues se consideró que esa era la etapa de las definiciones. En Nueva York, el 27 de diciembre de 1991, se acuerda la creación de la Comisión para la Consolidación de la Paz (COPAZ) como un mecanismo de verificación nacional y se concretó aún más el tema de la Fuerza Armada, su depuración y reducción, la reforma de la doctrina militar y el sistema educativo, la creación de la nueva Policía Nacional Civil y el tema económico-social. El 31 de diciembre de 1991 se firma el acuerdo final en Naciones Unidas y el 16 de enero de 1992 se firman los Acuerdos de Paz en Chapultepec, México.

Las FPL, como el resto de las organizaciones, mantuvo una permanente comunicación con los mandos y tropas sobre el desarrollo de las negociaciones y en temas cruciales realizábamos las respectivas consultas. Los miembros de la Comisión Política diplomática de nuestras organizaciones viajaban a los frentes de guerra a informar y discutir con nuestras respectivas jefaturas. Se aprovechaba también los momentos en que jefes y cuadros salían a entrenamiento, a intercambios o tratamiento de salud, para discutir las líneas tácticas de una negociación que era naturalmente compleja. La estrategia había sido establecida con mucha claridad por el Consejo Revolucionario y lógicamente era también objeto de reflexión y debate. Cuando llegó el momento final de la negociación y había que definir el fin de la estructura militar, convoqué a la dirección y a las jefaturas a una reunión en Cuernavaca, México. Allí hicimos el diseño final de una propuesta cuya decisión se prolongó por muchas horas. A pesar de las dificultades subjetivas se adoptó una posición muy responsable. No podíamos confiar en que el ejército, estando todavía intacto, se sometiera a lo pactado, lo que nos obligó a tomar ciertas medidas de preservación de armamento por si era necesario volver a las armas. Hoy valoro que fue justa y necesaria esta decisión, pero que tuvo grandes costos en el proceso de paz, pues el estallido de un arsenal en Managua, Nicaragua, en mayo de 1993, puso en grave riesgo el proceso que había avanzado lentamente. Tras ese hecho tomamos la decisión de entregar todas las armas que poseíamos y esto fue verificado y certificado por Naciones Unidas. Ahora bien, fue importante el desarrollo político del FMLN y su fuerza real para convertirse en el principal garante del cumplimiento de los Acuerdos de Paz, particularmente en los primeros años de implementación. Una vez tomada la decisión de eliminar nuestra estructura militar, nos convertimos en férreos combatientes políticos que enarbolamos ideas de cambio y transformación social, lo que nos permitió alcanzar la organicidad política necesaria, sin tener que acudir nuevamente a la lucha armada.

Durante la mayor parte de este proceso de negociación final que se prolongó dos años, mi aporte estuvo centrado en la conducción de la guerra y en la participación en una mesa de negociación ad hoc que tuvo como misión definir las características del cese al fuego. Al final de la negociación se estableció un calendario de acciones simultáneas para la ejecución de los acuerdos políticos y el desarme gradual de nuestras fuerzas, lo que pondría fin a la estructura militar del FMLN.

VIII. Chapultepec y la oportunidad del cambio

Del autoritarismo a la democratización

La firma de los Acuerdos de Paz, el 16 de enero de 1992, en el Castillo de Chapultepec de la ciudad de México, marcó el inicio de una nueva etapa histórica para El Salvador, y en especial para los y las revolucionarias salvadoreñas, en consecuencia, también para el FMLN como organización político-militar. Una etapa considerada como de transición del autoritarismo a la construcción democrática para algunos o una transición de la guerra a la paz, para otros. En todo caso, lo que es irrefutable es el significado de los Acuerdos de Paz como superación de un conflicto armado a través de la solución política negociada, caso único en América Latina, ya que los conflictos de otros países se habían definido por victorias militares. En Cuba y Nicaragua las revoluciones triunfaron derrotando a los ejércitos de sendas dictaduras, la de Batista y la de Somoza, y en ese escenario la correlación permitió una transición del proceso revolucionario hacia la construcción de una nueva sociedad: en Cuba el socialismo y en Nicaragua una revolución democrática. En Cuba las transformaciones han sido profundas, habiéndose hecho realidad una sociedad más igualitaria, justa y libre del capitalismo, con un Estado al servicio de las necesidades del pueblo. Desde 1959 está en construcción la sociedad socialista. En Nicaragua, la revolución sandinista a través de la insurrección armada incorporó masivamente al pueblo, primero a la lucha contra la tiranía, y después del 19 de julio de 1979 durante 10 años, a la edificación de una nueva realidad social y política que puso énfasis en la educación, la salud y la distribución de la tierra. El sandinismo fue muy lejos, estableciendo un gobierno revolucionario que institucionalizó un ejército nuevo y una nueva policía, en un contexto adverso de resistencia frente a la contrarrevolución inducida, apoyada y dirigida por Estados Unidos. Finalmente la revolución sandinista sería derrotada. Ya desde sus inicios, Estados Unidos bloqueó económicamente a Nicaragua y apoyó la guerra contrarrevolucionaria.[13] Nuevamente, a partir de 2006, el FSLN, llevando como candidato presidencial a Daniel Ortega regresa al gobierno, lo que ha creado nuevas expectativas en el pueblo nicaragüense y en Centroamérica.

En El Salvador, a diferencia de Nicaragua y Cuba, se concluyó la guerra sin la victoria militar de ninguno de los contendientes, por lo que necesariamente el marco político y de correlación de fuerzas nos llevó a la negociación política. Esta pudo concretarse en un conjunto de acuerdos para desmontar la dictadura militar y crear las condiciones democráticas básicas para avanzar hacia una nueva sociedad democrática, justa, libre, soberana e independiente. Se inauguró una transición pactada para poner fin a un modelo de Estado y un régimen político basados en la hegemonía de sucesivas dictaduras. Así se inició la construcción democrática, siendo esta el pilar central de los objetivos que fueron plasmados en los Acuerdos de Paz. De manera que Chapultepec representa el fin de una concepción autoritaria, ya que producto de la negociación se transformó la Fuerza Armada, en su estructura, en su doctrina, y en su relación con las instituciones y con la sociedad.

Como en cualquier país democrático el ejército fue designado garante de la soberanía y la defensa nacional, despojándolo de funciones que tuvieran que ver con la seguridad interna y pública. Por primera vez en la historia de nuestro país los derechos humanos fueron incorporados a las academias militares y policiales como un aspecto esencial de su formación. También fue importante la supeditación del ejército y de los cuerpos de policía al poder civil. Se acordó asimismo el proceso de depuración de la Fuerza Armada: todos aquellos militares vinculados a masacres fueron sacados del ejército, para lo cual se creó una comisión Ad-Hoc conformada por personalidades y encargada de dirigir las investigaciones sobre los mandos militares del Estado Mayor, los mandos intermedios y de base. Esta comisión analizó la participación de los militares en el conflicto armado e identificó a quienes habían estado vinculados a crímenes de lesa humanidad. La depuración consistió en indemnizarlos y darles de baja a fin de evitar reacciones traumáticas. Se redujo y reorganizó el ejército y se restructuraron los organismos de inteligencia en función de garantizar los intereses del Estado y no del gobierno de turno. Por otra parte, los batallones que habían sido formados para desarrollar la estrategia contrainsurgente de baja intensidad fueron suprimidos. Al mismo tiempo se tomaron medidas de eliminación de todos los cuerpos de seguridad represivos (Guardia Nacional, Policía de Hacienda, Policía Nacional) que habían sido junto con el ejército los bastiones tradicionales de los regímenes dictatoriales para ejecutar su estrategia de intimidación y asesinatos. Se acordó la creación de una nueva Policía Nacional Civil (PNC) basada en la doctrina de servicio a la sociedad, para lo cual se elaboró una nueva política de seguridad pública. Todo esto implicó un proceso de selección del nuevo personal de la PNC, la formación de una Academia de Seguridad Pública donde se llevara a cabo el entrenamiento de los nuevos agentes y la creación de sus propios

mecanismos de control interno, cuya mayor responsabilidad reca-
yó en la Inspectoría de la PNC.

Ciertamente, podemos decir que no derrotamos al ejército
militarmente, pero sí conseguimos una reforma radical de toda la
estructura de la Fuerza Armada y de los cuerpos de seguridad.
Paralelamente también se hicieron cambios importantes en el
sistema judicial con el fin de garantizar mejor su independencia
del Ejecutivo y de poderosos grupos de interés, pues una de las
características de la dictadura fue que los militares sometieron bajo
su mando tanto a la judicatura como a la Asamblea Legislativa.
En esta línea hubo un proceso de cambio dentro de la estructura
judicial, lo que significó otorgar un nuevo rol al Consejo Nacional
de la Judicatura y también a la Escuela de Capacitación Judicial
que responde a los actuales criterios de legalidad, respeto a los
procesos judiciales y procedimientos, a la presunción de inocencia
y garantías procesales, pronta y cumplida justicia, en resumen
al respeto irrestricto a los Derechos Humanos. Además, fueron
acuerdos importantes la creación de la Procuraduría para la
Defensa de los Derechos Humanos que tiene la misión de velar
por un comportamiento adecuado del Estado y de todos sus órga-
nos. Otro acuerdo sustantivo es el relativo a la reforma del sistema
electoral, dotándolo de mayor transparencia, una mayor equidad
y garantías para que los procesos electorales sean justos y reciban
la confianza de la ciudadanía, ya que en la memoria colectiva están
marcados los fraudulentos procesos electorales de los años setenta
y ochenta.

Los Acuerdos de Paz abordaron asimismo la temática socio-
económica, en particular el tema agrario. Se concertaron algunas
medidas destinadas a mejorar la vida de la gente, de las mayorías
del país, si bien es cierto que en este punto el acuerdo no representa
una transformación profunda de la estructura de la propiedad que
hoy en día nos muestra una concentración de tierras y riqueza
en manos de una minoría. Hay que recordar que una de las

causas generadoras del conflicto armado fue la imposibilidad de acceso a la tierra por parte del campesinado y el predominio del latifundismo. El gobierno de Napoleón Duarte abordó durante su mandato la problemática de la tierra iniciando un proceso de reforma agraria, cuyo alcance fue limitado ya que el propósito real no era otro que quitarle la bandera al FMLN mediante una estrategia de contrainsurgencia impulsada por Estados Unidos. La tierra era, y sigue siendo, una de las demandas más sentidas y más justas del campesinado: los Acuerdos de Paz contemplan una nueva distribución de la tenencia de la tierra priorizando las regiones que habían estado bajo el control del FMLN, donde las tierras abandonadas por sus dueños a lo largo de doce años de guerra fueron tomadas y trabajadas por familias campesinas que apoyaban al FMLN. Teniendo en cuenta esta realidad se puso en marcha un Programa especial de Transferencia de Tierra (PTT) en las zonas conflictivas que tenía como beneficiarios a los ex combatientes, tanto del Ejército como del FMLN, que en su mayoría eran campesinos, y al campesinado en general, «campesinos sin tierra legal», a los que se transfirieron las tierras que todavía tenía el Estado y los excedentes de las 245 hectáreas que la Constitución establece como límite. Este asunto de la tierra fue el más complicado dentro del ámbito socioeconómico, por toda la carga simbólica e histórica que contiene. Tras muchos años de lucha del campesinado por el acceso a la tierra los Acuerdos de Paz plasmaron por fin esa demanda. Junto al PTT se desarrollaron programas de capacitación para el manejo de la tierra en términos de productividad y gestión, y se implementaron programas crediticios, con el compromiso adquirido del gobierno de aplicar una política de créditos para los sectores agropecuarios, la micro y la pequeña empresa. Complementario a esto debía convenirse un programa de cooperación y asistencia para apoyar el desarrollo de las comunidades rurales, y el acuerdo económico-social planteaba a su vez medidas para aliviar el costo social de los programas de ajuste estructural, a través de políticas de protección al consumidor y programas de compensación social. También se estableció dentro de los Acuerdos de Paz, el Foro para la concertación económico-social a través del cual tanto trabajadores como empresarios y gobierno deberían lograr un pacto sobre la política de desarrollo económico nacional, concertada a fin de reactivar nuestra economía para salir de la grave crisis en que se encontraba y aún se encuentra. Se trataba, también, de lograr un convenio entre patronos y trabajadores que aumentara la productividad y generara mayor riqueza, para aportar a la solución de los grandes problemas sociales de la sociedad salvadoreña y mejorar las condiciones laborales de las y los trabajadores. A tal fin se diseñó un plan de reconstrucción nacional para el cual el gobierno y el FMLN buscarían los recursos financieros.

Legalización del FMLN

Por otra parte el FMLN tuvo que reunir todos los requisitos que establece la ley para convertirse en partido político y seguir los pasos de inscripción normativos. Para complementar el trámite tuvo que superar algunas dificultades, como por ejemplo el obstáculo que puso la derecha al nombre Agustín Farabundo Martí, ya que ARENA consideraba que no se podía reivindicar el nombre de personas muertas, lo que dio lugar a una discusión jurídica que se solventó, lógicamente, pero que en el fondo no era sino un impedimento político de quienes deseaban que hubiera una ruptura entre la nueva fuerza política legal y su pasado heroico. El FMLN se incorporó como partido político el 14 de diciembre de 1992 luego que el Tribunal Supremo Electoral (TSE) admitiera su legalidad y otorgara su personería jurídica.

El último tema de los acuerdos es el relacionado con el cese del enfrentamiento armado. Se estableció un cronograma según el cual en un año el FMLN procedería a desarmarse y a entregar su armamento, pero este calendario implicaba también que el Gobierno cumpliría los acuerdos políticos que habían sido pactados en Chapultepec. Es decir, nos negamos a un desarme unilateral sin que el Gobierno pusiera en marcha la transición política y el desmontaje de la dictadura militar, lo que explica que de una u otra manera derrotamos las posiciones de quienes desde hacía años pretendían la rendición de la guerrilla. De este modo la dictadura llegaba a su fin como modelo histórico predominante en nuestro país. Toda nuestra historia de lucha, desde nuestros aborígenes frente a la colonia, continuada en el siglo xx por Agustín Farabundo Martí, lucha en la que el pueblo salvadoreño había plasmado su sacrificio, heroísmo y sangre a raudales, tomaba así todo su sentido, como si de pronto el largo recorrido de movilizaciones, huelgas y enfrentamientos que impulsaron grandes gestas se volcaran en un presente que tuvimos la suerte de vivir. Por eso nosotros reivindicamos que fue un triunfo revolucionario en el sentido de eliminar la dictadura militar. Ahora bien, esta victoria no consumó la revolución. No caímos en una visión triunfalista de que los Acuerdos de Paz significaran el final del camino, liberando al pueblo salvadoreño de la exclusión, de la pobreza, del atraso, para vivir en condiciones dignas del ser humano. Dijimos: «El FMLN llega hasta aquí en el marco de la lucha armada, ahora nos desarmamos y desmontamos la estructura militar pero la convertimos en fuerza política para continuar la lucha revolucionaria en El Salvador», pues a nuestro juicio las grandes transformaciones sociales y políticas siguen pendientes como resultado de que el poder no está en manos del pueblo sino de los grandes grupos económicos en alianza con Estados Unidos. De este modo interpretamos los Acuerdos de Paz como transición que inauguraba una nueva etapa de lucha por la democracia plena.

Implementación de los Acuerdos de Paz

Se firmaron los Acuerdos de Paz y el gobierno siguió en manos de ARENA, por lo tanto, era la derecha gobernante con todos sus recursos quien tenía un compromiso mayor para que se cumplieran. Desde el primer momento sentimos desconfianza. De manera que rápidamente nos adaptamos a la legalidad y nos preparamos para las batallas electorales con los cinco sentidos puestos en alerta para evitar que ARENA ganara tiempo, contemporizara y no cumpliera en rigor con el desmontaje acordado de la estructura militar. Tampoco confiábamos en su voluntad de transformación democrática del sistema político. ARENA, una fuerza de derecha dominada por los grupos económicos que tradicionalmente han ostentado el poder, no estaba políticamente decidida a garantizar el cumplimiento cabal de los acuerdos y eso era suficiente para que nosotros asumiéramos y trabajáramos por convertirnos en la fuerza política garante de que se ejecutaran los Acuerdos de Paz en su conjunto. También exigimos que Naciones Unidas interviniera activamente en el cumplimiento de los acuerdos y lo mismo la comunidad internacional, que era parte garante de lo firmado.

En los primeros meses en el país había una euforia muy grande. La gente al ver que se terminó el enfrentamiento militar se llenó de expectativas de ánimo y de esperanza. Se confiaba en que los Acuerdos de Paz, por su propia mecánica de aplicación, resolvieran los grandes problemas del país, especialmente las reivindicaciones sociales de las mayorías. De modo que garantizar el cumplimiento de los acuerdos fue nuestra principal prioridad, pero era vital para la continuidad de la lucha convertir la fuerza guerrillera del FMLN en partido político, lo que significaba no solo una restructuración orgánica, sino la elaboración de un nuevo planteamiento estratégico para continuar la lucha por la revolución democrática. Era preciso mantener nuestra fuerza activa, pero también atraer a mayores sectores del pueblo en la nueva etapa histórica. Los Acuerdos de Paz se convirtieron en nuestra plataforma programática de lucha que se fue enriqueciendo con el aporte de organizaciones sociales que pronto se incorporaron a trabajar por la paz con justicia social. Fuimos elaborando nuevos planteamientos programáticos que movilizaron, concientizaron y organizaron más gente de la que ya teníamos. Al mismo tiempo nos dedicamos a reorganizar el partido y garantizamos la conducción política de los territorios donde se había desarrollado nuestro ejército guerrillero, para lo cual en los centros de concentración de nuestra fuerza desmovilizada organizamos escuelas y como parte de la política de formación abordamos la idea sobre la etapa transicional del país, las nuevas tareas, y la preparación para una nueva vida en la legalidad. Naturalmente, en el nuevo contexto comenzaron a surgir nuevas preocupaciones en nuestras filas: primero, el restablecimiento de la relación de los y las combatientes con sus familiares más directos; segundo, cómo llevar a cabo una buena inserción en el ámbito familiar más amplio y en la vida social. Muchas familias salvadoreñas habían mantenido en secreto que hijos, padres, esposas, nietos, estaban en la guerrilla y el hecho de regresar al barrio, al pueblo, podía significar algún problema. Muchos compañeros fueron bien recibidos pero otros fueron rechazados por parientes o vecinos. Los combatientes que integraban nuestro ejército tenían que asumir nuevas responsabilidades familiares, resolver cómo obtener los recursos para sobrevivir y cumplir sus compromisos en el hogar a cabalidad, ya que en la guerra el FMLN garantizaba al menos la alimentación y el vestuario. Esta era la nueva situación de muchos compañeros y compañeras que se preguntaban cuál sería su nueva forma de vivir. Algunos decidieron incorporarse a la vida civil y no continuar con el FMLN, pero la mayoría siguió militando y resolviendo sus dificultades para reiniciar sus nuevas vidas.

Después de los primeros años de euforia por los Acuerdos de Paz, en la derecha hubo una recomposición: aquellos grupos areneros que se habían opuesto a las negociaciones y se habían plegado a la presión de los norteamericanos y del Presidente Alfredo Cristiani, se reagruparon y comenzaron a incidir en el gobierno para que incumpliera los Acuerdos de Paz o los aplicara en una forma reduccionista. En contraposición, el FMLN vigilaba por el cumplimiento de los acuerdos y eso fue bien visto por el pueblo; se convertía de esta manera en el motor para cambiar el régimen autoritario por un régimen democrático en donde la sociedad civil tuviera mayor influencia, una participación real en la vida pública y en todas las formas del quehacer político; pero hay que reconocer que había todavía mucho miedo dado que subsistían los mecanismos de intimidación del ejército. Como he señalado, los Acuerdos de Paz eran percibidos por la mayoría de los salvadoreños como el fin del conflicto armado. No se entendía lo suficiente el nuevo momento histórico como una transición democrática de lucha hacia transformaciones estructurales en el país. Por consiguiente, se desplegó un escenario nacional en el que era importante la lucha en el campo de las ideas, con el fin de ensanchar la conciencia colectiva, nacional, en un sentido plenamente democrático. Ello significaba abrir una batalla contra la derecha, en el terreno político-ideológico, orientada a asentar en el país una visión integral de los Acuerdos de Paz, de modo que fueran interpretados, no solamente como el fin de la confrontación armada, sino como el fin de una época hegemonizada por un modelo económico y político excluyente. Los medios de comunicación de derecha, los defensores del modelo dictatorial, enseguida se alinearon a favor de sus protegidos históricos. Estos medios, en algún caso influyeron en el interior del FMLN y un pequeño grupo fue atraído por el discurso desmovilizador y se separaron de nuestro partido. La lucha por el cumplimiento de los Acuerdos de Paz se convirtió en aprendizaje y pronto fuimos comprendiendo cómo sería el nuevo escenario de lucha política en el país, un campo de acción nuevo para el FMLN que se estructuró una vez más para adecuarse a las tareas del momento.

Tras la restructuración del FMLN, la Comandancia General se convirtió en la Comisión Política del partido que se amplió a quince integrantes: tres representantes por cada una de las cinco organizaciones que conformaban el FMLN. En un principio el órgano dirigente siguió siendo una coordinación de los cinco partidos (PCS, FPL, ERP, PRTC, RN). Dos grandes tareas determinaron su trabajo: el cumplimiento de los Acuerdos de Paz y la transformación de la fuerza guerrillera en partido político para prepararla para las nuevas batallas en el campo electoral. Por lo tanto se dio una división del trabajo en la Comisión Política que colectivamente aprobó las líneas de trabajo. A mí me correspondió trabajar directamente en el seguimiento de los acuerdos militares, participé en el Grupo Conjunto, conformado por el gobierno, el Alto Mando del ejército y el FMLN. Después, cuando fui nombrado Coordinador General del partido en 1995, me incorporé directamente a la Comisión de Seguimiento de los Acuerdos de Paz, integrada por la ONU, el Gobierno y el FMLN.

Un regreso distinto

El 17 de enero de 1992, un día después de la firma de los Acuerdos de Paz en México, organizamos con Naciones Unidas el regreso a El Salvador. Fui el primer miembro de la Comandancia General que hizo el viaje de vuelta de manera legal para trabajar el diseño de la ejecución del acuerdo del cese del fuego. La primera fase consistía en la separación de fuerza tanto del FMLN como del ejército, concentrando a sus efectivos en puntos convenidos. En el caso de la Fuerza Armada debían replegarse a unos 100 cuarteles, mientras que la fuerza guerrillera debía ubicarse en 50 lugares previamente definidos, fundamentalmente en zonas de control del FMLN. Se conformó un grupo de trabajo formado por el jefe de los observadores militares de ONUSAL, el general Víctor Suanzes Pardo, el general Mauricio Vargas por parte de la Fuerza Armada, y por el FMLN, Leonel González (Salvador Sánchez Cerén) representando a la Comandancia General y encabezando un equipo de jefes guerrilleros integrado por Jorge Meléndez (Jonás), Manuel Melgar (Rogelio), Atilio Montalvo (Salvador Guerra), Raúl Granillo (Marcelo) y Raúl Hércules. Todas las fuerzas guerrilleras tenían un representante y yo era el responsable del equipo de trabajo. Iniciamos el proceso de ejecución del cese del enfrentamiento armado que consistió en garantizar la ejecución del programa establecido que, en un año como máximo, debía llevar a cabo el cumplimiento de los acuerdos políticos y el desmontaje de la estructura militar del FMLN. Para llevar a cabo el compromiso tuvimos que resolver nuevos problema: la alimentación, la infraestructura de los lugares de concentración, planes de educación y preparación para la inserción de las y los combatientes en la vida civil. Lo cierto es que la cooperación internacional y el gobierno no respondieron inmediatamente a esta problemática y hubo que realizar gestiones para garantizar el financiamiento de estas nuevas necesidades; se creó la estructura logística básica a fin de que a nuestros compañeros ex combatientes le fueran resueltas las nuevas necesidades. Esta fue una fase crítica que se agravó con la llegada de las lluvias pues la mayoría de los puntos de concentración no tenían instalaciones adecuadas. Después se iniciaron los procesos de capacitación en los centros de concentración: hubo un programa con la Universidad Nacional para la nivelación escolar que tuvo como beneficiarios a las mujeres y hombres de la guerrilla que no habían terminado la primaria o el bachillerato. Además, se iniciaron otros tipos de programas de capacitación para los combatientes que optaron por incorporarse a la PNC. Quienes eligieron cultivar la tierra tuvieron una preparación específica. A los que optaron por montar pequeñas empresa también se les orientó. Pero todo este proceso fue deficiente al no contar con los recursos necesarios de la cooperación internacional cuyas respuestas no fueron suficientes en un contexto en que el gobierno desatendió el asunto.

En realidad, la ejecución de los acuerdos en materia operativa fue algo complejo. La separación de las fuerzas y la destrucción de las armas por parte de la guerrilla estaban vinculadas a la ejecución de la totalidad de los acuerdos políticos, de manera que nosotros desarmamos una parte de nuestro ejército siempre que el gobierno cumpliera su parte. Todo estaba definido en un calendario pactado. Sin embargo, el FMLN no desmontó sus fuerzas tal como lo establecía el cronograma porque la parte gubernamental no cumplía los acuerdos suscritos y eso generó coyunturas de crisis que amenazaban el proceso de paz. En ese contexto delicado el ejército inició una campaña de guerra psicológica, denunciando que el FMLN se encontraba armado todavía en los centros de concentración. El propósito de dicha campaña era engañar al pueblo, tener una cobertura justificativa para no cumplir los acuerdos políticos y militares relacionados con el ejército. La campaña falseaba los hechos pues lo cierto es que el armamento del FMLN sí se depositó en manos de Naciones Unidas. Incluso el ejército decía tener información de que íbamos a regresar a las zonas de control para reanudar la guerra, lo que utilizaron para desplegar tropas y llevar a cabo acciones de la fuerza aérea, amenazando e intimidando a nuestras concentraciones. La verdad es que la

Fuerza Armada se resistía a su depuración. Ya en 1993, para el cierre del calendario, no había realizado la depuración interna que se le exigía: había una lista de 105 jefes militares de la llamada Tandona[14] que debían ser sacados del ejército. Eran militares con poder y relaciones con la élite económica lo que hizo que el gobierno vacilara en sacarlos, a lo que accedieron únicamente tras ser indemnizados. Entre los que debían ser purgados estaba el antiguo ministro de Defensa, Emilio Ponce, quien se resistió hasta el último momento. Nosotros llegamos a plantear que no dejábamos las armas ni entregábamos los misiles hasta que no se resolviera el problema de la depuración. Otra dificultad fue la paralela conformación de la PNC que tampoco ocurrió en el tiempo previsto, esencialmente porque la parte gubernamental y su partido, ARENA, querían conservar los efectivos de la Policía Nacional de aquel tiempo. Se había disuelto la Guardia Nacional y la Policía de Hacienda pero a sus miembros les ofrecieron incorporarse a la PNC; querían reproducir en el nuevo cuerpo lo que había sido tradicionalmente la Policía Nacional, una institución leal a la derecha civil y militar. Este asunto representó un nudo de problemas que implicó permanentes reuniones entre los que habíamos sido miembros de la Comandancia General, el presidente Alfredo Cristiani y Naciones Unidas. De modo que después de la firma de los Acuerdos de Paz se abrió un proceso de continuo diálogo y negociación para tratar que el Gobierno cumpliera con los acuerdos pactados y también presionar a Naciones Unidas para que interviniera efectiva e independientemente y garantizara la aplicación íntegra de los acuerdos en su espíritu y letra, compromiso político y moral que adquirió con el pueblo salvadoreño al convertirse en verificadora de su proceso de paz.

Nuevos diálogos

Otro tema delicado fue el de las tierras. El PTT era el marco pactado, pero el gobierno no comenzaba a transferir la tierra por lo que nuestra respuesta fue, también en este punto, no desmontar nuestra estructura. Cada cierto tiempo tenía que desaparecer un 25% de nuestra fuerza militar, mediante la salida de compañeras y compañeros combatientes de los centros de concentración; había una fecha final para el desmontaje y destrucción de las armas. Pero no procedimos a hacerlo mientras el gobierno no cumpliera su parte y se comenzara el programa de financiamiento y capacitación. Por otra parte, la Comisión de la Verdad entregó su informe *De la locura a la esperanza* a finales de 1992 y el FMLN asumió sus conclusiones manifestando ante Naciones Unidas nuestra disposición a cumplir todas las recomendaciones de la Comisión, pero el gobierno objetó las conclusiones y no se comprometió a cumplir las recomendaciones que se le asignaban. Fue a finales de 1992 que tuvo que intervenir directamente el Secretario General de Naciones Unidas, Boutros Boutros Ghali, para superar este *impasse* y garantizar la implementación de los acuerdos políticos; para ello fue necesario acordar un nuevo calendario, de modo que el inicial fue modificado varias veces para adecuar los tiempos al proceso de aplicación real.

La implementación de los Acuerdos de Paz hizo necesario un nuevo proceso de diálogo y concertación, en un contexto nuevo, en donde la correlación de fuerzas a favor del FMLN se había debilitado ya que no contábamos con fuerza militar guerrillera para dar mayor peso a nuestras posiciones. Los sectores que se habían comprometido con el proceso de paz se debilitaron y nueva- mente las fuerzas más reaccionarias contrarias a los acuerdos fue- ron ganando terreno en la toma de decisiones gubernamentales. Por otro lado estaba el papel de Naciones Unidas que trataba de ceñirse a la letra del acuerdo firmado, pero a veces lo escrito no tenía precisión y se prestaba a ambigüedades y en esas imprecisiones avaló más las opiniones del gobierno que las del FMLN. La correlación internacional también era distinta a cuando la firma en Chapultepec. En el nuevo escenario internacional los gobiernos favorecían la diplomacia con el gobierno salvadoreño y la cooperación internacional era sobre todo un instrumento de relación de gobierno a gobierno. En esa correlación, los Acuerdos de Paz no se aplicaron tal y como fueron firmados, por lo que nosotros seguimos acusando hasta la fecha el incumplimiento de acuerdos en materia económica y social, acerca del respeto a los derechos humanos, y en cuanto al foro de concertación económica que quedó neutralizado. Además, aquellos acuerdos que en alguna medida se llevaron a la práctica fueron deformados, como por ejemplo el acuerdo electoral, el judicial, y la formación de la PNC. Quince años después los gobiernos del partido ARENA no han cumplido cabalmente los acuerdos tal y como fueron pactados. Es este hecho lo que hace que el país no haya avanzado todo lo necesario en la construcción democrática y que tenga un gran déficit en lo referente al Estado de derecho y la justicia social. Seguimos soportando gobiernos autoritarios de nuevo tipo, con rasgos civiles, pero totalmente sumisos a la política del imperio norteamericano.

La influencia de Naciones Unidas

En cómo han sido aplicados los acuerdos tiene influencia directa las Naciones Unidas. Su principal objetivo era poner fin al conflicto armado. Le preocupó menos que se cumplieran los compromisos, los objetivos pactados en los Acuerdos de Paz. Es cierto que su papel, activo, en el conflicto salvadoreño, fue novedoso, hasta el punto de figurar como uno de sus éxitos históricos en la resolución de conflictos, pero no garantizó la democratización, el respeto irrestricto de los derechos humanos y la reconciliación de la nación con la que se comprometió. La ONU no se empleó a fondo a la hora de garantizar la puesta en práctica de los objetivos acordados, esta es una crítica que podemos y debemos hacer con plena responsabilidad. Su diplomacia no fue lo suficientemente profunda para presionar a la parte gubernamental. Su misión principal parece haber sido que el FMLN se desarmara y se convirtiera en partido político. De hecho, nunca ha tratado de incidir para que la política económica del país diera respuesta a los problemas que originaron la guerra. Firmamos los acuerdos en un escenario neoliberal que el gobierno arenero siguió practicando, aun a sabiendas de que esa política económica avalada por el Banco Interamericano de Desarrollo, el Banco Mundial y el Fondo Monetario Internacional era contraria a los Acuerdos de Paz que exigían la construcción de un Estado social, redistributivo. Esta actitud hacia el cumplimiento de los acuerdos por parte de la ONU tuvo incidencia, ya que si bien es verdad que en los primeros meses todo fue algarabía, alegría, poco tiempo más tarde la gente comenzó a tener una visión diferente sobre la paz, reinaba cierta frustración, pues transcurría el tiempo y las condiciones de vida de la mayoría iban de mal en peor, la criminalidad e inseguridad ciudadana aumentaba, el desempleo crecía y la ca-nasta básica cada vez era más cara. Esto dio lugar a que mucha gente se preguntara de qué habían servido los Acuerdos de Paz si la situación del país era peor, argumento que estaba vinculado al incumplimiento de los mismos. Un dato revelador es que los repartos de tierra y de financiamiento a excombatientes, hasta la fecha, han sido un rotundo fracaso por la posición de los gobiernos areneros que abandonaron la atención y política de sostenibilidad del nuevo sector agrícola. No han existido políticas de financiamiento y de formación para el sector, políticas para la comercialización de excedentes, de acceso a créditos y a nuevas tecnologías productivas. Los productores surgidos de los acuerdos se encontraron sin espacio productivo y comercial porque el gobierno impulsa las medidas económicas neoliberales: políticas de liberalización, apertura comercial y de consagración del libre mercado, abandonando a los pequeños productores y empresarios a su suerte. Nosotros propusimos varios programas de apoyo a este sector pero no tuvo acogida de parte del gobierno, y Naciones Unidas asumió un papel pasivo de resignación a lo que era la posición gubernamental. Por consiguiente, los programas de reinserción no lograron el impacto que debieron haber tenido de garantizar a los ex combatientes del ejército y del FMLN su inserción en la sociedad productiva. Por el contrario, actualmente siguen formando parte de los sectores más pobres abandonados y excluidos. No es descubrir nada el decir que hay un descontento acumulado en los desmovilizados, lo que ha propiciado que se organicen para pelear por sus demandas en el marco de lo establecido por los acuerdos. Quizás lo más significativo es la organización de los lisiados de guerra que se agruparon desde un inicio y han realizado luchas importantes, logrando que el programa para su reinserción se mantenga aunque en condiciones sumamente precarias. En síntesis, la gestión de Naciones Unidas en la fase de la consolidación del proceso pacificador, estuvo marcada por su conformidad con el pensamiento neoliberal y los intereses de la burguesía local, ignorando aspectos sustanciales de los Acuerdos de Paz.

El FMLN como partido político

El FMLN tuvo que readecuarse en esta nueva fase, dejando atrás la estructura militar para convertirse en una organización política con fuerza electoral. En los primeros años, toda la estructura de mandos y de combatientes estuvo orientada a garantizar el cumplimiento de los acuerdos y convenios y la mayoría de los cuadros participaban en diferentes comisiones y plataformas que se crearon: comisión de tierras, de reconstrucción nacional, de formación de la PNC, y comisión que tenía que ver con el tema de los lisiados. Otros cuadros estuvieron en la estructura que se creó de COPAZ, que tuvo poca incidencia y desapareció pronto. COPAZ se conformó con el propósito de que fuera un mecanismo de garantía nacional para la ejecución de los acuerdos, paralelamente a ONUSAL. De este modo, cuando se comienzan a implementar los acuerdos se juramentó a COPAZ, que estaba integrada por representantes de los partidos políticos; la Iglesia católica estuvo presente como observadora. En ese espacio pronto se puso de relieve la correlación de los partidos de derecha que la mayoría de las veces se plegó a la posición del gobierno de ARENA para bloquear lo sustantivo de los Acuerdos de Paz. COPAZ, al inicio de su mandato, elaboró varias leyes previstas en los acuerdos, sobre el proyecto de Ley del Fondo de Protección de Lisiados, Ley Orgánica de la PNC, Código Electoral, entre otras. Pronto, a mediados de 1992, cuando ARENA asumió una actitud de bloqueo de la implementación de los acuerdos, la productividad de COPAZ fue declinando y tuvo que disolverse antes del tiempo previsto, dejando de ser un espacio nacional de garantía para el cumplimiento de los Acuerdos de Paz.

La prioridad inicial del FMLN fue participar en todo el organigrama creado para garantizar la aplicación de los pactos. Al mismo tiempo trabajamos en la conformación del partido. La primera gran batalla fue legalizar al FMLN cumpliendo los requisitos que establecía la ley electoral. Reunimos las más de 3 000 firmas que exigía la ley, así como una cantidad de socios fundadores y con estos requisitos comenzamos a desarrollar la estructura del FMLN en todo el país.[*] En 1994, cuando participamos en las elecciones, el programa que llevamos estaba basado en los Acuerdos de Paz y su contenido era el desarrollo de la transición democrática. Por primera vez participamos en las elecciones generales en marzo de 1994, aspirando a ganar alcaldías, diputados, diputadas y a la presidencia de la república. En las elecciones de 1994 logramos ganar las primeras 15 alcaldías y 21 diputados (de un total de 84), y aunque perdimos las presidenciales, nos convertimos en la segunda fuerza política nacional.[**]

Desde 1994 hemos tenido un proceso de acumulación y avance en lo que es el poder local (gobiernos locales) y legislativo

---

[*] Al respecto, el documento *Cronología del origen y desarrollo del FMLN*, Octubre 2002, dice lo siguiente: «Luego de superados los obstáculos políticos, el 1 de septiembre de 1992 fue firmada la escritura pública de fundación legal del FMLN, contando como testigos de ese acto histórico a Monseñor Arturo Rivera y Damas, Arzobispo de San Salvador y Monseñor Gregorio Rosa Chávez, y fue hasta el 14 de diciembre de ese año, un día antes de finalizado formalmente el cese del enfrentamiento armado, que el Tribunal Supremo Electoral admitió su registro legal y le otorgó al FMLN la personería jurídica».

[**] El citado documento señala que en «la primera Convención del 4 de septiembre de 1993 se aprobó la participación del partido en las elecciones generales de marzo de 1994, se autorizó al Consejo Nacional a concertar coaliciones, pactos y entendimientos políticos que fueren necesarios, se ratificó a los candidatos a la Asamblea Legislativa, se aprobó un documento base de plataforma programática y tomó la decisión de apoyar la candidatura presidencial del doctor Rubén Zamora por la Convergencia Democrática y eligió al doctor Francisco Lima como candidato a la vicepresidencia de la República. De esas elecciones el FMLN surgió como la segunda fuerza política nacional, con bases electorales y políticas en los 262 municipios del país, resultó completamente inesperado por la derecha. En esas elecciones el FMLN ganó 15 alcaldías y 21 diputados (de un total de 84), con un total de 287 000 votos, equivalentes al 21.30% de los votos válidos».

(asamblea parlamentaria). En las elecciones de marzo de 1997 el FMLN ganó 27 diputados y 54 alcaldías. Logramos en esta fecha derrotar electoralmente a ARENA en las elecciones de diputados; en las elecciones municipales comenzamos a ganar las principales cabeceras departamentales del país. Lo cierto es que se ha venido dando un ascenso del FMLN en la lucha político-electoral, obteniendo un gran respaldo popular. En 2004 dimos un paso cualitativo en las elecciones presidenciales porque aun en medio de una gran campaña de intimidación llevamos como candidato a la presidencia al compañero Schafik Jorge Hándal y logramos duplicar nuestra votación. Cualquier analista sabe que en esas elecciones el voto del FMLN fue un voto de calidad, producto de una campaña de concientización liderada por Schafik, en tanto que buena parte del voto de ARENA fue manipulado por la amenaza de intervención en las remesas de los emigrantes en Estados Unidos. Podemos afirmar que el FMLN es un alternativa real de gobierno, avalado por sucesivos resultados.

La construcción del FMLN tras los Acuerdos de Paz tuvo que superar una diversidad de dificultades. La primera que enfrentamos fue el cuestionamiento de sectores populares que nos reprochaban que los acuerdos no habían resuelto nada sustantivo en materia de empleo, de salarios, de reparto de la tierra, de seguridad pública. A partir de esta realidad, en los años 1994-1996 desarrollamos un proceso de cara a la gente, a la población, ya no metidos solo en el esquema de diálogo con el Gobierno sino más de cara a dar respuestas a la gente. Iniciamos procedimientos de consulta con todos los sectores sociales para elaborar una plataforma programática que recogiera las grandes necesidades de la población y así fue como en 1996 lanzamos un plan de gobierno que nos permitió sentar las bases para una propuesta de país que contenía dos objetivos: derrotar al neoliberalismo en El Salvador y avanzar hacia un proyecto social alternativo. Este enfoque nos ha permitido ir elaborando una visión de cuáles son los cambios en el terreno económico, social, político, que el país necesita para abrir un nuevo proceso superador del neoliberalismo. Un planteamiento para salir de la crisis, reactivar la economía y generar confianza en el inversionista, un planteamiento programático que le dé condiciones reales de bienestar a la población. Esta visión de hacer un nuevo país nos ha permitido entrar al escenario político, no solamente electoral, sino también en la lucha de ideas, demostrando que somos portadores de un modelo social sólido y nuevo, promotor de profundos cambios y transformaciones en el país a favor del pueblo.

Estas definiciones de nuestro papel en la sociedad, combinan el respeto a la propiedad privada, al comercio, a la participación del sector empresarial en los destinos del país, con la decisión de dotar al Estado de un rol social, redistributivo y garante del bienestar en asuntos básicos como la salud, la educación y la vivienda, tal y como establecen la Constitución y los postulados de los Acuerdos de Paz de Chapultepec. Definiciones que implicaron discusiones en el planteamiento programático del FMLN.

Debates dentro del FMLN

Poco tiempo después de la firma de los acuerdos hubo quienes en el interior del FMLN consideraron que los objetivos de la revolución se habían logrado y que el partido debía transformarse en un partido moderado y replantear su programa según un enfoque neoliberal. Esta posición, minoritaria pero activa, generó fuertes debates en la Comisión Política y por extensión en todo el partido, lo que culminó con la separación de esa fracción, a todas luces influenciada por el derrumbe del llamado socialismo real e influida por las élites económicas salvadoreñas que habían conseguido cooptar a una parte del FMLN que no estaba en la lógica de seguir en la lucha revolucionaria. Esa posición la encabezaron Joaquín Villalobos y Eduardo Sancho, entre otros. La crisis tuvo cierto impacto porque parte de ese grupo pertenecía a la Asamblea Legislativa y al separarse del FMLN se llevaron a 7 de los 21 diputados con los que formaron su propio proyecto socialdemócrata, supuestamente de «centro»: el Partido Demócrata (PD). En el desarrollo de la lucha política electoral ese partido desapareció y el FMLN siguió en un proceso de fortalecimiento. Todo esto ocurrió en 1994. En 1997 ocurre otra ruptura al interior del FMLN, fundamentalmente en la misma dirección ideológica, por quienes consideraban que la propuesta programática del FMLN no era realista y que con un planteamiento de izquierda nunca iba llegar a ganar el gobierno. Sin caer en las mismas posiciones de Villalobos y Sancho, los que abanderaron esta posición —Facundo Guardado, Roberto Roca y Raúl Mijango—, miembros dirigentes del FMLN, comenzaron a defender y difundir lo que llamaron una propuesta de viabilidad, bajo la promesa de que de este modo ganarían las elecciones presidenciales. En un momento dado ganaron la correlación al interior del FMLN y Facundo Guardado fue elegido Coordinador General en un congreso interno, y candidato del FMLN para las presidenciales. Se lanzó a la campaña con un programa alejado de los postulados históricos del FMLN y sufrió una gran derrota frente al rival de ARENA, Francisco Flores. Su debacle electoral arrastró a Facundo Guardado y a su grupo a quedarse en minoría en un FMLN cuyas bases se sintieron engañadas por quien, con tal de vencer en las presidenciales, había vaciado de contenido nuestro programa y se había rodeado de asesores gringos. Inmediatamente, este grupo, incapaz de reconocer que había caído en desgracia al perder, en las siguientes elecciones internas comenzó a proclamar que en el FMLN no le quedaba espacio ya que era objeto de mecanismos de fraude e imposiciones. Rompieron con el FMLN y después conformaron un nuevo partido que se llamó Partido Movimiento Renovador que también tuvo la misma experiencia que el PD: fue a elecciones y desapareció. La más reciente situación crítica se dio entre 2004 y 2005 cuando algunos compañeros y compañeras, utilizando la tesis de que la radicalidad del programa del FMLN lo aleja de las demandas de la gente y de que en el interior del partido no hay renovación, decidieron formar otro partido político, el Frente Democrático Revolucionario (FDR). Este grupo, dirigido por Julio Hernández, René Canjura, alcalde de Nejapa, Celina Monterrosa e Ileana Rogel, dirigen una fuerza política que tiene las mismas características de las divisiones anteriores: un proyecto moderado y centrista sin un planteamiento claro de enfrentamiento al neoliberalismo y sin programa de cambios y transformaciones diferente al neoliberal.

Es importante señalar que estas divisiones se han producido en momentos en que el partido en el gobierno, ARENA, necesitaba votos en la Asamblea Legislativa. La ruptura de Villalobos con el FMLN en 1994 se da en un contexto de debate en la Asamblea Legislativa de incrementar el IVA [Impuesto al Valor Agregado] y su grupo dio apoyo a la propuesta gubernamental, en tanto que el FMLN se opuso. El grupo de Facundo Guardado, por su parte, dio apoyo al Gobierno necesitado de aprobar préstamos. En cuanto a la escisión de los ex diputados que ahora forman el FDR, apoyaron al gobierno y su partido ARENA en el nombramiento de magistrados a la Corte Suprema de Justicia (CSJ) al final de la legislatura de 2006 y garantizaron la mayoría calificada que había perdido ARENA en las elecciones de diputados del mismo año. De esa forma el Ejecutivo garantizaba una nueva correlación al interior de la CSJ favorable al gobierno arenero.

Lo interesante de estas escisiones es que habiendo defendido posiciones de centro han terminado asumiendo el contenido programático neoliberal de la derecha del país, no logrando en ningún momento abrir un espacio electoral significativo. Creo que en parte estos movimientos han estado ligados a deseos de ex compañeros y ex compañeras de asegurarse un espacio político cómodo, sin necesidad de ser beligerantes con la derecha sino más bien ir buscando marcos compartidos de pactos, siempre desde un discurso de modernidad que en la práctica les ha llevado a convertirse en la mano izquierda de la derecha. En realidad, sus cosechas electorales debieran hacerles pensar que estamos en El Salvador, no en Europa, y que las mayorías de nuestro país viven en la pobreza y para salir de ella hacen falta políticas realmente transformadoras y no complacientes con el neoliberalismo y su máxima expresión política que es ARENA.

Estos movimientos internos han incidido negativamente en una percepción del pueblo sobre el FMLN, en el sentido de que es una fuerza política con problemas y, por consiguiente, con dificultades para llegar al gobierno. Nuestras contradicciones han sido sin duda exacerbadas por los medios de comunicación que han estado permanentemente motivando rupturas dentro del FMLN. También los grupos económicos han hecho un trabajo hacia las fracciones descontentas para ganárselas. Las divisiones dentro del FMLN tampoco están fuera de la estrategia de la derecha con respaldo internacional, concretamente de Estados Unidos. Evitar que el FMLN se convierta en una fuerza gobernante ha sido y es una constante desde la firma de los Acuerdos de Paz. También es importante destacar que estas divisiones tienen base en aquellos sectores del FMLN que fueron derrotados ideológicamente por la influencia de la derecha, que abandonaron los valores y los principios revolucionarios, y por ello fueron adormecidos, atraídos o captados por la demagogia de la gran burguesía. A partir de 2006, el FMLN tomó la decisión de poner fin a las elecciones directas internas y utilizar otros mecanismos que procuren el entendimiento y la búsqueda de consensos y, sobre esa base, definir las candidaturas, garantizando la participación activa de la membresía. Esta decisión soberana y democrática ha generado mayor coherencia y ha habilitado en el seno del FMLN mejores espacios para los debates políticos de fondo que interesan al país, superándose ciclos políticos con rasgos de lucha interna, sectarios, por el dominio del partido. En todo caso, las divisiones no han logrado detener el avance electoral del FMLN, pues la respuesta del pueblo en estos casos ha sido crítica pero de respaldo a la naturaleza e identidad del FMLN, apoyo que se ha expresado a través del voto, con un incremento significativo. Es un hecho que el FMLN viene experimentando una participación cada vez más creciente en instancias de poder local y legislativo, es así que en la actualidad es una fuerza con vocación y posibilidades de gobernar.

Sobre mi trayectoria en esta etapa

Desde la firma de los Acuerdos de Paz hasta 2007 he venido asumiendo distintas responsabilidades. Inicialmente los cinco miembros de la Comandancia General tuvimos que pasar a integrar parte de la Comisión Política. Pasamos de dirigir el FMLN en la guerra a una nueva etapa histórica de El Salvador, transformado en partido político y asumiendo la responsabilidad de ser el garante del cumplimiento de los Acuerdos de Paz. Por otro lado, los miembros de la Comisión Política éramos miembros del Consejo Nacional y participamos dentro de la conducción estratégica del FMLN. La estructura de conducción como partido político está conformada por su Convención Nacional, el Consejo Nacional, la Comisión Política y las directivas departamentales, municipales y los comités de base. Inmediatamente después de la firma de los acuerdos.

Empiezo a formar parte de la Comisión de Seguimiento de los Acuerdos de Paz, en un primer momento como miembro del Grupo Conjunto que trabajó el tema del cese del fuego, y después como parte de la Comisión de Seguimiento, hasta que Naciones Unidas decidió en 2001 terminar la verificación, aunque no certificó el cumplimiento exacto de los Acuerdos de Paz.

En el proceso de consolidación del FMLN hay dos momentos: uno primero en que cada una de las cinco organizaciones mantuvo su dirección, actuando el FMLN como estructura de coordinación; el segundo momento revisa el modelo anterior y hace del FMLN un partido unificado. Mientras el FMLN mantuvo las comisiones políticas de los cinco partidos, yo era el Secretario General de la Comisión Política (CP) de las FPL. Al mismo tiempo todas las organizaciones teníamos igual representación en la Comisión Política del FMLN y todo lo que se discutía lo trasladábamos a la CP de las FPL. Llegó un momento en que esta coordinación debía ser superada; era necesario que desaparecieran las estructuras de los cinco partidos, consolidando una sola estructura y conducción del FMLN.* Los militantes del FMLN se agruparon en corrientes de pensamiento dentro del partido a partir de una mayor afinidad

---

* *Cronología del origen y desarrollo del FMLN* dice al respecto: «En septiembre de 1994, tras la Convención Extraordinaria del 28 de agosto de ese año, quedó evidenciado que la multiplicación de estructuras y recursos de cada partido, paralelas a las del FMLN, habían entrado en conflicto con la necesidad de avanzar con eficacia en la lucha política y social y obstruían el proceso de unificación. Por ello, en su resolución especial de la Segunda Convención Ordinaria del 18 de diciembre de 1994, resolvió "avanzar con paso firme hacia la unificación del FMLN como partido democrático, revolucionario y pluralista" y "llamar a los afiliados a trabajar con entusiasmo y seguridad para impulsar la unificación del partido y construir un FMLN más fuerte, más democrático, más ligado al pueblo y a sus luchas y, sobre todo, más unido".»

ideológica aunque nunca se perdió la identidad con sus orígenes partidarios. De este modo se generó un acercamiento entre diferentes miembros por afinidades ideológicas, entre militantes y dirigentes de los distintos partidos. Esto dio lugar al nacimiento de dos tendencias principales: la que se fue construyendo entre 1995 y 1997, la llamada «corriente revolucionaria y socialista», y por el otro lado se fue conformando la corriente de los llamados renovadores. Cada una tenía su propio enfoque político y una visión de cómo empujar nuestra participación en la lucha político-electoral, qué relación tener con el movimiento social y popular y qué alianzas políticas priorizar. La militancia se fue aglutinando entre estas dos grandes corrientes de pensamiento. Así quedaron superadas las viejas estructuras que construimos durante el conflicto armado, dejaron de existir por el surgimiento de diferentes corrientes de pensamiento y de tendencias dentro del FMLN.*

En 1995 se decide en convención nacional nombrarme como Coordinador General en sustitución de Schafik Jorge Hándal quien estuvo en el cargo desde 1992 a 1994. Me mantuve hasta 1997, año en que los renovadores tomaron el partido eligiendo para la coordinación a Facundo Guardado —de 1997 a 1999. En 1999 se hace un nuevo cambio y se nombra al compañero doctor Fabio Castillo

---

* El mencionado documento indica que: «Atendiendo esas orientaciones, en junio de 1995, tras varios meses de debates, el Consejo Nacional determinó que el FMLN debía transformarse en un partido de tendencias y, además, en un partido socialista. Ello significaba trabajar por la gradual disolución, durante 1995, de las estructuras de cada partido y organización integrantes del FMLN y dar paso a estructuras únicas. Las convenciones municipales y departamentales que se desarrollaron en adelante, hasta culminar en la Tercera Convención Nacional Ordinaria de los días 17 y 18 de diciembre de 1995, se realizaron con esa perspectiva. Así, por resolución de esta convención, el FMLN dejó de ser un partido de partidos y agrupamientos, y transformarse en un partido de tendencias en transición hacia una nueva fase superior en el proceso de construcción de un solo partido unificado».

para el cargo. En 2001 retomo la conducción hasta 2003 y a partir de 2004 el compañero Medardo González (Milton Méndez) asume la Coordinación del FMLN. Actualmente (2007) soy miembro de la Comisión Política del Consejo Nacional, instancia que ha conducido el proceso de elaboración de nuevos conceptos, así como la elaboración de la estrategia y la táctica del partido para este período, en lo que se refiere a política general, electoral, así como en torno a la vida interna del partido. Participo como diputado de la Asamblea Legislativa desde el año 2000 y siendo jefe de fracción por primera vez en 2001; nuevamente retomo la conducción del grupo parlamentario del FMLN en el año 2006.

IX. Balance de mi vida

Con sueños se escribe la vida

En los primeros intercambios que tuve con Claudia, mi hija, sobre la idea de escribir sobre mi vida, y también con Iosu Perales,[15] me asaltaron algunas dudas. La primera fue sobre el título: *Con sueños se escribe la vida...* y la segunda sobre el porqué escribir precisamente sobre mi vida, si esta continúa llena de proyectos.

Si pienso en los sueños que me han inspirado, alentándome siempre a caminar, como diría Marta Harnecker con la mirada en alto,* he de decir que algunos se han realizado, pero otros siguen siendo grandes metas, todavía lejanas de alcanzar. Con respecto a los sueños que están por venir estoy convencido de que el futuro de nuestro país es una página que ya estamos escribiendo y en la que nuevas gestas colectivas subrayarán los contenidos sociales y políticos de un nuevo país que aún en estos días nos recuerda excesivamente al pasado. El ideal de un horizonte que como tal es inédito pero que trabajamos para que sea viable, es un pilar básico de nuestra vocación revolucionaria y socialista, persuadidos como estamos de que el capitalismo es un reino salvaje, de violencia

---

* *Con la mirada en alto* es un libro de entrevistas realizadas por Marta Harnecker a comandantes de las FPL.

social, de insolidaridad, que nos empuja a una guerra de todos contra todos por sobrevivir. Seguiré siendo firme y no cejaré en mi contribución a la causa de la justicia social, de la libertad y de la democracia participativa, es decir, a la causa de una vida buena a la que tenemos derecho todos los hombres y mujeres. Tengo muy claro que vivimos tiempos nuevos que exigen nuevos esfuerzos y comprensiones actualizadas de una realidad tan compleja y tan cambiante, lo que requiere una mayor investigación de nuevos fenómenos y nuevos problemas. El mundo global y la realidad local se interrelacionan cada vez más y para estar a la altura de los desafíos de inicios del siglo xxi es necesario una mayor dedicación al estudio y al debate, pero también establecer de manera decisiva una mayor relación con el pueblo, que es lo que nos permite estar siempre a la altura de nuestra razón de ser como partido, que no es otra cosa que la esperanza. Por otra parte el movimiento social y político que representa el FMLN requiere que nuevas generaciones vayan comprometiéndose con esos sueños que son sueños de todos y que tenemos el deber de hacerlos realidad. En mi caso estoy dispuesto a abrirle paso a estas nuevas generaciones, mujeres y hombres con anhelos y afanes de construir una sociedad mejor, fraterna y solidaria. En este sentido me presto a contribuir a la formación de la juventud salvadoreña y a su compromiso con la Revolución.

La otra duda proviene de mi actuación política en todos estos años, pues uno se comporta, crea y construye, siendo parte de un contingente destacado del pueblo. Tengo claro que el afán por lo justo es una tarea comunitaria, popular, que no es suficiente con ser buena persona. Yo he sido parte de esta obra colectiva, porque son los pueblos los que construyen la historia, los que hacen las grandes transformaciones, las revoluciones, pues la realización de los cambios sociales y democráticos solo puede ser una tarea de las mayorías populares. De modo que integro ese segmento del pueblo más organizado, comprometido con la lucha por defender los ideales más nobles del ser humano, y en cierto modo mi vida personal, es al mismo tiempo expresión y espejo de la vida de muchos, de una experiencia colectiva. Siento que un revolucionario no solo debe soñar sino que además debe trabajar por realizar sus sueños en la tierra, en el tiempo concreto que le toca vivir; la realización de estos sueños tiene como sujeto, como actor social decisivo al pueblo, verdadero protagonista de la gesta colectiva, del sacrificio, de las conquistas. No se debe caer en el grave error de querer apropiarse de la acción valiente, humana, generosa de muchos, de la multitud. Por ello digo que mi persona ha sido solamente una pieza en el engranaje de esa sabiduría colectiva y popular, del destacamento aguerrido de combatientes, hombres, mujeres y niños que sacrificaron su juventud, su familia por la revolución, muchos de los cuales murieron. Esa valentía y firmeza convertidas en generosidad, debe ser siempre una fuente de inspiración; no podemos olvidar a quienes cayeron, a quienes quedaron mutilados, a quienes perdieron a sus familias, a sus seres queridos, todos ellos nos interpelan y nos obligan a ser mejores moralmente. Debemos rescatar para las nuevas luchas el ejemplo, la memoria y el heroísmo de quienes hoy no pueden estar con nosotros escribiendo las páginas de un nuevo país. También quiero recordar el aporte solidario de los y las internacionalistas que nos acompañaron en esta etapa histórica, muchos de ellos muertos.

En la medida que he ido profundizando en el trabajo, después de constantes reflexiones con mi hija Claudia y con Iosu, me convenzo más de la importancia de éstas ya que con el paso de los años, la derecha a través de sus medios de difusión, realiza una interpretación retorcida de los hechos, deformando lo sucedido o ignorando hechos de gran trascendencia histórica. Tal es el sentido útil que creo tiene esta obra autobiográfica: a partir de nuestra vida contar esa lucha diaria y permanente del pueblo que a lo largo del tiempo los salvadoreños y salvadoreñas han mantenido, haciendo frente a la represión, al terror, para que permanezcan en alto sus ideales de justicia, libertad y humanismo. Así es como disipé finalmente mis dudas sobre contar mi vida y qué nombre darle a la obra resultante.

En el momento de hacer un balance de mi recorrido político me viene a la mente con mucha fuerza la importancia de la unidad, pues posibilita la unión de las fuerzas revolucionarias y la unidad del pueblo en la lucha y en la construcción de una nueva realidad. La unidad es un componente de primer orden en la estrategia revolucionaria, con más razón si cabe en un país secularmente dominado por férreas dictaduras. Saber fortalecer lo que une y gestionar con flexibilidad las diferencias es un arte, sin duda, pero es sobre todo una necesidad que nace de la conciencia de que la lucha revolucionaria no es un juego, una aventura, sino una misión en la que se nos va la vida y en la que está comprometido el destino de todo un pueblo. La unidad política es un motor para la unidad entre todos los sectores populares, haciendo que cada sector o parte del pueblo asuma su propio rol y proyecte una misión concreta a partir de su ubicación dentro del pueblo, como obrero industrial, campesino, maestro, intelectual, estudiante, profesional... En la sociedad cada quien juega su papel según el nivel de concientización y ello permite que cada hombre y mujer, en tanto ciudadanos, asuma un compromiso con la revolución. La estrategia que parte del pueblo, que lo incorpora a la lucha como actor social clave, es la que permite una acumulación creciente capaz de llegar a un nivel de madurez con posibilidad de producir el vuelco revolucionario. No puede existir la unidad política y popular sin sueños y sin ideas-fuerza. Es nuestro mundo subjetivo el que interpretando la realidad social nos imprime una voluntad de lucha y nos mueve la conciencia.

La unidad en El Salvador se volvió el factor aglutinante de todas las fuerzas sociales y políticas en un momento crítico. Los frentes populares se unieron en la Coordinadora Revolucionaria de Masas en 1980 y el 10 de octubre del mismo año, hicieron lo propio las fuerzas guerrilleras y surgió el Frente Farabundo Martí para la Liberación Nacional. También en 1980 nació el Frente Democrático Revolucionario que integró a la CRM, al FMLN, al Movimiento Independiente de Profesionales y Técnicos de El Salvador, al partido Movimiento Nacional Revolucionario y al Partido Social Cristiano. Se abrió así un nuevo período de lucha: la guerra revolucionaria que se desplegó en todo el país. En 1993, un año después de la firma de los Acuerdos de Paz, las cinco organizaciones dieron paso al FMLN como partido unificado impulsor de un programa democrático, revolucionario hacia el socialismo.

Mi vida, como la de todos los luchadores, está cargada de sueños, de ideas, de proyectos. Es nuestra subjetividad, nuestra voluntad y conciencia, las que deben ser capaces de incidir, entusiasmar, movilizar, organizar, generar confianza y contribuir a visionar un futuro nuevo, solidario, justo. Los sueños deben trascender el interés individual, particular, deben recoger las aspiraciones de la gente y reivindicar a las fuerzas impulsoras de esa nueva sociedad. Son los intereses de las mayorías empobrecidas, excluidas, el cimiento sobre el que debe levantarse la unidad para que los sueños e ideales se hagan realidad. Lo que aspiramos, aquello por lo que luchamos, debe tener la capacidad de unir, pues la unidad es un factor permanente del desarrollo y el avance de la lucha de los pueblos; esta unidad como principio es general, pero su concreción depende de adecuarla a las realidades de cada lugar. Creo que, en nuestro caso, hemos cumplido. Es verdad que la unidad no es fácil, puesto que se une lo diverso y la diversidad está compuesta de intereses. Por consiguiente, la unidad no es un acto, un papel que se firma, sino un esfuerzo permanente orientado a que las partes, en función de un propósito común que no anule la identidad propia, cedan una parte de su soberanía y flexibilicen sus criterios, bajo el principio de que no hay verdad absoluta y todos los aportes son valiosos. Naturalmente, la unidad no debe obviar, desconsiderar las diferencias que deben ser sometidas a la reflexión y el debate y, finalmente, a la demostración en la práctica de la validez de las ideas.

Para llegar a la unidad fue necesario atravesar un proceso de debates sobre los métodos de lucha. El período de 1970–1980 en la lucha revolucionaria salvadoreña fue ejemplar. Años antes, en la década del sesenta, en medio de una enorme represión, una izquierda todavía herida de muerte por las masacres de los años treinta, se reorganizaba para seguir la lucha contra la dictadura militar. Huelgas generales, insurrecciones parciales, fraudes electorales, grandes movimientos de lucha obrera y campesina, fueron colocando en el debate de la izquierda salvadoreña la necesidad de desarrollar la lucha armada como forma fundamental de lucha. Progresivamente la izquierda fue analizando que las luchas puramente electorales estaban contaminadas por el fraude y se fue interiorizando que era necesario otro método de lucha a la par que llegaba a la conclusión de que el nuevo país al que aspiraba no tenía cabida, encaje, en el modo económico y político vigente. Es así que fue ganando terreno el nuevo proyecto de la revolución socialista que implicaba la destrucción del aparato de dominación capitalista. Fue a finales de los años ochenta, en el fragor de la lucha, cuando la izquierda abrazó la lucha armada y su consecuente programa. Así fue como la simbiosis unidad-lucha-guerrilla nos permite decir que la primera no solo fue resultado de la voluntad sino que también se dio una lucha de ideas que nos permitió avanzar en la causa revolucionaria construyendo espacios comunes.

Puedo decir entonces que nuestros sueños han encontrado en la unidad el modo de ir haciéndose realidad. Al mismo tiempo, para hacerlos reales, hay que asumir compromisos más allá de nuestros intereses individuales, familiares, grupales, y asumir los intereses de la mayorías de nuestros pueblo, sus anhelos, sus deseos de mejora y de felicidad. Este compromiso requiere poner en práctica valores como el bien común, la solidaridad, el humanismo, la comunidad, la justicia social, la libertad. El pueblo, y yo como parte de él, pusimos fin al doloroso período histórico de las dictaduras militares e iniciamos la instauración de la construcción democrática y aspiramos a construir una sociedad socialista, que sea obra del pueblo. Este proyecto se basa en sueños generosos que chocan necesariamente con esa parte minoritaria de nuestro pueblo que también tiene sueños que responden a la codicia, al enriquecimiento a toda costa, al lujo y al privilegio, sueños de gente rica que son verdaderas pesadillas para nuestro pueblo empobrecido. Ahora nuestro pueblo busca una vida mejor dentro del sistema económico y social vigente, está por verse si es posible lograrlo pacíficamente, sin rupturas violentas que destruyan el aparato de dominación de los grupos dominantes.

Resistir y vencer

Soy parte de una generación que vivió en la época de auge revolucionario mundial. Época en que se desarrollaban las fuerzas del socialismo, los movimientos comunistas en todos los continentes, como si fuera una extensión de algo que había ocurrido décadas antes: la Revolución rusa de 1917 fue el hecho más trascendental para los pueblos oprimidos que levantó al campesinado y a la clase obrera en pos de un sistema que superara al capitalismo e involucró a todas las fuerzas progresistas y revolucionarias del mundo. Por su parte, las monarquías y las dictaduras militares implementaron e impusieron el capitalismo explotador que se mantenía bajo las formas más crueles y humillantes de represión para acallar a los oprimidos.

Nacimos y crecimos en un período de levantamientos de nuestro pueblo contra esa bestial opresión capitalista. En El Salvador la insurrección de 1932, dirigida por el Partido Comunista de El Salvador fue derrotado a través de una brutal represión del Ejército que impuso una política de terror dictatorial cometiendo el baño de sangre más horrendo de nuestra historia. Pero ello no acalló nuestra lucha, ésta se reorganizó y se levantó nuevamente con el auge de la combatividad de los obreros del campo y las ciudades. A este resurgir revolucionario ayudó, y mucho, uno de los acontecimientos más importantes del siglo xx: en la década de los cincuenta se da la primera revolución triunfante que se declara además como la primera sociedad socialista de nuestro continente. Fue el triunfo de la Revolución cubana, liderada por Fidel Castro y el Che Guevara y muchos héroes y heroínas del pueblo cubano. Este hecho impactó en el desarrollo de las fuerzas revolucionarias de América Latina e incidió al interior de los partidos comunistas de la región para cambiar su estrategia de lucha y asumir —algunos de esos partidos la lucha armada como la forma fundamental para enfrentar a las dictaduras militares.

Este período que se prolongó desde los años sesenta hasta los noventa condujo a victorias como la de Nicaragua en 1979; en otros países los movimientos guerrilleros fracasaron y abrieron un nuevo espacio a la lucha político-electoral y por esa vía lograron victorias que permitieron a las fuerzas de izquierda llegar al gobierno. En el caso de El Salvador, desde 1970, la izquierda comenzó a organizar y desarrollar la lucha armada. En 1981 extendió la guerra revolucionaria en todo el país. El FMLN enfrentó al ejército de la dictadura militar y a una creciente intervención de Estados Unidos que, paralelamente, implementó la guerra contrarrevolucionaria por derrotar al gobierno sandinista en Nicaragua. En ese contexto se configuró en América Latina un nuevo período: la Revolución cubana resistía a las agresiones de Estados Unidos y al criminal bloqueo impuesto por el imperialismo; en Nicaragua la contrarrevolución agotaba al pueblo y la derecha derrotaba a los sandinistas en unas elecciones contaminadas por el peso del Imperio y su amenaza de proseguir la guerra; el bloque socialista de Europa del Este ya había fracasado y en América Latina habían colapsado las dictaduras militares y su regímenes dictatoriales. Algunos llaman a este período el fin de la Guerra Fría.

La izquierda latinoamericana y mundial fue estremecida por estos acontecimientos. El imperio y las clases dominantes locales emprendieron una de las más grandes ofensivas ideológicas para desarmar de sus ideas a los obreros, campesinos, al pueblo oprimido, presentándose como el fin de la historia, una historia que había derrotado al socialismo por el alzamiento de los pueblos. Fue importante resistir esta ofensiva y elaborar nuevas estrategias e ideas para enfrentar un nuevo escenario. Surgieron teorías que planteaban convivir con el sistema neoliberal y administrarlo, surgieron nuevos movimientos armados de resistencia, movimientos políticos electorales adecuados al momento actual pero con planteamientos de transformación y de cambios revolucionarios, en tanto que otros abandonaron la revolución y se plegaron a los movimientos de la derecha por la conservación del capitalismo. Por su parte, el capitalismo tuvo que adecuarse a la nueva situación con una posición ofensiva, guerrerista, para sacar de la crisis al sistema incluso diseñando guerras preventivas y guerras de conquista de las materias primas. Cambiaron el papel del Estado: los capitalistas asumieron la conducción del sistema en su conjunto dándole un rol predominante a la empresa privada, revirtieron las grandes conquistas de los trabajadores, golpearon su organización e impulsaron el proceso de globalización neoliberal que consagra al libre mercado como un gobierno mundial a la sombra y dentro de él el desarrollo de las grandes empresas trasnacionales actuando como fuerza fácticas. Este proceso de desarrollo de las políticas neoliberales y la puesta en marcha de la globalización neoliberal provocaron en nuestro continente latinoamericano la profundización de la desigualdad. Muchos sectores de capas medias engrosaron las filas de los pobres y muchos pobres pasaron a una situación de extrema pobreza lo que constituye una de las mayores catástrofes y pruebas de que el neoliberalismo es un sistema enemigo de la humanidad. Las burguesías locales se han ido apropiando de los activos del Estado a través de las privatizaciones, en alianza con grupos trasnacionales que muy pronto desplazaron a la burguesía local y actualmente controlan la mayoría de la riqueza y recursos naturales de nuestros pueblos, saqueando a nuestros países y sometiéndolos al atraso. Los grandes avances tecnológicos de la humanidad se han puesto en función de los grandes capitales.

A partir de 1990, en el marco de la grave situación política, social y económica de América Latina, las fuerzas de izquierda, a través de procesos políticos electorales han ido presentando plataformas y programas adecuados a la nueva realidad global y local, conquistando la esperanza de cambio y de transformación de las mayorías, configurándose un nuevo momento de auge de los pueblos en la lucha por la democracia. Este proceso avanza con ritmos desiguales y visiones diferenciadas, pero también ello es parte de nuestra realidad latinoamericana. Se desarrolla una corriente que construye el socialismo con las características del siglo XXI, la República Bolivariana de Venezuela en particular y los avances sociales en Bolivia, Nicaragua, Ecuador, el desarrollo y consolidación del socialismo en Cuba. Podemos concluir que nuestros pueblos no solo resisten sino que también construyen el socialismo y sociedades democráticas revolucionarias, desde una nueva realidad.

También es evidente que los problemas de Estados Unidos se agudizan en el terreno económico, su influencia en el mundo se deteriora y sus políticas imperiales de agresión de expansionismo y de sometimiento generan contradicciones con respecto a las otras potencias capitalistas y en el propio país se agudizan las ya existentes contradicciones. El FMLN ha resistido esta realidad nueva y compleja, ha tenido que realizar cambios importantes, convertir su estructura militar en partido político, adecuar su programa, sus normas de funcionamiento, su forma de comunicación con la gente, mantener sus principios y saberlos adecuar en cada momento a la realidad del país, aprender la nueva forma de lucha política electoral, con realismo y tratando de no convertirnos en una fuerza tradicional, manteniendo en alto los valores revolucionarios. Este combate se da en condiciones desiguales, pero también con avances significativos, al ir conquistando más poder dentro del Estado y manteniendo la esperanza en el pueblo de ser una fuerza necesaria para gobernar y avanzar hacia un ejercicio pleno de democracia, que avance por el camino de los cambios revolucionario en nuestro país.

La fidelidad a una ética del compromiso social

La fidelidad a una ética del compromiso social ha sido una práctica durante toda mi vida. Es lo que me ha permitido organizarme, resistir, luchar en el seno de un amplio contingente social y político. En mis tareas como parte del pueblo organizado, como funcionario revolucionario, he tratado siempre que expresen una condición moral, una actitud que parta de la coherencia entre lo que pensamos y lo que hacemos, lo cual es una condición esencial para crecer como seres humanos.

Tener la capacidad de atraer a la lucha a las nuevas generaciones, formarlas y educarlas en la causa popular y abrir los espacios para que ellas vayan ocupando un nuevo liderazgo en el proceso es garantizar su continuidad. La derecha ha querido aprovechar esta necesidad para convertirla en contradictoria y provocar enfrentamientos. Pero se trata de la necesaria participación de las nuevas generaciones para que, junto con los cuadros con más experiencia, accedan a una mayor participación en la vida política, pues son las nuevas generaciones con toda su fuerza intelectual, espiritual, revolucionaria, las que tendrán en sus manos el devenir de nuestro país. Si combinamos bien la experiencia con el entusiasmo y la energía de las nuevas generaciones avanzaremos más lejos.

A lo largo de mi vida he comprobado que nuestros sueños atraviesan por momentos diferentes, nuestras sociedades son cambiantes y por lo tanto nuestros valores y principios nos deben inspirar para luchar y hacerlos realidad en cada nuevo escenario social y político, sin renegar de ellos, saber cuándo hay que resistir a las condiciones adversas y cómo avanzar en momentos favorables, sin caer en una subjetividad triunfalista. Pero los sueños son también ideas a las cuales se debe fidelidad y se deben contrastar en todo momento con el sentimiento del pueblo, para madurarlas y hacer de ellas un motor, una fuerza movilizadora y creadora de entusiasmo revolucionario. Las ideas son las armas más poderosas para combatir al enemigo.

No puedo descartar ninguna forma de lucha para llevar adelante nuestras ideas, para conquistar nuestros proyectos programáticos; en la actualidad la nueva realidad nos obliga a dominar las diferentes formas de lucha política en un marco legal, electoral

y social. En cada momento hay que comprender e interpretar
cuál es la forma de lucha más adecuada, pero quien lo decide
son los pueblos a partir del contexto histórico concreto. Todo
movimiento o partido de izquierda es vivo, es cambiante, pues
la realidad así lo es, y siempre lo nuevo conlleva resistencias ya
que la comprensión de la realidad no es uniforme; eso genera
diferencias, contradicciones que se deben resolver a través de discusiones fraternas, sin dejar de hacerlo con la necesaria pasión
revolucionaria, hay que tener capacidad critica y autocrítica para
reconocer al que tiene razón, solo así la interpretación o comprensión de la realidad será producto de una acción colectiva,
donde nadie posea la verdad absoluta, pues esta se construye
desde la diversidad de opiniones. Nuestra experiencia es en este
sentido aleccionadora. Cuando hemos querido resolver estas contradicciones por la vía de la violencia se han agudizado nuestros
problemas, pero cuando tenemos capacidad autocrítica y reconocemos la verdad a través de la reflexión y el intercambio de
ideas, se fortalece el partido.

Quezaltepeque ya no es lo que era

Mi pueblo natal, Quezaltepeque, ya no es lo que era. Su ubicación
en el área metropolitana, periférico a la capital, es parte de la
expansión poblacional. Muchas familias que vivían en territorio
rural o zonas de población del interior del país emigraron a la
ciudad aunque se radicaron en los pueblos que rodean al gran
San Salvador. Quezaltepeque es uno de ellos, con el consecuente
incremento de población que demandó vivienda y servicios básicos. Esta migración modificó la estructura urbanística de mi

pueblo, surgieron colonias y nuevos barrios, sin tener una proyección hacia el futuro, sin planificación urbana, con su consecuente incidencia en la relaciones entre los nuevos habitantes de mi pueblo. Los cambios en la estructura económica del país también modificaron a Quezaltepeque que anteriormente estaba vinculado básicamente a la agricultura, a cultivos como el café, la caña de azúcar, y que generaban una importante fuente de empleos y salario a la mayoría de quezaltecos. Era un pueblo que también se dedicaba a la artesanía, alfarería, floristería y había carpinteros, sastres, zapateros, alfareros, hojalateros, joyeros, panaderos. Estos gremios, con el tiempo, han ido desapareciendo, surgiendo procesos de industrialización del café y de una nueva comercialización, reduciéndose la actividad agrícola, de modo que se han ido cerrando estas fuentes de trabajo y una gran parte de quezaltecos tuvieron que emigrar a diferentes partes del mundo, en especial hacia Estados Unidos.

Desde 1997 el FMLN gobierna el municipio, con visión de convertirlo en un pueblo del futuro. Transformarlo al hacer de la participación de los ciudadanos y también de los quezaltecos que viven fuera de él, en el exterior, un espacio público donde sea posible recoger todas las voces, conocer todas las necesidades y establecer prioridades con el acuerdo de la población. Alcanzar y hacer realidad esa visión es para lo que trabajamos por garantizar la seguridad a sus pobladores, así como los servicios de calidad, mantener la identidad y estimular la formación de nuevos valores en el arte y la cultura, pero también contribuir a su sana recreación, fomentar la solidaridad en este nuevo y complejo mapa poblacional, contribuyendo a la construcción del desarrollo económico mediante la generación de empleo y la garantía de una vida digna para todos y todas.

Mujer e hijos: los mejores bienes de un revolucionario

La familia, en cualquier etapa de nuestra vida, es uno de los bienes más preciados de todo ser humano, siendo para un revolucionario obligado a la clandestinidad, perseguido por la represión y movilizado en la montaña, algo muy especial, precisamente por no poder estar junto a ella, de una manera «normal». Desde pequeño encontré en mis padres amor, comprensión, cariño, apoyo, disciplina, respeto y, al mismo tiempo, la solidaridad, los consejos, el apoyo para desempeñarme mejor en la vida. Mis padres fueron muy respetuosos hacia mis convicciones. Murieron cuando ya ejercía el magisterio pero nunca me hicieron un reproche por mi activismo en ANDES 21 de Junio. Ya en la clandestinidad nunca les comenté mis actividades en el movimiento guerrillero, pero ellos, con ese sentido único que tienen las madres y padres, notaron cambios en mi conducta y en mi actitud hacia mi familia; su reacción fue ayudar a la familia que yo había formado con Margarita. Cuando era evidente mi actividad en las FPL, mis hermanos y hermanas sufrieron el acoso, el hostigamiento, la presión psicológica, la amenaza, situación que se agravó con el paso del tiempo y esto los obligó en algunos casos a emigrar, fue un exilio impuesto por la política de terror y hostigamiento hacia mi familia. Desde la emigración pronto se identificaron con nuestra causa, la causa del pueblo.

Toda la vivencia familiar de mis padres y mis hermanos se convirtió en el modo de conducta a seguir hacia mi propia familia, esposa e hijos y ahora nietos y biznietos. Con Margarita me casé en pleno apogeo de mi activismo en ANDES y mis hijos nacieron en los primeros años de nuestro matrimonio. Convivimos en la clandestinidad, nos mantuvimos a distancia en la etapa de la guerra y nos volvimos a unir al firmar los Acuerdos de Paz. Para entonces, en plena guerra, mis hijas e hijos también comenzaron a formar su familia y compartieron los valores inculcados, en una línea de continuidad que viene de nuestros padres. También compartimos con ellos sueños y nos involucramos en las tareas de la revolución a diferentes niveles y en diferentes áreas. La unión familiar al servicio de la revolución ha sido determinante para que nuestros sueños se hayan hecho realidad.

Esperanza en el porvenir

Hacer este recorrido por mi vida es ponerla en la perspectiva de esperanza indeclinable en el porvenir. En mi juventud enfrenté grandes retos, pero también sucedieron importantes aconte- cimientos que fortalecieron nuestra disposición a luchar y vencer. Me preparé para forjarme como hombre de bien cumpliendo con mis obligaciones familiares, y asumir un compromiso en la lucha por resolver las graves angustias de nuestro pueblo. Ejercí el magisterio, conocí la realidad del sistema educacional del país y me comprometí con su causa. Enseguida entendí que el compromiso requería ir más allá de la lucha gremial y tomé conciencia de que la lucha era del pueblo pobre en general y me incorporé al Bloque Popular Revolucionario. En este proceso militante se fue forjando mi disposición de convertirme en constructor de la nueva forma de lucha: la armada, como camino único para derrotar a la dictadura militar. Me incorporé a las Fuerzas Populares de Liberación «Farabundo Martí» y contribuí a unir nuestras fuerzas con otras fuerzas político-militares. Fui fundador del Frente Farabundo Martí para la Liberación Nacional, FMLN, y no dudé cuando tuvimos que tomar la decisión de firmar los Acuerdos de

Paz e iniciar un nuevo período de lucha. Todo mi pasado se vuelca hacia el presente y de manera especial hacia el futuro: sé que el camino es largo, duro y complejo, pero he aprendido a ser paciente y constante. No dudo de la victoria de nuestro pueblo y sé que la garantía de que ello suceda radica en que siempre combatiremos, lucharemos, por alcanzar mayores niveles de bienestar de la población de este pequeñito pero gran país.

X. Epílogo

Ya al final de este libro autobiográfico me parece pertinente decir algo sobre el futuro. En realidad toda mi vida ha estado dedicada al futuro. Así era cuando me inicié en el activismo social y en la vida política y guerrillera: un mirar siempre hacia adelante. El horizonte de un país más justo, libre y democrático, ha sido en todo momento el paradigma, la razón de ser de mi lucha, de nuestra lucha. Así es hoy también, cuando ya hemos logrado objetivos importantes pero sigue pendiente lo sustancial de nuestro proyecto: el cambio de sociedad. La esperanza, que ha dado una dimensión humana, moral, a la gesta del pueblo salvadoreño organizado, se sigue proyectando de manera inconformista hacia nuevos objetivos y renovados sueños. Lo conseguido es mucho pero aún insuficiente. La izquierda salvadoreña, de la que formo parte, tiene ante sí grandes desafíos. Al reflexionar sobre mi vida, sobre mis com-promisos, sobre mis sueños, sobre mis limitaciones en tanto ser humano, en cuanto a valores y en cuanto al conocimiento pro-fundo del desarrollo de la humanidad, constato siempre que es en el movimiento social, popular, de hombres y mujeres que anhelan vivir mejor, donde me he ido realizando y creciendo como persona, como revolucionario. Y es que el afán por lo justo es una obra colectiva, de la comunidad. Es cierto que vivimos etapas en que los objetivos parecen irrealizables, pero en esos momentos difíciles los ideales se erigen en forma de principios, de convicciones, políticas y morales, y ello unido a la constancia, al trabajo, termina por demostrarnos que lo aparentemente imposible es posible y que sí podemos tomar el cielo por asalto. Precisamente la historia de los pueblos nos muestra que todos nosotros, sin exclusión, somos determinantes, pues la historia es una creación humana y nada está escrito previamente: somos los hombres y mujeres concretos los que podemos cambiar la vida.

Nací, desarrollé mi juventud y mis sueños en la etapa más oprobiosa de nuestra historia nacional, la etapa de la dictadura militar y su sistema de opresión, asesinatos, y explotación salvaje a favor de grupos económicos oligárquicos. Me sensibilicé y rebelé en contra de ese sistema tirano en el ambiente del pueblo, del barrio, del mercado, de mi familia, en un entorno favorable para desarrollar una conciencia reivindicativa y revolucionaria. Fue muy importante mi actividad gremial en el magisterio y las experiencias de lucha electoral temprana en los partidos de oposición; la influencia de la lucha heroica del pueblo vietnamita, el triunfo de la Revolución cubana, Fidel, el Che, la lucha de Farabundo Martí, la lucha de Augusto César Sandino y el Frente Sandinista en Nicaragua. Comprendí que los sueños para que sean realidad deben responder al interés mayoritario del pueblo, pero que había que luchar por ello y llegar al sacrificio de ofrendar la vida si era necesario. Logré apreciar que sólo de esa manera sería posible terminar con la dictadura, pero también comprendí que es necesario ser críticos para combatir los errores y desviaciones que nos pueden desviar del camino correcto.

Recorrí una nueva etapa histórica que puedo sintetizar como de lucha por hacer realidad la revolución democrática en El Salvador. Mi aspiración es la de miles de hombres y mujeres compatriotas que deseamos construir una nueva sociedad, socialista, en un marco y escenario nacional, propio, determinado por nuestra realidad salvadoreña. Este logro solo será posible si la mayoría del pueblo salvadoreño se incorpora al movimiento constructor de una nueva realidad social, económica y política. Ello exige de nuestro partido, el FMLN, que sea un organismo vivo, dinamizador, con capacidad de crear las nuevas ideas y propuestas que entusiasmen y convenzan a nuestro pueblo y lo dispongan a pelear por ello: tenemos por delante nuevos retos, nuevas misiones que debemos enfrentar con ese espíritu creativo, revolucionario, ético, de compromiso con el pueblo.

Ciertamente el escenario nacional, regional e internacional, nos plantea nuevos y enormes retos. En América Latina está en marcha un proceso de cambios que permiten superar el modelo neoliberal dominante, el cual en El Salvador está agotado. Los pueblos, fatigados de tanta explotación y a la vez armados de razón y de esperanza, escogen gobiernos con idearios y programas sociales de un proyecto alternativo, justo, solidario, humano, soberano e independiente y otros países consolidan el socialismo y lo construyen con mucha creatividad y convicción revolucionaria. El imperialismo está sufriendo en nuestro continente una derrota estratégica, en lo económico, en su modelo político autoritario y en sus políticas de injerencia y dominación. Por otra parte, si al finalizar la Guerra Fría pudimos observar un dominio unipolar del mundo, quince años después Estados Unidos no es la única fuerza hegemónica en un escenario multipolar en el que China y Rusia son ya factores de poder, de contrapeso, y que compiten con los norteamericanos en todos los terrenos. Hoy en día la región del mundo donde la disputa es más acalorada es Asia. Estados Unidos ha invadido a Afganistán e Iraq y está preparándose para invadir Irán, en el marco de una ofensiva por hacerse con el control de recursos energéticos. También puede decirse que sus guerras son la expresión de un intento de demostrar que sigue siendo el imperio más fuerte y decidido a la hora de usar los recursos militares. Pero creo que se trata de un poder que al mismo tiempo que emplea la fuerza muestra una debilidad enorme de credibilidad, a la par que compromete recursos económicos que le desgastan profundamente.

En los últimos años, mientras Estados Unidos han focalizando su mirada hacia otras regiones del mundo, América Central y América del Sur han ido avanzando en la búsqueda de una profundización democrática, tratando de cerrar la época de las dictaduras militares y dotando de fuerza al pueblo. No ha sido fácil este proceso que sigue sufriendo los acosos de burguesías locales conservadoras y de fuerzas económicas externas empeñadas en empujar a nuestro continente hacia el barranco del neoliberalismo; este destruye el tejido productivo nacional en el altar de la liberalización del comercio lo que pone en ventaja a los más poderosos. La política neoliberal en América Latina ha hecho ya mucho daño con sus privatizaciones y la venta del patrimonio público a las trasnacionales. No debe extrañar que como reacción los pueblos voten a fuerzas políticas nacionalizadoras, según el deseo de recuperar lo que les pertenece. Como consecuencia están surgiendo alternativas populares con una fuerte carga de Estado redistribuitivo y social. El curso de esta corriente latinoamericana es sumamente favorable para El Salvador, para un proyecto nacional que recupere nuestra soberanía también en el ámbito económico. En nuestro país se da un agotamiento del modelo arenero, han transcurrido 18 años y no ha logrado sacar de la crisis económica al país, donde la pobreza y las desigualdades aumentan. Es significativo que la parte central del discurso de la derecha es el orden y la seguridad y hoy tenemos una sociedad más insegura que nunca. Buena parte de la población, sin empleo y sin perspectivas de mejoras aspira a marcharse al exterior, hablamos entonces de una población expulsada. Los años de gobierno de ARENA han sido años perdidos, de retroceso, no han logrado dotar al país de nuevas capacidades productivas y comerciales.

Es penoso advertir que El Salvador es un gran consumidor de droga, uno de los países de mayor consumo en el mundo. Las instituciones están penetradas por el crimen organizado; el Estado tiene factores de descomposición institucional. La población está cansada de la corrupción, de la impunidad de un Estado capturado por fuerzas fácticas. Esto genera en el pueblo rechazo y a la vez búsqueda de una nueva alternativa a sus problemas. De ahí que uno de nuestros grandes retos sea responder adecuadamente a esta demanda de las mayorías que quieren un cambio. Para ello esta coyuntura es propicia. Nunca como ahora la izquierda salvadoreña ha tenido una coyuntura tan favorable para llegar al gobierno.

Las tareas de la revolución democrática

Ya he señalado que los Acuerdos de Paz son una forma de continuidad de la lucha de nuestro pueblo por alcanzar cambios y transformaciones en el país, no se trata por consiguiente de haber llegado a un punto final en el que interesa instalarnos. Los acuerdos son para nosotros parte integrante de la revolución democrática, en el sentido de que representan la búsqueda de una democracia más amplia y completa que abarca el componente político no solo en lo que se refiere a las libertades en todos los ámbitos y al pluralismo de partidos, sino también en el terreno de las instituciones, a fin de que la democracia no sea formal sino real, no excluyente sino participativa.

Estamos hablando también de la justicia. Superar un sistema judicial que ha estado en función de una minoría y consolidar una justicia ejercida con verdadera independencia. En El Salvador todo el sistema judicial estaba en función, o de los intereses de los terratenientes o de los intereses de los militares. Un aparato judicial que administre justicia con equidad es parte de este proceso de revolución democrática que intentamos instaurar. En el terreno económico, hay que sentar ciertas bases que permitan superar el grave problema de la pobreza, de la extrema pobreza que hay en este país, pero además ir trasladando medios de acumulación a manos de los trabajadores que deben tener acceso a la propiedad. De manera que podríamos decir que entramos en una etapa de la historia de El Salvador en la que hemos de consolidar las reformas alcanzadas por los Acuerdos de Paz y, a la vez, seguir avanzando. Hemos de trabajar por lograr una mejora en la calidad de vida de nuestra sociedad, en lo económico, en lo social, en lo cultural y el ocio, en las relaciones humanas, en la defensa de la vida misma. En El Salvador todos conocemos experiencias extremas: para los sectores poderosos no cuenta la vida de las personas, su ambición es la acumulación de riqueza a costa de todo. Es por ello que hacer valer la vida, la persona en su integridad, hacer valer los derechos individuales y colectivos, constituye un reto histórico.

Nos proponemos consolidar esta revolución democrática que hemos iniciado. Pero deseamos llevarla más lejos, hacerla caminar, recorrer otros senderos hacia nuevos logros. Por eso es que hablamos de profundizar los Acuerdos de Paz. Es así como vemos el carácter revolucionario de este proceso que estamos viviendo en el sentido de que la igualdad formal en el terreno político no basta sino que tenemos que buscar también igualdad en lo económico, en las oportunidades sociales. No sabemos cuánta igualdad podremos lograr, pero esa es nuestra inspiración. En el FMLN no pensamos: «Ya hemos logrado cuanto aspirábamos lograr y ahora sencillamente nos metemos a la vida institucional, a la participación política, sin más ambición revolucionaria». Por el contrario los acuerdos son una palanca para tomar impulso y dar nuevos saltos cualitativos en la construcción de una sociedad más sana y justa, de una sociedad más libre.

Con la privatización de la banca se quiso implantar una experiencia de participación de algunos sectores, pero la realidad es que aquí los bancos siguen estando en manos de familias acaudaladas, poderosas, aunque hay gente que tiene acciones menores. Recientemente casi toda la banca salvadoreña ha pasado a manos extranjeras. Buscar cómo cambiar esta situación que da tanto poder al capital financiero es un ejemplo de cómo la revolución democrática va más allá de los acuerdos. En El Salvador hay otras reivindicaciones que solamente pueden darse revolucionando la sociedad: ejemplo de ello son los derechos de las mujeres. La sociedad necesita dar una mayor participación a las mujeres, en condiciones de igualdad, sin discriminación de género. Lo mismo a la juventud. En otra esfera se tiene que terminar con la depredación de los recursos naturales del país, tiene que haber una política verdaderamente radical en cuanto al cuido de los recursos. Lógicamente esto no lo aseguran *per se* los acuerdos. Es en este sentido que damos el nombre de revolución democrática a la profundización de los cambios que se encuentran bloqueados por cuatro sucesivos gobiernos de ARENA. Las transformaciones democráticas exigen cambios que son democráticos por su propia naturaleza reformadora en lo jurídico y en la vida política real, y revolucionarios por su dimensión histórica, por lo que representan de modificación de la estructura de un país sometido a una larga cadena de dictaduras.

¿La revolución democrática se puede alcanzar a plenitud en el actual escenario político y económico de El Salvador? Para ello el escenario debe ser modificado. Para firmar los Acuerdos de Paz establecimos la necesidad de los cambios en este país, porque la democracia es inherente a los cambios. Cambiar es cambiar el país, no simplemente mejorar o corregir sus manifestaciones más violentas, sino construir otra organización económica, otros valores culturales de raíz salvadoreña. Para impulsar este proceso y con tal propósito es que aspiramos llegar al gobierno por la vía electoral. ARENA como representante de los intereses de ciertos sectores disputará a la izquierda el gobierno precisamente con la idea de impedir el avance de la revolución democrática. Tendremos una fuerte oposición, pero esperamos que las nuevas reglas electorales que se han ido creando se perfeccionen para que permitan una lucha limpia, sin injerencia de poderes extraños.

Democratizar la democracia

El proceso que vive El Salvador está sujeto a nuevos retos y riesgos que le son inherentes. No estamos libres del peligro de que la institucionalización democrática tienda a separar a las instituciones representativas del pueblo. A partir de fortalecer las instituciones, a partir de participar en las municipalidades, en las alcaldías, en el parlamento, puede suceder un desligamiento de la acción política respecto de los trabajadores o de sus intereses y de la lucha de los trabajadores del campo y la ciudad. Yo creo que esta no es una cuestión menor. Este puede ser uno de los factores de mayor distorsión. Si no se construyen buenas relaciones pueblo-instituciones, si el pueblo no es parte integrante del quehacer de estas y si ellas no obedecen verdaderamente a las necesidades de la gente, de las mayorías, entonces sobrevendría un período de declive de la dinámica democratizadora actual, y un debilitamiento del FMLN como fuerza transformadora. Pienso que este es un problema que se puede afrontar con garantías en lo que al FMLN respecta. Creo que el frente asume este nuevo reto y que se esforzará por evitar la separación, que por otra parte es un fenómeno mundial que afecta a los regímenes democráticos y a los partidos políticos. No, no debe permitirse este distanciamiento. Cuando nosotros hablamos de la democracia política estamos pensando muy particularmente en las personas, los ciudadanos, la gente común y corriente, organizada o no organizada, en el movimiento popular, en las asociaciones de intelectuales y profesionales, en todas las formas de organización que sean un factor dinámico, participativo, una red de asociaciones que le van a dar sentido a la democracia más allá de la necesaria acción institucional. Claro que la consolidación de las instituciones políticas sobre la base de nuevos conceptos, de nuevas ideas, es una pieza esencial del cambio. Pero evitemos hacer de las instituciones del Estado las únicas depositarias de la democracia política, ya que entonces la democracia puede ser retenida por la burocracia y los profesionales de la política.

La fortaleza de la democracia está en el pueblo

Corremos el riesgo de que las condiciones de vida, de pobreza, empujen a la gente a desinteresarse de la política, una vez que acabó el conflicto armado. El problema también del nivel cultural, de la baja información, de la costumbre de la gente de esperar soluciones que vengan «desde arriba», nos señala que la democracia está también afectada por múltiples dificultades. El FMLN asume la enseñanza, que es fruto de la experiencia de estos años, de que el principio rector es el pueblo como gestor principal de los cambios democráticos y de las transformaciones pendientes. El FMLN está preparado para enfrentar este reto que supone ensanchar la democracia y profundizarla. Haber mantenido una lucha armada tan fuerte, haber organizado un ejército guerrillero tan sólido, se debió en gran medida a que se establecieron los mecanismos de participación del pueblo. Resulta interesante que cuando en 1992 regresamos a las ciudades encontramos que mucha gente estuvo trabajando y conspirando en silencio. Una gran parte del pueblo oprimido, de la gente pobre, está verdaderamente por los cambios, somos mayoría los que queremos un país distinto, más justo e igualitario, más independiente y más libre.

Ensanchar la base de la revolución democrática

Hemos de hacer un gran esfuerzo para encontrar las modalidades y las formas de recoger los intereses reales de las grandes mayorías. Si un amplio sector de la población apoyó al FMLN en estos quince años fue porque entendió que sus intereses materiales y sus deseos de encontrar mejores caminos para cambiar las relaciones humanas estaban proyectados en la lucha del FMLN. Entonces va a ser muy importante que el programa del frente recoja bien los intereses de las grandes mayorías, no solo en términos de mejores salarios y de empleo para todos, de menos carestía de la vida, sino también en el ámbito cultural, en la respuesta a los problemas de la mujer, en la defensa de valores como la solidaridad, etcétera, Estamos necesitados por lo tanto de proyectarnos como una alternativa que desea y apuesta por toda la dimensión humana y tiene una propuesta de nueva sociedad.

Ahora bien, encontrar las modalidades y la forma de recoger los intereses de la gente plantea, asimismo, un esfuerzo de organización de sectores informales, de personas no organizadas. Y me parece también que el FMLN debe encontrar los mecanismos de una buena comunicación hacia las amplias mayorías populares, lograr efectivamente una comunicación fluida, ágil y de calidad. Es difícil competir con los medios de comunicación pero creo que el

FMLN cuenta con recursos. Tenemos, en todo caso, una ventaja importante, esto es el potencial que es la comunicación directa con las comunidades, con amplios sectores del campo y de la ciudad. Si el FMLN logra articular diversas formas de relación con la población y variadas formas de consolidación de la participación popular, estaremos en una situación favorable para afrontar los desafíos pendientes. En este nuevo momento en que nos encontramos el FMLN debe conectar plenamente no solo con los sectores que tradicionalmente lo han apoyado. Nuestra aspiración es llegar a nuevos sectores sociales, a los amplísimos sectores informales aquejados de graves problemas. Conocer su problemática es la primera condición y a partir de ahí buscar con ellos caminos de trabajo común, que se sientan incorporados en una plataforma de nación. Porque estamos hablando de conformar una plataforma amplia que debe ser satisfactoria para los intereses de todos los sectores informales. Ahora, nos preocupa, y mucho, la mediana y pequeña empresa, los profesionales, los estudiantes que exigen más calidad en la enseñanza. Es decir, el FMLN tiene la responsabilidad histórica de hacer planteamientos que sirvan a todos los niveles de la sociedad. También sabemos que en estos sectores tienen preocupaciones hacia el FMLN. No olvidemos que aquí ha habido una guerra de propaganda fuerte que ha tratado de presentar al FMLN como una fuerza antidesarrollo, como una fuerza antidemocrática, como una fuerza antisectores amplios, y que esa propaganda ha surtido efecto. Entonces, yo creo que también tiene que darse una apertura mutua de manera tal que los amplios sectores del país conozcan mejor al FMLN y este a su vez se identifique con sus necesidades y propuestas. Eliminar temores e ideas equivocadas presupone que el FMLN debe adelantarse y presentarse ante ellos como fuerza alternativa, que parte de sus necesidades y les propone un proyecto de sociedad que busca soluciones estructurales en todos los órdenes de la vida.

Cronología necesaria

1930

Marzo 30: Se funda el Partido Comunista de El Salvador (PCS) cuyo líder y dirigente era Farabundo Martí.

1932

Enero 22: Inicia la Insurrección Popular encabezada por el PCS. La Guardia Nacional y la oligarquía, mediante la organización de la guardia cívica, proceden al genocidio de casi 30 000 campesinos. Farabundo Martí y otros dirigentes son capturados y luego asesinados.

1944

Abril: Comienza la Huelga de Brazos Caídos que presiona por el derrocamiento de la dictadura del general Maximiliano Hernández Martínez, *el Brujo*.

Mayo 9: Martínez depone la presidencia, después de casi 13 años de gobierno autoritario y represivo

Junio 18: Salvador Sánchez Cerén nace en Quezaltepeque, departamento de La Libertad, hijo de Antonio Alfonso Sánchez y Dolores Hernández de Sánchez; es el noveno de doce hijos.

Octubre 20: Golpe de Estado de un grupo de militares que impone como presidente provisorio al coronel Osmín Aguirre y Salinas, director general de la policía y colaborador de Maximiliano Hernández Martínez.

1945

Marzo 1: Se impone como presidente, el general Salvador Castaneda Castro apoyado por la Fuerza Armada y los terratenientes cafetaleros.

1948

Diciembre 14: El Movimiento de la Juventud Militar, propicia un golpe de Estado conocido como el Golpe de los Mayores; se instala un Consejo de Gobierno Revolucionario integrado por el coronel Manuel de Jesús Córdoba y los mayores Oscar Osorio y Oscar Adán Bolaños y los civiles doctor Reynaldo Galindo Pohl y doctor Humberto Costa.

1950

Septiembre 14: Es impuesto en la presidencia el coronel Oscar Osorio, representante del partido oficialista de los militares, Partido Revolucionario de Unificación Democrática (PRUD). Durante su gobierno reinaron la corrupción y represión.

1956

Septiembre 14: Proclamado presidente por el PRUD el coronel José María Lemus, continuador de la política represiva.

1959

Enero 1: Triunfa contra la dictadura de Fulgencio Batista la Revolución cubana, ejemplo de antiimperialismo e inspiración de lucha revolucionaria contra las dictaduras

1960

Octubre 26: El coronel José María Lemus es derrocado, se instala en el gobierno una Junta Cívico Militar que integran sectores empresariales y progresistas.

1961

Enero 25: Nuevo golpe de Estado dirigido por el coronel Aníbal Portillo derroca la Junta y se establece un directorio cívico-militar. Se inicia otra vez el terror contra el pueblo.

1962

Mayo 20: En III Plenaria Nacional, el Frente Unido de Acción Revolucionaria (FUAR) presenta el proyecto de plataforma programática para una revolución de contenido democrático y antiimperialista.

Julio 1: El coronel Julio Adalberto Rivera se nomina y gana la presidencia por el militar Partido de Conciliación Nacional (PCN) en una contienda de un solo candidato. Durante su administración se crea la Organización Democrática Nacionalista (ORDEN), que se convertiría en un organismo paramilitar de represión oficial, bajo el mando del general José Alberto Medrano, jefe de Inteligencia y luego director de la Guardia Nacional.

1963

Salvador Sánchez obtiene el título académico de Profesor de Educación Primaria Urbana extendido por la Escuela Normal Alberto Masferrer de San Salvador.

1965

Junio 21: Un grupo de maestros y maestras entre ellos la doctora Mélida Anaya Montes, los profesores Mario López, Humberto González, Mario Medrano, Arnoldo Vaquerano, Laura Inglés, Orlando Guerrero, Noé Coto, entre otros, fundan la Asociación Nacional de Educadores Salvadoreños (ANDES 21 de Junio) como resultado de un proceso de lucha magisterial iniciada años atrás.

Octubre: Se forma la Federación Unitaria Sindical de El Salvador (FUSS) que adopta la iniciativa de crear una Central única para los trabajadores, esto acelera el movimiento por la reivindicación de sus derechos.

1967

Abril 6: Estalla huelga de los trabajadores de la fábrica Acero, S.A., en demanda de aumento salarial, mejores condiciones de trabajo y respeto al derecho de huelga. La FUSS y los sindicatos de la Confederación General Salvadoreña (CGS) deciden apoyar a los sindicalistas; otras organizaciones progresistas brindan su respaldo moral, económico y material.

Abril 26: Comienza la Huelga General progresiva dirigida por la FUSS y la CGS en solidaridad con los obreros de la fábrica Acero, S.A. y por el derecho a la huelga. La unidad y la firmeza de lucha del movimiento sindical triunfan y se logra la solución del conflicto a favor de las demandas de los trabajadores.

Julio 1: Toma posesión como presidente el coronel Fidel Sánchez Hernández representante del PCN.

Octubre: ANDES 21 de Junio realiza su primera huelga a escala nacional que continúa durante enero y febrero de 1968, movilizando a más de 80 000 simpatizantes; treinta dirigentes fueron arrestados, Gilberto Martínez y Saúl Santiago Contreras son asesinados brutalmente.

1969

Junio 14: Comienza la guerra Honduras-El Salvador, conocida como la Guerra de las 100 Horas. El Salvador invade militarmente territorio hondureño y el 18 de julio se establece un cese al fuego, dejando numerosas víctimas, miles de salvadoreños expulsados de Honduras y diferentes explicaciones históricas sobre sus causas.

1970

Miembros del PCS crean el partido Unión Democrática Nacionalista (UDN) con el fin de concurrir en los comicios electorales.

Se retoma la lucha armada sobre la base principal de comandos urbanos que realizan acciones de propaganda armada y de recuperación económica. Progresivamente apoyan la insurrección.

Abril 1: Un grupo de compañeros y compañeras, bajo la conducción de Salvador Cayetano Carpio (Marcial), toma la decisión de constituir las Fuerzas Populares de Liberación «Farabundo Martí» (FPL). Los fundadores provenían de las filas del PCS, encabezados por Salvador Cayetano quien fuera su Secretario General desde 1964 hasta el 30 de marzo de 1970.

1971

Se crea la Unión Nacional Opositora (UNO) integrada por el Partido Demócrata Cristiano (PDC), el Movimiento Nacional Revolucionario (MNR) y la Unión Democrática Nacionalista (UDN). Su primer secretario general, Carlos Alberto Rivera, es secuestrado y desaparecido por la dictadura militar en el propio año; su sucesor, Manuel de Paz, también es secuestrado y desaparecido en 1980.

Abril 30: ANDES 21 de Junio organiza una manifestación donde participan 12 000 maestros y maestras de los 14 300 del país.

Julio 8: Inicia una huelga indefinida convocada por ANDES 21 de Junio en todo el país, participan cerca de 12 000 maestros y maestras.

Julio 16: Desfilan 12 000 maestros y maestras frente al Palacio Nacional; el Consejo Ejecutivo de ANDES 21 de Junio emprende huelga de hambre.

1972

Marzo: Se funda el Ejército Revolucionario del Pueblo (ERP) compuesto por grupos de estudiantes universitarios de posiciones radicales, así como cristianos de origen campesino u obrero.

Julio 1: Los militares y la oligarquía imponen un nuevo presidente —el coronel Arturo Armando Molina— tras un fraude electoral acompañado de represión sistemática contra el movimiento social y los sectores democráticos.

Julio 19: El presidente Molina ordena la ocupación militar de la Universidad de El Salvador. Sus instalaciones son atacadas con tanques, aviones y artillería, numerosas personas son arrestadas y encarceladas.

1974

Salvador Sánchez es electo en Asamblea General de ANDES 21 de Junio como miembro del Consejo Ejecutivo, luego pasa a ser secretario general de la directiva departamental de La Libertad.

Mayo: Nace el Frente de Acción Popular Unificada (FAPU), expresión política de la Resistencia Nacional (RN).

Diciembre: Las FPL coloca bombas en puesto de la Guardia Nacional como desagravio a los campesinos caídos en las masacres de La Cayetana, Tres Calles, Chinamequita y Santa Bárbara.

1975

Mayo 10: En el marco de una confrontación ideológica al interior del ERP, se produce la ejecución de Roque Dalton, se divide la organización. Nacen las Fuerzas Armadas de la Resistencia Nacional (FARN).

Julio 30: Es masacrada a balazos una manifestación de protesta de estudiantes universitarios, lo que provoca decenas de muertos y desaparecidos.

Julio 30: Surge el Bloque Popular Revolucionario (BPR) como expresión política de las FPL que aglutina varias organizaciones: Unión de Pobladores de Tugurios (UPT), Universitarios Revolucionarios (UR-19), Federación Cristiana de Campesinos Salvadoreños (FECCAS), Unión de Trabajadores del Campo (UTC), Movimiento Estudiantil Revolucionario de Secundaria (MERS) y ANDES 21 de Junio.

En reunión las FPL y la RN acuerdan impulsar las milicias.

1976

Enero 25: Nace el Partido Revolucionario de los Trabajadores Centroamericanos (PRTC) que tres años después da origen al Movimiento de Liberación Popular (MLP), integrado por obreros urbanos y agropecuarios, estudiantes de secundaria y universitarios.

1977

Febrero: Las organizaciones FPL, FARN, ERP, FAPU y BPR rechazan la vía electoral.

Febrero 20: Se celebran elecciones presidenciales que gana la coalición UNO. A pesar del claro triunfo, la oligarquía y los militares cometen fraude e imponen al candidato del PCN, general Carlos Humberto Romero.

Febrero 28: La UNO convoca al pueblo para reclamar el triunfo, miles de personas abarrotan la Plaza Libertad, ubicada en el centro de San Salvador. En la madrugada de ese día miembros del ejército y la Guardia Nacional, Policía Nacional, Policía de Aduanas y Policía de Hacienda cercan los accesos a la plaza y reprimen la concentración popular.

Surgen las Ligas Populares 28 de Febrero (LP-28). Frente de masas del ERP aglutina a campesinos, obreros urbanos y agropecuarios, estudiantes universitarios y de secundaria, pobladores de barrios, usuarios y trabajadores de los mercados.

Marzo 12: Es asesinado el padre Rutilio Grande, jesuita, párroco de Aguilares, junto a dos personas que lo acompañaban cuando se dirigían a celebrar una misa.

1979

Abril: El VII Congreso del PCS resuelve incorporarse a la lucha armada, abandona la vía electoral para acceder al gobierno y al poder político.

Julio 19: Triunfa en Nicaragua la Revolución sandinista, lo que estimula la lucha de las organizaciones de masas y el movimiento revolucionario.

Agosto 2: Es asesinado el padre Alirio Napoleón Macías, el sexto de los religiosos muertos desde que asume el poder el presidente Romero.

Septiembre 29: Son asesinados cuatro dirigentes campesinos, entre ellos el secretario general de la Federación de Trabajadores del Campo (FTC), Apolinario Serrano.

Octubre 15: Juventud Militar da golpe de Estado al general Romero, se conforma la primera Junta Revolucionaria de Gobierno.

1980

Enero 9: Se forma la segunda Junta surgida de un pacto entre la Fuerza Armada y el PDC.

Enero 10: El PCS, FARN y las FPL anuncian su unificación dentro de una estructura de mando coordinado.

Enero 11: Es fundada la Coordinadora Revolucionaria de Masas (CRM), agrupación unitaria para coordinar los esfuerzos de las organizaciones de masas surgidas a principios de los años setenta: FAPU, BPR y LP-28, a las que se sumó el frente abierto del PCS, UDN y MLP.

Enero 22: Las organizaciones aglutinadas en la Coordinadora de Masas realizan una gigantesca manifestación que reúne a más de 100 000 personas en las calles de San Salvador. Es disuelta a balazos.

Marzo 5: La Junta emite el Decreto 153, conocido como Ley Básica de Reforma Agraria. Al día siguiente anuncia planes para expropiar 263 de las más grandes propiedades de tierra. Estas reformas van acompañadas de una fuerte represión contra el pueblo.

Marzo 9: Tercera Junta de Gobierno, cuyo mando se extiende hasta 1982. Durante los meses siguientes la violencia se desborda en el país: los grupos de ultraderecha continúan actuando sin control.

Marzo 14: El Destacamento Militar No. 1, la Guardia Nacional, ORDEN y la Fuerza Aérea realizan la conocida Masacre del Río Sumpul, en el caserío de Las Aradas, departamento de Chalatenango. Más de 300 personas son asesinadas.

Marzo 24: Asesinan a Monseñor Óscar Arnulfo Romero con una sola bala en el corazón mientras oficiaba misa en el Hospital Divina Providencia.

Se crean las Fuerzas Armadas de Liberación, brazo armado del Partido Comunista de El Salvador (FAL-PCS).

Marzo 30: Durante la celebración del funeral de Monseñor Romero, cuando más de 100 000 fieles abarrotan la plaza de la catedral, francotiradores de la Guardia Nacional comienzan a disparar, lo que provoca la muerte a más de 40 personas y más de 200 heridos.

Abril 18: Se constituye el Frente Democrático Revolucionario (FDR) con la participación de CRM, los partidos políticos MNR, Movimiento Popular Social Cristiano (MPSC), un desprendimiento del PDC y el Movimiento Independiente de Profesionales y Técnicos de El Salvador (MIPTES).

Mayo 22: Se constituye la Dirección Revolucionaria Unificada Político-Militar (DRU), con la participación de tres miembros de las Comisiones Políticas de las FPL, RN, ERP y PCS.

Octubre 10: Se funda el Frente Farabundo Martí para la Liberación Nacional, (FMLN) integrado originalmente por cuatro organizaciones (FPL, RN, ERP y PCS), en diciembre de ese año se incorpora el PRTC. Esta decisión precede al lanzamiento de la Ofensiva General del 10 de enero de 1981, con la cual comienza el despliegue de la guerra popular revolucionaria.

Noviembre 27: Los principales dirigentes del FDR: su presidente Enrique Alvarez Córdova, Juan Chacón (BPR), Manuel Franco (UDN), Humberto Mendoza (MLP) y Enrique Barrera (MNR) son secuestrados en San Salvador y asesinados por un Escuadrón de la Muerte.

1981

Enero 10: El FMLN inicia una ofensiva general que significa un cambio en la situación política y militar del país. Se inicia un período de resistencia y formación de la retaguardia. Todas las organizaciones comienzan a construir bases de apoyo, unidades de ejército guerrillero y desarrollan una estrategia político-diplomática.

Agosto 28: Los gobiernos de México y Francia suscriben declaración conjunta en la que reconocen a la alianza FMLN-FDR como una fuerza beligerante representativa del pueblo salvadoreño.

Diciembre 10: El ejército en combinación con los cuerpos de seguridad pasa a operar directamente con tácticas de grandes operativos de limpieza y aniquilamiento. Más de 500 personas, en su mayoría niños, son apresadas en el Caserío El Mozote, departamento de Morazán, al día siguiente, el 11 de diciembre, fueron ejecutados deliberada y sistemáticamente.

1982

Enero: Radio Farabundo Martí inicia transmisiones desde Chalatenango; comienzan campañas militares para expulsar de la zona al ejército, cuerpos represivos y paramilitares. Se declaran los primeros territorios liberados por el FMLN.

Junio: FMLN retoma la ofensiva: emboscadas y combates con unidades estratégicas móviles, se derriba helicóptero y es capturado el viceministro de Defensa, coronel Castillo.

Octubre 5: Se presenta Propuesta de diálogo del FDR-FMLN.

1983

Enero 8: Los cancilleres de Colombia, México, Venezuela y Panamá se reúnen en la Isla de Contadora, Panamá, con el fin de encontrar una solución al conflicto que vivía el área centroamericana.

Abril 6: Asesinato de la comandante Ana María —Mélida Anaya Montes—, dirigente de las FPL.

Abril 12: Suicidio del comandante Marcial, fundador de las FPL.

Agosto: El Consejo Revolucionario de las FPL elige nuevo Comité Central, organismo de conducción político-militar permanente en lo estratégico y lo táctico. Además se elige primer secretario del Comité Central de las FPL y Comandante en Jefe de las Fuerzas Armadas Populares de Liberación (FALP) al Comandante Leonel González; también es electo el Comandante Dimas Rodríguez como segundo secretario y segundo jefe de FAPL.

Diciembre: Ocupación del cuartel de El Paraíso. Se afianzan y extienden zonas de control del FMLN: Chalatenango, Morazán y San

Miguel. Se crean los poderes populares locales como instancias de poder político paralelo.

1984

Marzo 25: En un clima de intensificación de los combates se realizan elecciones generales: en la primera vuelta ningún candidato obtiene la mayoría de votos, en la segunda se impone José Napoleón Duarte contra la ultraderechista ARENA del mayor Roberto D´Aubuisson.

Octubre 15: Reunión en La Palma, departamento de Chalatenango, constituye el primer esfuerzo de diálogo entre el Gobierno de El Salvador y el FMLN-FDR al más alto nivel, con la intermediación de la Iglesia católica.

Noviembre 30: Reunión de diálogo en Ayagualo, departamento de La Libertad entre las delegaciones del Gobierno de El Salvador y FMLN-FDR, bajo la coordinación de Monseñor Arturo Rivera y Damas, Arzobispo de San Salvador.

1987

Julio 10: Se presenta la propuesta política de FMLN-FDR a los diversos sectores sociales para buscar una solución al conflicto.

Octubre 5: Reunión en la Nunciatura Apostólica en San Salvador; participa en la delegación gubernamental el presidente José Napoleón Duarte y por FMLN/FDR Guillermo Ungo, Héctor Oquelí Colindres, Rubén Zamora, los comandantes Schafik Hándal, Leonel González y Jorge Meléndez.

Octubre 26: FMLN suspende el diálogo ante recrudecimiento de la represión y el asesinato del coordinador de la Comisión de Derechos Humanos, Herbert Anaya.

1988

Septiembre 13: FMLN lanza nueva ofensiva para golpear militarmente al ejército y lograr impacto político sobre las masas. Comandos urbanos empiezan a ocupar la capital. Campaña militar de 195 días.

1989

Enero: FMLN levanta propuesta electoral.

Abril 6: FMLN presenta en Washington plataforma de negociación para finalizar guerra en EL Salvador.

Mayo 25: FMLN inicia campaña nacional «Todos contra ARENA, a luchar por la paz». Los comandos urbanos y las milicias clandestinas lanzan un ataque simultáneo contra el cuartel central de la I Brigada, cuartel de la policía de Zacamil y posiciones periféricas.

Junio 7: FMLN realiza maniobra nacional en diez departamentos con acciones diurnas simultáneas: diez ataques de mediana envergadura, incursiones y toma de nueve poblaciones. Efectúa combate antiaéreo, sabotaje a la infraestructura eléctrica y control de tramos de carretera.

Julio 27: El Consejo de Seguridad de Naciones Unidas adopta resolución en la que expresa su pleno apoyo a los esfuerzos del Secretario General a fin de continuar con su misión de buenos oficios en la búsqueda de la paz en Centroamérica.

Septiembre 12: Encuentro de diálogo entre el gobierno y FMLN en la ciudad de México. El día 15 suscriben acuerdo para entablar un proceso de diálogo con el objeto de poner fin por la vía política al conflicto en El Salvador.

Octubre 31: Estalla una bomba en la sede de la Federación Nacional de Sindicatos de Trabajadores Salvadoreños (FENASTRAS), destruye las dos plantas del edificio y mata alrededor de diez sindicalistas.

Noviembre 11: FMLN lanza la ofensiva «Al tope y punto», ocupando varias zonas de la capital y de la periferia. El gobierno responde con bombardeos sobre varias zonas capitalinas; la guerra llega a los barrios de la oligarquía. Toma del Hotel Sheraton.

Noviembre 16: Elementos del batallón enemigo Atlacatl incursionan en la Universidad Centroamericana José Simeón Cañas, asesinan a sangre fría a seis padres jesuitas y a dos trabajadoras.

1990

Abril 4: Se firma en Ginebra, Suiza, el protocolo de negociación entre el gobierno salvadoreño y el FMLN, que establece los propósitos y el marco de la negociación política orientada a poner fin al conflicto armado, lograr la democratización, el irrestricto respecto a los derechos humanos y la reconciliación de la sociedad salvadoreña.

Mayo 21: FMLN y delegados plenos del gobierno de ARENA suscriben el Acuerdo de Caracas sobre agenda nacional y un calendario de negociación y bajo la mediación de Álvaro de Soto, representante del Secretario General de la ONU.

Junio 19: Inicia reunión de diálogo entre el gobierno y FMLN en Oaxtepec, México, se discute el tema de la Fuerza Armada, sin lograr un acuerdo.

Julio 26: Reunión en San José, Costa Rica, de las comisiones de negociación del gobierno de El Salvador y del FMLN. Se afirma acuerdo sobre derechos humanos y el establecimiento de una misión de verificación de las Naciones Unidas.

Diciembre: Ofensiva militar de carácter nacional, la más importante después de 1989. Se derriban los primeros aviones con misiles tierra-aire.

Se unifican los ejércitos revolucionarios bajo la denominación de Ejército Nacional para la Democracia (END).

1991

Abril 27: Acuerdo de México sobre reformas constitucionales relativas a la Fuerza Armada, los derechos humanos, el sistema judicial y el electoral.

Mayo 20: El Consejo de Seguridad de la ONU aprueba la creación de la Misión de Observadores de las Naciones Unidas para El Salvador (ONUSAL).

Septiembre 25: Acuerdo de Nueva York que establece una «negociación comprimida» para los temas de seguridad pública, económico-sociales y reinserción de combatientes.

Diciembre 31: FMLN y gobierno salvadoreño llegan al acuerdo del fin de la guerra en la sede de la ONU en Nueva York.

1992

Enero 16: Se firma en el Castillo de Chapultepec, México, el Acuerdo de Paz entre el FMLN y el gobierno de El Salvador.

Enero 27: Se reúne la Subcomisión de Cese del Fuego en San Salvador, para ultimar los detalles y procedimientos operativos relacionados con el cese del fuego, la separación de fuerzas y el proceso de transformación de los aparatos militares.

Enero 31: Hace su arribo al país la Comandancia General del FMLN.

Febrero 1: Se inicia el Cese del Enfrentamiento Armado entre el ejército salvadoreño y el FMLN bajo la verificación de Naciones Unidas. Se instala la Comisión Nacional para la Consolidación de la Paz (COPAZ).

Febrero 7: Inicia la segunda fase de la separación de fuerzas: 8 600 ex combatientes del FMLN se concentran en quince puntos.

Febrero 24: FMLN denuncia que aviones no identificados han maniobrado sobre sus campamentos.

Marzo 1: Schafik denuncia que las incursiones aéreas de naves *fantasma* sobre los campamentos del FMLN continúan.

Mayo 19: Vladimir Flores, miembro del FMLN, sufre atentando en la periferia de San Salvador.

Junio 30: Un total de 1 686 ex combatientes del FMLN, equivalentes al primer 20%, procedieron a la desmovilización, desarme e incorporación a la vida civil.

Septiembre 1: Escritura de fundación legal del FMLN es suscrita en acto público.

Octubre 28: Se realiza la Primera Asamblea Nacional del FMLN.

Diciembre 14: Tribunal Supremo Electoral otorga al FMLN su personería jurídica. Comienza una nueva etapa de lucha dentro de la legalidad y nueva institucionalidad surgida de los Acuerdos de Paz.

Diciembre: Schafik Jorge Hándal es elegido Coordinador General del FMLN.

1993

Marzo 15: La Comisión de la Verdad entrega oficialmente en Nueva York su informe a Naciones Unidas y a las distintas partes.

Septiembre 4: Schafik Hándal es reelecto Coordinador General del FMLN durante la Primera Convención Ordinaria. Además, se aprueba la participación del partido en las elecciones generales de marzo de 1994, se ratifican los candidatos a los cargos públicos, la plataforma programática y la decisión de apoyar la candidatura presidencial de Rubén Zamora por la Convergencia Democrática y Francisco Lima como candidato a la vicepresidencia.

Octubre 22: El Escuadrón de la Muerte Maximiliano Hernández Martínez, amenaza al doctor José María Méndez con el secuestro de su esposa u otro miembro de su familia, si este no disuadiera al doctor Francisco Lima de renunciar a la vicepresidencia de la coalición FMLN-CD.

1994

Abril 24: En segunda vuelta electoral es declarado presidente Armando Calderón Sol. El FMLN surge como segunda fuerza política nacional, ganó 15 alcaldías y 21 diputados y diputadas (de un total de 84).

Septiembre: Luego de las elecciones presidenciales, ERP y RN adoptan una ideología socialdemócrata, se separan del FMLN para formar, conjuntamente, un nuevo partido político llamado Partido Demócrata (PD). En las elecciones de marzo de 1997 gana menos del 1% del voto nacional y desaparecen.

Diciembre 18: En II Convención Ordinaria el FMLN resuelve avanzar hacia la unificación como partido democrático, revolucionario y pluralista.

1995

Abril 30: ONUSAL da por finalizado su cometido de verificación de los Acuerdos de Paz y se retira del país dejando una reducida dotación de personal.

Junio. Tras varios meses de debate, el Consejo Nacional determina que el FMLN debe transformarse en un partido de tendencias y además en un partido socialista. Ello implicaría trabajar por la gradual disolución, durante 1995, de las estructuras de cada partido y organización integrante del FMLN y dar paso a estructuras únicas.

Diciembre 9: A 25 años de su fundación se realiza el congreso final de las FPL, acuerdan disolver a partir de ese día su estructura partidaria e integrarse plenamente al FMLN para promover la democratización, renovación y unificación.

Diciembre 17 y 18: En su III Convención Nacional Ordinaria el FMLN declara disueltas las cinco organizaciones transformándose en un partido de tendencias en transición hacia un solo partido unificado.

Diciembre: Hándal entrega la Coordinación General del FMLN a Salvador Sánchez Cerén (comandante Leonel González).

1996

Octubre: IV Convención Nacional Ordinaria prepara al partido para librar las batallas electorales del 16 de marzo de 1997, toman resoluciones sobre la plataforma electoral y ratifican candidatos a la Asamblea Legislativa y consejos municipales.

1997

Marzo: Elecciones para diputados y alcaldes, FMLN gana 27 escaños en la asamblea legislativa y 54 alcaldías, entre ellas las de las dos ciudades más grandes: San Salvador y Santa Ana.

Diciembre 7: De la V Convención Nacional Ordinaria del FMLN surgen las nuevas autoridades que guiarían la lucha del pueblo en las elecciones presidenciales de 1999, es electo Coordinador General Facundo Guardado. Pero en lugar de terminar con las tendencias como fase de transición, el partido se estructura en grupos de corrientes de pensamiento discrepantes entre sí acerca de aspectos fundamentales como el proyecto de la revolución democrática, la estrategia política y el programa para las elecciones presidenciales de 1999.

1999

Marzo: Menos del 40% de los posibles votantes asiste a las urnas para escoger al nuevo presidente de la república, Francisco Flores, de ARENA.

Julio 24–25: En la X Convención Nacional (Extraordinaria) es elegido Fabio Castillo como Coordinador General del partido FMLN.

2000

Marzo: En las elecciones legislativas el FMLN conquista 31 lugares en la Asamblea Nacional. ARENA logra 29. Las elecciones simultáneas para consejos municipales hacen posible la victoria del FMLN en ocho de las catorce capitales de provincias, incluido San Salvador.

Marzo 12: Salvador Sánchez Cerén es electo diputado para la Asamblea Legislativa por la Circunscripción Nacional para el período que se inicia el 1 de mayo de 2000 y finaliza el 30 de abril de 2003. Seguidamente es electo por el Consejo Nacional del FMLN como jefe de su fracción legislativa.

Noviembre: El gobierno salvadoreño anuncia la adopción del dólar estadounidense como moneda nacional en lugar del colón.

2001

Noviembre 25: Se realizan elecciones de autoridades del partido, nacionales, departamentales y municipales mediante voto secreto y directo de los afiliados al partido.

2002

Abril: Facundo Guardado y otros miembros salen del FMLN y forman el partido Movimiento Renovador. En las elecciones de marzo de 2003 reciben menos del 2% del voto nacional y desaparecen.

2003

Marzo: En las elecciones legislativas de marzo de 2003, el FMLN mantiene sus 31 diputados, ARENA pierde 2 escaños y se queda con 27, y el PCN asciende a 16 diputados.

Marzo 16: Nuevamente Salvador Sánchez Cerén es electo diputado para la Asamblea Legislativa por la Circunscripción Nacional para el período comprendido entre el 1 de mayo de 2003 y el 30 de abril de 2006.

Agosto 31: El FMLN elige a Schafik Jorge Hándal y al doctor Guillermo Mata Bennett como candidatos a Presidente y Vicepresidente —en ese orden— para las elecciones de 2004.

2004

Marzo 21: En medio de una campaña de intimidación y terror, el candidato arenero, Elías Antonio Saca, gana la presidencia.

2005

Enero 24: Schafik Hándal, líder histórico del FMLN, muere inesperadamente a causa de un paro cardíaco en el Aeropuerto Internacional de El Salvador poco después de su arribo de La Paz, Bolivia. Decenas de miles de personas participan en los actos fúnebres, lo que ha sido calificado como una de las mayores manifestaciones de duelo en los últimos 25 años. Hándal ocupaba el cargo de diputado y jefe de fracción del FMLN, era miembro de la Comisión Política.

2006

Marzo 12: Salvador Sánchez Cerén es reelecto diputado para la Asamblea Legislativa por el departamento de San Salvador para el período extendido entre el 1 de mayo de 2006 y el 30 de abril de 2009. Con la muerte de Hándal asume la coordinación del grupo parlamentario del FMLN.

Anexos

El autor considera necesario presentar a los y las lectoras, que la siguiente selección de textos fueron escogidos con el criterio de profundizar en los sucesos ocurridos en abril de 1983 en las FPL y su impacto en el desarrollo de la Guerra Popular Revolucionaria en El Salvador.

Aclaramos que los documentos que se presentan fueron transcritos según los originales o versiones impresas.

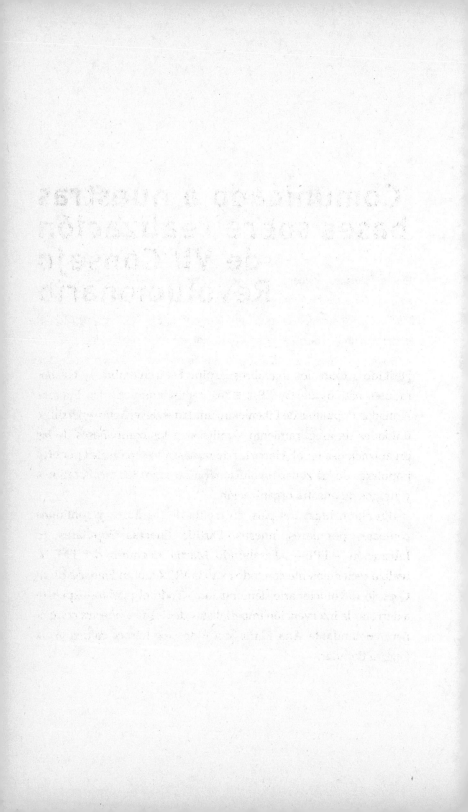

Comunicado a nuestras bases sobre realización de VII Consejo Revolucionario

Dirigido a todos los miembros, aspirantes a miembros y colaboradores activos de las FPL; a los combatientes de las Fuerzas Armadas Populares de Liberación; unidades del ejército, guerrillas, unidades de aseguramiento y milicias; a los compañeros de las organizaciones revolucionarias de masas; a los crecientes poderes populares de las zonas revolucionarias; a todos los colaboradores y amigos de nuestra organización.

En algún lugar del país, en medio de los duros y continuos combates populares, nuestro Partido Fuerzas Populares de Liberación —FPL— «Farabundo Martí» miembro del FMLN, realizó recientemente con todo éxito la VII Reunión Plenaria de su Consejo Revolucionario denominada: «Todo el pueblo dispuesto a derrotar la intervención imperialista» dedicada a nuestra compañera comandante Ana María y a todos los héroes caídos en la Guerra Popular.

I. Marco histórico coyuntural

Esta histórica reunión se da en un marco Internacional que se caracteriza por las medidas intervencionistas, agresivas y criminales del Imperialismo Norteamericano. La actual administración fascista de Ronald Reagan, haciendo gala de su prepotencia imperialista, pretende detener el avance incontenible de la justa lucha de los pueblos Centroamericanos por conquistar su liberación.

El Área de Centroamérica y el Caribe, han sido impactadas por la provocación irracional de Estados Unidos, que haciendo uso de la «política diplomática de los cañones» despliega enormes maniobras militares de bloqueo contra nuestro hermano pueblo de Nicaragua.

La instalación de Bases Militares Yankys en Honduras, el reacondicionamiento de la dictadura militar en Guatemala con el golpe de Estado contra Rios Mont y las medidas Imperialistas por reactivar el CONDECA con fines intervencionistas, clarifican las pretensiones imperialistas, que son:

- Regionalizar la Guerra, involucrando a toda Centroamérica.
- Derrocar al Gobierno Sandinista de Nicaragua.
- Derrotar la lucha heroica del Pueblo salvadoreño, vanguardizado por el Frente Farabundo Martí para la Liberación Nacional (FMLN).

En el campo Internacional, la situación Centroamericana, se considera un punto crítico que amenaza la Paz Mundial, por la política agresora de Estados Unidos, generando en reacción un movimiento Internacional favorable a nuestra lucha, el cual se expresa en apoyo político-diplomático.

La dictadura de Magaña y el Ejército títere de El Salvador, buscan tomar y mantener la iniciativa en lo militar y en lo político,

que les permita crear una situación favorable para golpear estratégicamente a la Revolución salvadoreña; y poner paliativos a la profunda crisis económica y política que agudiza las contradicciones
en el seno de las clases dominantes.

Con una creciente ayuda económica y militar, y más depen-
dientes de las decisiones y estrategia imperialista impulsan ofensivas constantes readecuándolas con las nuevas tácticas ordenadas
por los asesores; disfrazando el genocidio y la represión anti-popu-
lar con la demagogia, con planes como el CONARA, la Amnistía,
la farsa electoral, etc.

Hacen recaer sobre las espaldas del pueblo trabajador el peso
de la crisis elevando aceleradamente el costo de la vida, incrementando el precio de los granos básicos y de los productos
más vitales, que a su vez escasean al reducirse su producción. El
impacto directo es la reducción del salario real de los trabajadores
y el empeoramiento de sus condiciones de vida. Sumado al grave
desempleo existente crea condiciones que alimenta el incremento
de las luchas reivindicativas de los obreros, empleados y demás
sectores populares.

Otro factor decisivo del momento es el desarrollo político-militar
alcanzado por el FMLN y por cada una de sus organizaciones.
Que aumenta y cualifica sus unidades militares que avanzan hacia
la formación de un poderoso Ejército Popular; amplía los teatros
de operaciones golpeando y aniquilando tropas de operaciones
enemigas; reactiva el accionar militar en las ciudades; profundiza
y consolida las Zonas Controladas. Al mismo tiempo se avanza en
ahondar el proceso unitario en todos sus aspectos fortaleciendo al
FMLN y caminando a la creación de la amplia alianza de todo el
pueblo.

Se crean las condiciones y concretan esfuerzos por retomar
y mantener en cada momento la iniciativa táctica en lo político-
militar y diplomático.

Dentro de este contexto, nuestro Partido FPL se ha fortalecido y consolidado; desarrollando e incrementando las FAPL, que han ganado una amplia experiencia combativa; estrechando nuestros vínculos con las masas trabajadoras y dando aportes en la lucha diplomática a nivel Internacional.

Nuestro Partido en construcción y desarrollo se ha visto sometido a una dura prueba de fuego con el asesinato de nuestro segundo responsable y el suicidio del primer Responsable, prueba de la que hemos sabido salir adelante demostrando el nivel de madurez alcanzado y la cohesión interna de las FPL.

Nuestra respuesta ha sido:

a) Fortalecer la cohesión interna del Partido.

b) Fortalecimiento de sus Organismos de Dirección estratégicos.

c) Trazamiento de una línea clara, científica, como arma para avanzar en la Revolución Popular, y para enfrentar al Imperialismo Yanky.

Podemos concluir que la Revolución salvadoreña y su Vanguardia el FMLN se encuentran en un proceso de franco avance político-militar.

II. Desarrollo del VII Consejo Revolucionario

Como en sus anteriores sesiones ordinarias, esta VII Reunión Plenaria de nuestro máximo Organismo de Dirección, el Consejo Revolucionario, se caracterizó por un marco de trabajo intenso; con gran seriedad y responsabilidad, y en un ambiente de camaradería y profunda cohesión político-ideológica, los Consejales discutieron y profundizaron los principales problemas de la Guerra Popular, de la organización, de nuestra línea. Dotando a nuestro Partido y al pueblo:

a. De una profunda valoración de los sucesos de abril. Realizando una honesta y correcta crítica y auto-crítica y una científica valoración de los hechos, que nos han dado como producto una riqueza de lecciones que podrán ser un valioso aporte al movimiento revolucionario Centroamericano y latinoamericano.

b. De un fortalecimiento de los máximos organismos de Dirección de nuestro Partido:

- Incorporando nuevos Consejales a su seno. Cuadros formados en la lucha diaria, en el combate contra los enemigos de clase. La mayoría de ellos provenientes de las filas del proletariado (obreros y campesinos).

- Dando muestras de elevada cohesión interna, el Consejo Revolucionario, llevó adelante la elección del nuevo Comité Central, que es el organismo de conducción permanente político-militar, en lo estratégico y táctico. Eligiendo para tan alta responsabilidad a compañeros consejales probados en el combate popular político-militar.

En una elección de plena <u>unanimidad</u> el Consejo Revolucionario eligió al primer Secretario del Comité Central de las FPL y Comandante en Jefe de las Fuerzas Armadas Populares de Liberación (FAPL) al compañero Comandante LEONEL GONZÁLEZ; así mismo eligió al compañero Comandante DIMAS RODRÍGUEZ a la responsabilidad de Segundo Secretario del Comité Central y sustituto al mando en la Comandancia General de las FAPL.

Este fortalecimiento de nuestra máxima dirección significa un salto de calidad en la capacidad de conducción y dirección del Partido y dará un aporte significativo a la Dirección y conducción del FMLN.

c. De un reordenamiento y adecuación de los Estatutos de las FPL, que expresan las líneas de nuestro funcionamiento, estructura y reglamentación Partidaria.

Los Estatutos constituyen uno de los pasos más decisivos de nuestra conversión en Partido, ya que materializan y regulan, de acuerdo a nuestras condiciones particulares, los principios Leninistas de organización, las bases de su funcionamiento proletario, estatuyen el carácter ideológico Marxista-Leninista y los objetivos revolucionarios fundamentales de las FPL. Representan la sistematización teórica de la experiencia adquirida, en este terreno, en los l3 años de vida combatiente de las FPL.

d. De un profundo análisis científico de la situación Nacional e Internacional, así como del desarrollo de la Guerra y la correlación de fuerzas en lo interno e internacional.

A partir del cual se trazaron líneas estratégicas para el presente período. Se definió la caracterización del período, los objetivos estratégicos a alcanzar y las líneas generales de como nuestro Partido, junto al FMLN y a todo el Pueblo, deberá avanzar hacia la Toma del Poder, enfrentar al Imperialismo Yanky, contribuir a la revolución en Centroamérica y a la lucha por la Paz a nivel Mundial.

III. Principales líneas y acuerdos

A. Caracterización del período:

Caracterizamos este período como un Período Revolucionario donde todo el proceso avanza hacia la conformación de una Situación Revolucionaria en el marco de coyunturas político-militares que nos pueden permitir dar el salto hacia la Toma del Poder.

Sus principales características son:

a. Inicio por parte del FMLN de las batallas decisivas hacia las batallas definitivas por la Toma del Poder.

b. Fortalecimiento y desarrollo de la Unidad Revolucionaria (FMLN) y por tanto de la conducción estratégica de la guerra.

c. Ampliación, organización y consolidación de la base social de la Revolución, movilización, organización e incorporación de la clase obrera y resto del pueblo trabajador, forjamiento de la alianza obrero-campesina, como base de la amplia alianza de todos los sectores patrióticos, progresistas, democráticos y revolucionarios.

d. Creciente proceso intervencionista del Imperialismo Yanky que apunta a desembocar en la Intervención Militar directa abierta o encubierta.

e. Nuestra Revolución se inserta en el marco del desarrollo de la lucha de clases a nivel Mundial y específicamente a nivel regional.

B. Objetivos estratégicos del período

a. Intensificar la lucha popular revolucionaria, en todos los aspectos político, militar y diplomático para desencadenar las batallas definitivas por la Toma del Poder. Esto significa derrotar las maniobras políticas y militares del enemigo, hasta alcanzar el triunfo definitivo de la Revolución, e instaurar un gobierno de la más amplia participación de todas las fuerzas económicas, sociales, políticas, progresistas, patriotas, democráticos y revolucionarios de nuestro país. Es decir con un carácter fundamentalmente Anti-Oligárquico y anti-Imperialista.

b. Unir y tensionar todos nuestros esfuerzos en la lucha contra la Intervención, buscando amarrar la mano agresora del Imperialismo y preparándonos para derrotarla si llega a concretarse. En defensa de la legítima Soberanía salvadoreña y el derecho de nuestro pueblo a su libre auto-determinación.

C. Tareas estratégicas del período:

1. La construcción del Partido Marxista-Leninista como factor clave para la conducción exitosa de la Guerra Popular en este período y como garantía del avance de las conquistas de la Revolución posteriormente.

En este sentido, vigorizar la conducción político-militar de las FPL en la Guerra, avanzando en nuestro desarrollo como Destacamento de Vanguardia de la clase obrera, como Partido Marxista-Leninista; contribuyendo a la vez y poniendo todos los esfuerzos para que el FMLN asuma la conducción estratégica de la Guerra.

2. Derrota efectiva de las tropas de operaciones del enemigo

(tropas élites, cazadores y tropas regionales). Desarrollando para ello nuestras Fuerzas Armadas Populares de Liberación en creciente cooperación y coordinación con las Fuerzas Militares de las demás organizaciones hermanas (FAL, ERP, FALP y FARN).

3. Lograr la incorporación activa de todo el Pueblo a las tareas de la guerra, a la Insurrección y a las Fuerzas Armadas del FMLN. Desarrollando un movimiento de masas activo que despliegue un accionar multifacético en los distintos tipos de zona y principalmente en las ciudades, que haga posible la incorporación de los sectores más atrasados a las tareas del cambio Democrático-Revolucionario.

4. Fortalecer la unidad revolucionaria que se expresa en el FMLN, al que consideramos como Vanguardia político-militar de nuestra Revolución en estos momentos. Es tarea nuestra consolidarlo y hacer que se convierta en Vanguardia permanente de la Revolución.

Son tareas máximas de las FPL, en la proyección de la Unidad a nivel del FMLN:

i. Construcción del Partido Comunista Único.

ii. Construcción de un solo Ejército Popular.

iii. Construcción de un solo Frente de Masas.

Nuestro Partido reconoce como Ley de la Revolución Socialista la necesidad de una Dirección Única de la clase Obrera. De ahí que se plantee como objetivo y deber contribuir a la construcción del Partido Comunista Único de nuestra Revolución. Tarea en la que avanzaremos a partir del FMLN, de manera flexible, de acuerdo al principio del desarrollo dialéctico, y teniendo en cuenta la situación de cada una de las organizaciones hermanas.

5. Preparar las condiciones políticas y militares que conduzcan a nuestro pueblo hacia la Insurrección.

6. Hacer mayores y más dinámicos esfuerzos para lograr una efectiva ampliación de nuestras alianzas:

a. Fortaleciendo y concretando la alianza Obrero-Campesina, que es la base fundamental de las Fuerzas Motrices de la Revolución, de la amplia alianza de todo el pueblo.

b. Ampliar las alianzas con otros sectores económicos y políticos del país, incorporando a sectores democráticos, progresistas, patriotas, anti-imperialistas que puedan ser atraídos hacia el proyecto político inmediato de la Toma del Poder e instauración de un gobierno anti-oligárquico y anti-imperialista.

Es tarea estratégica, la construcción de un Frente Amplio, de contenido anti-oligárquico y anti-imperialista, que luche por la Paz, la auto-determinación y la defensa de la soberanía, como intereses de toda la Nación frente a la intervención Imperialista, así como por la Democracia y los intereses económico-sociales de las clases y sectores agrupados en dicho Frente.

Con esta perspectiva, consolidar la alianza entre el FMLN-FDR.

7. Impulsar la política del diálogo y Negociación en función de alcanzar los objetivos Estratégicos de la Toma del Poder y contra la Intervención.

Consideramos el diálogo y la negociación como un medio estratégico auxiliar para hacer avanzar la Guerra del Pueblo, que debe de combinarse estrechamente y contribuir al desarrollo de las otras formas estratégicas de lucha: la lucha armada y la Lucha Política, siendo la lucha armada la forma principal para conquistar el Poder. Este medio de lucha tiene como objetivos:

a. Contribuir a impedir la intervención directa del Imperialismo y ha hacerle frente si ocurre.

b. Contribuir a alcanzar la Victoria Popular con menores costos sociales, y a crear condiciones para avanzar hacia superiores niveles de combates político-militar.

c. Dividir a los enemigos de la Revolución y aislar a los enemigos principales, ganando a la vez, nuevos aliados de la Revolución.

d. Contribuir a preservar la Paz en la Región y a nivel Mundial.

8. Impulsar la lucha diplomática a nivel Internacional, buscando como uno de sus objetivos fundamentales ampliar y consolidar el movimiento de Solidaridad Internacional activa en nuestra lucha.

9. Desarrollar una línea agresiva, efectiva, Ágil y clara del trabajo de agitación, captación y descomposición hacia las filas del enemigo. Impulsando nuestra política revolucionaria justa de trato a los prisioneros que se rinden en combate o que desertan en las filas del ejército títere, y con creatividad y audacia implementar todas las medidas políticas, propagandísticas, organizativas, etc. que permitan concretizar esta tarea.

10. Fortalecer y ampliar nuestra política de Internacionalismo Proletario, estrechando nuestros vínculos con los aliados estratégicos naturales de nuestra Revolución: Cuba, Nicaragua, Vietnam y todo el campo Socialista Mundial encabezado por la Unión Soviética.

Contribuyendo y reconociendo solidariamente los grandes esfuerzos que realizan todas las fuerzas progresistas, democráticas y revolucionarias del mundo en la lucha por la Paz Mundial y el progreso social; solidarizándonos particularmente con los pueblos y movimientos de América Latina que luchan incansablemente contra oprobiosas dictaduras militares, contra las directas provocaciones intervencionistas y la voraz explotación del Imperialismo Norteamericano; con los Pueblos de Centroamérica y en especial con el heroico Pueblo de Nicaragua Sandinista que enfrenta diariamente la agresión Imperialista.

Todo el pueblo dispuesto a derrotar la intervención imperialista!

Comandante Ana María... hasta la victoria siempre!

Por los compañeros caídos... juramos vencer!

Unidos para combatir... hasta la victoria final!

Revolución o muerte... el pueblo armado vencerá!

Revolución o muerte... venceremos!

Proletarios de todos los países: unidos!

Viva el VII Consejo Revolucionario!

Vivan las FPL! Viva el FMLN!

Adelante! La victoria es de nuestro pueblo!

VII Reunión Plenaria del Consejo Revolucionario de las Fuerzas Populares de Liberación —FPL— «Farabundo Martí» miembro del FMLN.

Septiembre de 1983.
El Salvador C.A.

Comunicado oficial de las FPL

El Comité Central de las Fuerzas Populares de Liberación —FPL— «Farabundo Martí», miembro del Frente Farabundo Martí para la Liberación Nacional FMLN comunica a la clase obrera, al pueblo salvadoreño y a los demás pueblos del mundo, a las organizaciones revolucionarias hermanas, al movimiento revolucionario mundial y a los gobiernos progresistas que: en el curso de la compleja, difícil, sacrificada y victoriosa lucha del pueblo salvadoreño por su liberación, frente a la rabiosa y genocida dictadura militar de la oligarquía, apoyada, suministrada y asesorada por el imperialismo yanqui, las FPL «Farabundo Martí», junto a las demás organizaciones revolucionarias integrantes del FMLN, ha venido aplicando, desarrollando y enriqueciendo su línea estratégica, asimilando la rica experiencia revolucionaria de nuestro proceso y de otros pueblos del mundo.

En el mes de agosto del presente año, realizamos la séptima reunión plenaria de nuestro Consejo Revolucionario, máximo organismo de dirección de nuestro partido FPL «Farabundo Martí». Donde en un marco de intenso trabajo, con gran seriedad, responsabilidad y elevada cohesión político-ideológica los consejales discutimos y profundizamos los principales problemas de la guerra popular, de nuestra organización y de nuestro pueblo.

Dotando a nuestro partido y al pueblo:

a) De una profunda valoración del asesinato a nuestro segundo responsable Comandante Ana María y suicidio de nuestro primer responsable Marcial, haciendo una científica valoración de los hechos.

b) De un fortalecimiento de los máximos organismos de dirección de nuestro partido: Consejo Revolucionario y Comité Central, eligiendo a nuestro primer y segundo secretario.

c) De un profundo análisis científico de la situación nacional e internacional, así como del desarrollo de la guerra y de la correlación de fuerzas en lo interno y en lo internacional. A partir del cual, se trazaron las líneas estratégicas para el presente período, retomando y enriqueciendo nuestra línea estratégica general.

Retomando y enriqueciendo nuestra línea estratégica general, como resultado de las investigaciones y valoraciones sobre el doloroso y repudiable asesinato de la Compañera Mélida Anaya Montes, Comandante Ana María, y el suicidio de Salvador Cayetano Carpio, Marcial, el Consejo Revolucionario concluyó lo siguiente:

Que Salvador Cayetano Carpio quien era nuestro primer responsable y comandante en Jefe de las Fuerzas Armadas Populares de Liberación entró en los últimos años en un proceso de descomposición ideológica y política, que lo llevaron a serias deformaciones y desviaciones que culminaron con el asesinato de la compañera Ana María, del cual fue el principal promotor y responsable. Entre estas desviaciones estaban las siguientes:

1. Marcial desarrolló una exagerada auto-estimación que lo llevó a considerarse como el más consecuente, puro e intachable revolucionario de nuestro país e incluso de la región. Como el único

intérprete verdadero del proletariado salvadoreño y de nuestro pueblo, con una fuerte inclinación a ser elogiado y adulado y a sobreponer su persona y sus opiniones por encima del colectivo y de los organismos del partido. A proteger y dedicar su atención únicamente a quienes lo aplaudían ciegamente, y al mismo tiempo a ver a los demás con desconfianza, veía a quienes no aceptaban sus posiciones como un peligro para la revolución, como instrumento inconsciente de los enemigos de él.

2. Producto de este exacerbado amor propio, Marcial fue cayendo en un serio atraso político y una incapacidad de poner su pensamiento y su acción a la altura de las demandas históricas que planteaba el desarrollo de nuestra revolución; Marcial se aferró a esquemas y a un pensamiento dogmático y sectario, el cual, junto a su obstinación en hacerlo prevalecer a cualquier costo, se convirtió en retranca para el avance de las FPL Farabundo Martí, ejerciendo influencias negativas en el proceso unitario de las fuerzas revolucionarias en su conjunto, dañando así, el esfuerzo por la liberación de nuestro pueblo. Mientras tanto, la experiencia viva de la lucha, adquirida a costa de la sangre de miles de compañeros y la asimilación de las enseñanzas revolucionarias de otros pueblos llevaron al conjunto de nuestra organización: dirección, cuadros y base, a avanzar junto con la lucha de nuestro pueblo, enriqueciendo el pensamiento y desarrollando las líneas y orientaciones, abriéndose así como es natural, una confrontación de ideas en el marco de las normas partidarias de los estatutos que rigen a nuestro partido.

3. Las desviaciones de Marcial se fueron agravando en la medida que se desarrollaba la guerra popular y la necesaria lucha ideológica interna para responder a dichos avances. Empecinado en sus opiniones y con las negativas características de su personalidad, Carpio se valió de su condición de primer responsable de las FPL «Farabundo Martí» para hacer prevalecer sus opiniones; fue

violando cada vez con más frecuencia y en asuntos cada vez más trascendentales los principios revolucionarios de funcionamiento de nuestro partido, irrespetando los organismos de dirección, sus decisiones y acuerdos ya aprobados colectivamente por los mismos, actuando de espaldas de nuestro partido.

4. El aspecto más agudo de esta conducta de Carpio se dirigió en contra de la Compañera Comandante Ana María, Mélida Anaya Montes, segundo responsable de las FPL, a quien veía con rivalidad, con una exacerbado egocentrismo y al final con odio, opinando que Ana María le hacía sombra a su prestigio personal; Marcial fue alejándose cada vez más de la dinámica del pensamiento colectivo de nuestra organización, y de los organismos de dirección quienes nunca lo apoyamos en su actitud contra Ana María. Mientras todo el colectivo de dirección de las FPL «Farabundo Martí» se ligaba estrechamente a las bases de nuestro partido, masas y combatientes, librando junto a ellos la lucha diaria, Marcial se fue alejando de la dirección y de la base, rodeándose de un grupo de elementos que veían en la relación con él, una fuente de prestigio y de autoridad dentro de nuestro partido. Estos elementos rendían un verdadero culto a la personalidad de Marcial, lo adulaban, propagandizaban, derivando en un verdadero fanatismo hacia su persona que si bien no logró apoderarse de la mente de la militancia de las FPL, sí afectó a algunos compañeros.

5. En enero y febrero de 1983 tuvieron lugar reuniones de la Comisión Política y luego del Comando Central de las FPL «Farabundo Martí», preparatorias del Séptimo Consejo Revolucionario, máximo organismo de nuestro partido, en dicha reunión la totalidad de los miembros del Comando Central, con excepción de Marcelo y Marcial tomó acuerdos y medidas que permitieron aplicar nuestra línea estratégica general a las nuevas condiciones creadas para asegurar el avance de la guerra popular de liberación.

Salvador Cayetano Carpio como miembro de esos organismos y primer responsable de ellos tuvo la más amplia oportunidad para argumentar a favor de sus puntos de vista, pero no lo hizo con honestidad y franqueza, ni frente al colectivo, donde nunca tuvo la valentía proletaria de plantearlo ante los organismos colectivos de dirección: la Comisión Política, el Comando Central y el Consejo Revolucionario. Por el contrario usó métodos incorrectos y reprobables intentos en la misma reunión del COCEN confundir a sus miembros lanzando acusaciones denigrantes contra Ana María, que contradecía las más elementales normas de la ética revolucionaria y lo degradaban moralmente a él mismo pero sus procedimientos viciados, sus métodos e intenciones malsanos, fueron rechazadas. Marcial sufrió así una derrota política y una derrota moral por todo el pleno del comando central, con la única excepción de Marcelo; Sin embargo, todavía la Comisión Política y el Comando Central no percibieron la profundidad y gravedad de las deformaciones ideológicas de Marcial, de ahí que las medidas adoptadas por estos organismos apuntaban constructivamente a propiciar un contexto para favorecer su corrección y fortalecer la unidad y la cohesión de nuestro partido, las FPL «Farabundo Martí».

6. El colectivo le hizo a Marcial los señalamientos y críticas en la forma más fraterna, propiciando a la vez condiciones partidarias para que superara el problema como revolucionario. El Comando Central en una expresión de madurez y alto espíritu partidario reiteró su confianza en Marcial como primer responsable y fundador de nuestra organización, confió en su capacidad para superar las debilidades y corregir sus desviaciones, pero Marcial no estaba ya ubicado dentro de los intereses colectivos del partido, de las fuerzas revolucionarias, de la clase obrera, ni del pueblo. Marcial había dejado de ser aquel dirigente del pueblo conocido en el pasado, grandes deformaciones políticas, ideológicas y morales

estaban terminando de afectar su conducta y personalidad, agregando todo ello a su rezago a la realidad del proceso y de nuestro partido.

7. Salvador Cayetano Carpio habiendo perdido ya toda la perspectiva y el respeto que para las FPL «Farabundo Martí» merece la confianza de nuestro pueblo, enceguecido por sus ambiciones políticas y su fanático auto-engrandecimiento, ordenó y planificó junto con Marcelo el asesinato de la Compañera Comandante Ana María, perdiendo así él mismo, su calidad de revolucionario y dirigente de nuestro pueblo, utilizando para ello un grupo de combatientes sujetos a la disciplina militar y en complicidad con elementos del personal de seguridad de la compañera. Descubierto Carpio en su crimen, optó en su último acto de cobardía política, por el suicidio para evadir su responsabilidad y salvar su nombre ya manchado por la infamia que él mismo se echó encima. Prefirió morir manteniéndose aferrado a su egocentrismo y auto-veneración. Antes de suicidarse Marcial añade a su ya incorregible cobardía política, una nueva infamia escribiendo unas cartas, una de ellas dirigida al Comando Central donde presentaba los hechos como una conspiración de falsos revolucionarios en contra de lo que denominaba como su «intachable trayectoria de verdadero revolucionario»; Marcial dejó así veneno para continuar dañando a la revolución y a nuestra organización, en una acción igualmente desesperada y ciega para salvar su imagen por encima de todo. Pero el asesinato que cometió contra Ana María está total y absolutamente comprobado. El VII Consejo Revolucionario de las Fuerzas Populares de Liberación —FPL— «Farabundo Martí» realizado en el mes de agosto de 1983 en Chalatenango, conoció estas pruebas concluyentes y estudió el fenómeno en toda su profundidad, en sus factores determinantes y condicionantes, adoptando una resolución de condena a Marcial por unanimidad.

Estos acontecimientos, deformaciones y desviaciones no tienen precedentes en la vida de las FPL «Farabundo Martí»; sin embargo, producto de la influencia, confusión, resentimiento, oportunismo y el fanático culto a la personalidad de Marcial, algunos pocos ex compañeros fueron sorprendidos y han llegado al extremo de separarse de nuestro partido, tratando de fraccionar y dividir la unidad interna de las FPL, con métodos desviados y dañinos para la revolución y nuestro pueblo que solo favorecen al enemigo; este grupo sostiene las posiciones atrasadas, sectarias y antiunitarias levantadas por Marcial, niegan el papel de Vanguardia revolucionaria del FMLN y se autoproclama representante de los intereses de la clase obrera, niegan el papel que pueden jugar en nuestro proceso todas las fuerzas democráticas y progresistas junto a las clases trabajadoras, están empecinadas a un profundo pensamiento y práctica antipartido. A este grupo de individuos, está ligado el recién aparecido Movimiento Obrero Revolucionario Salvador Cayetano Carpio con ello pretenden levantar la figura de Carpio ante nuestro pueblo, cuando está claro y comprobado que a causa de su descomposición ideológica Marcial terminó traicionando los intereses de la clase obrera y haciéndole un irreparable daño a la revolución.

Frente a todas las calumnias propagadas por este grupo, acerca de supuestos desviaciones de las FPL y de todo el FMLN, hay un hecho indiscutible que está a la vista de todo el mundo: el poderoso avance revolucionario, las contundentes victorias político-militares conquistadas por las fuerzas del pueblo, la crítica situación político-militar en que se encuentra la dictadura por el hecho de que el nivel de unidad y consolidación del FMLN. Los revolucionarios conocemos a profundidad las prácticas y medidas desarrolladas por el imperialismo encaminadas a destruir los movimientos revolucionarios, para lo cual se trazan como uno de los primeros objetivos la división de las organizaciones de vanguardia de los pueblos. En nuestro país, son innumerables los esfuerzos y las medidas que el imperialismo yanqui y sus títeres internos implementan para dividir a la vanguardia de nuestro pueblo, el FMLN y a cada una de sus organizaciones integrantes. Para nadie es desconocido que recientemente en Granada, un grupo de revolucionarios fue instrumentalizados directa e indirectamente por el imperialismo para provocar una división y enfrentamiento dentro del partido La Nueva Joya; esto creó las condiciones propicias a los agresores imperialistas yanquis, para justificar y consumar la invasión a Granada, asestándole un golpe estratégico a la revolución.

Llamamos a este grupo de elementos a la cordura y reflexión y a comprender que su actitud es dañina a los intereses de todo el pueblo siendo el enemigo el único beneficiado.

La actitud de todo revolucionario ante los nefastos planes del imperialismo, la oligarquía y su dictadura títere es fortalecer la unidad interna entre los revolucionarios y consolidar al FMLN.

Para finalizar, el Comité Central de las Fuerzas Populares de Liberación FPL «Farabundo Martí» al pueblo salvadoreño y a los pueblos del mundo expresa:

1) Que les manifestamos a todos aquellos compañeros confundidos o engañados que las filas de nuestra organización están abiertas para todos aquellos que quieran incorporarse nuevamente, cerrando filas y unificando nuestros esfuerzos por derrotar a los enemigos del pueblo.

2) Que condenamos el brutal asesinato de nuestra compañera comandante Ana María, segunda responsable de nuestra organización, así como a los culpables del mismo: Salvador Cayetano Carpio (Marcial) y Rogelio Basaglia (Marcelo) y demás participantes; de igual forma reprobamos el cobarde suicidio de Carpio.

3) Que la pérdida irreparable de la inolvidable compañera Mélida Anaya Montes, forjadora y baluarte del pensamiento

unitario de nuestro pueblo, fortalece la moral combativa de nuestra organización, la decisión de fortalecer el desarrollo unitario del FMLN y la decisión de lucha infatigable, profundiza nuestro amor al pueblo y la resolución de vencer, la voluntad de ser libres y de llevar la revolución contra el imperialismo y la explotación hasta el final.

4) Las FPL «Farabundo Martí» estamos comprometidas indisolublemente con la clase obrera y el pueblo. Nuestra fortaleza, nuestra convicción y nuestra decisión descansa en la inquebrantable confianza, en la ilimitada capacidad creadora y revolucionaria del proletariado y del pueblo, con la confianza absoluta en la victoria popular.

5) Que las FPL «Farabundo Martí» como organización revolucionaria templada en el curso de la heroica lucha del pueblo salvadoreño es capaz de depurarse y avanzar con firmeza en el forjamiento de la unidad de todo el pueblo en el desarrollo de la lucha revolucionaria.

6) Que la reunión plenaria del Séptimo Consejo Revolucionario ratificó la línea estratégica político-militar de nuestra organización y enriqueció en base a las nuevas experiencias y exigencias de la organización. La denominación del Séptimo Consejo Revolucionario «Todo el pueblo dispuesto a derrotar la intervención del imperialismo yanqui» dedicado a nuestro segundo responsable Comandante Ana María y demás héroes y Mártires de la revolución, recoge el espíritu y disposición de las FPL y de todo el pueblo de combatir y vencer a las tropas yanquis o de otros títeres que agredan nuestro suelo patrio al igual trazó los lineamientos para combatir junto al FMLN a alcanzar la victoria popular definitiva.

7) Igualmente hacemos un llamado a la clase obrera, al pueblo

trabajador, a los sectores democráticos y progresistas, a no dejarse confundir por la campaña de calumnias y mentiras propaladas por el enemigo y por todos aquellos que hacen el juego directa o indirectamente; a incorporarse masivamente a la lucha armada revolucionaria, a contribuir con la misma, a emprender las batallas decisivas y definitivas contra los enemigos del pueblo, a impulsar decididamente la lucha por las reivindicaciones políticas, económicas y sociales; a tomar de inmediato todas las medidas para evitar la intervención yanqui o de otras fuerzas en nuestro país y a enfrentar con resolución cualquier intento de agresión a nuestra patria; a fortalecer la unidad del pueblo en torno a su vanguardia el FMLN y cerrar filas en contra de nuestros enemigos de clase.

Viva la unidad político-ideológica y orgánica de las FPL-Farabundo Martí!

Viva el Frente Farabundo Martí para la Liberación Nacional!

Guerra al imperialismo, la oligarquía y su dictadura títere!

Revolución o muerte... el pueblo armado vencerá!

Proletarios de todos los países unidos!

Unidos para combatir hasta la victoria final!

Revolución o muerte, venceremos!

Por el Comité Central de las Fuerzas Populares de Liberación —FPL— «Farabundo Martí», firman los miembros de su Comisión Política:

Leonel González: Primer Secretario y Comandante en Jefe de las FAPL

Dimas Rodríguez: Segundo Secretario y segundo jefe de las FAPL

Milton Méndez

Salvador Guerra

Facundo Guardado

Mayo Sibrián

Ricardo Gutiérrez

Jesús Rojas

Valentín

Miguel Castellanos

Chalatenango, 9 de diciembre de 1983.

Comunicado de la Comisión Política de las FPL al Partido y Fuerzas Armadas

La Comisión Política de las FPL, del Frente Farabundo Martí, se dirige a todas las Direcciones Políticas de Partido, Jefaturas, estructuras militares, cuadros bases y combatientes de las FAPL, al finalizar el año de 1983.

El saldo en este año se inclina favorablemente en su lucha contra la oligarquía y sus amos, los imperialistas norteamericanos. Las perspectivas de 1984 son de victoria sobre nuestros enemigos de clase, en la lucha por un gobierno anti-oligárquico y anti-imperialista, fiel expresión de los intereses de la Clase Obrera y del campesinado.

El año de 1983 ha significado para nuestra Organización, para nuestro Pueblo, haber alcanzado trascendentales triunfos que registrarán las páginas de nuestra historia, en la lucha por la liberación definitiva y la construcción de la sociedad justa, libre de la explotación y la opresión.

La dictadura pro-oligárquica ha sido estremecida por los golpes militares de las FAPL. Su ejército títere ha sufrido serias derrotas, lo cual lo ha obligado a realizar una serie de reestructuraciones para evitar su precipitada descomposición y derrota.

Es relevante destacar la política guerrerista y fascista de la actual administración Reagan que tiene a la humanidad al borde de una guerra nuclear. Pretende negar el derecho de los pueblos de luchar por alcanzar su independencia, democracia y el cambio revolucionario.

Con la cobarde agresión a la pequeña Isla de Granada, quiso establecer un proceso contra los pueblos que marchan hacia su liberación y pretende asestar un golpe mortal a la revolución Centroamericana agrediendo a El Salvador y Nicaragua.

Esta política demencial de Ronald Reagan se ha ganado el repudio general que no ha podido detener, no ha podido chantajear la firma política de la Unión Soviética y el Campo Socialista en su lucha por la paz, por el desarme nuclear y por detener el empuje incontenible de los pueblos que combaten por su liberación nacional.

El año de 1983 ha significado alcanzar, a través de las diferentes campañas militares impulsadas en este año, grandes avances en el desarrollo de la guerra, principalmente las campañas «Independencia, libertad y democracia para El Salvador» y «Fuera yanquis de Granada y Centroamérica», de las cuales damos a conocer los siguientes resultados:

- 6 974 bajas, entre muertos y heridos
- 1 500 prisioneros de guerra
- 3 206 fusiles recuperados
- 297 armas de apoyo
- 11 helicópteros averiados y uno derribado
- 6 aviones averiados y uno derribado
- 166 poblados tomados

Hemos asestado un golpe demoledor a la dictadura genocida con la maniobra militar en Chalatenango denominada «Unidos venceremos a la dictadura y al agresor yanqui», que consistió en la destrucción de la 4ª. Brigada y el aniquilamiento de dos batallones, ataque al destacamento militar número uno de Chalatenango, toma de San Rafael, El Paraíso y aniquilamiento de la Guarnición que custodiaba el puente Soyate.

Iniciamos la nueva Campaña del FMLN «Todo el pueblo enfrenta la intervención imperialista hasta vencer», dicha maniobra es la principal victoria militar del FMLN en 1983.

La participación popular de nuestro pueblo, ha permitido el desarrollo de nuestras fuerzas políticas y militares, las Fuerzas Armadas Revolucionarias se han convertido en Unidades de Fuerzas Regulares con mayor experiencia técnica y sobre todo con una alta moral combativa. La unidad del pueblo, expresada en su Vanguardia, el FMLN, ha alcanzado mayores niveles de coordinación y simultaneidad en su accionar político-militar.

El apoyo y solidaridad internacional de los pueblos del mundo, ha generado un amplio frente de contención contra la escalada de Intervención que sufre nuestro pueblo. El apoyo diplomático se ha expresado en condena contra la Dictadura genocida y la política agresiva de E.U.A. en los principales foros internacionales.

Nuestro Partido ha sido sometido a graves hechos: el asesinato de nuestra segunda responsable, comandante Ana María y el suicidio de nuestro Primer Responsable y el surgimiento de la escisión que atenta contra la unidad de nuestro Partido. Pero sobresale la realización de la histórica plenaria de nuestro Consejo Revolucionario que ha llenado a nuestro partido de mayor cohesión y ha permitido alcanzar mayores niveles de madurez político-ideológica en el camino de la construcción del nuevo Partido de la Clase Obrera.

El año de 1984 lo enfrentamos con mejores condiciones políticas y militares; estamos dotados de una línea estratégica para el período de mayor consolidación, con la participación de las masas populares, y mayores niveles unitarios del FMLN. Esto presagia para el nuevo año, el arribo a las batallas definitivas por la Toma del Poder, y esto constituirá no solo derrotar a la oligarquía, su dictadura y su ejército títere, sino también derrotar la agresión de los imperialistas norteamericanos y la instauración del Gobierno Anti-oligárquico y Anti-imperialista que lleve adelante las transformaciones políticas, económicas y sociales que nos permitan avanzar hacia el Socialismo y el Comunismo.

¡Revolución o muerte, venceremos!

¡Revolución o muerte! ¡El pueblo armado vencerá!

¡Proletarios de todos los países, unidos!

Comandante Leonel González
Primer Secretario de las FPL Farabundo Martí y comandante de las FAPL

Comandante Dimas Rodríguez
Segundo Responsable de las FPL Farabundo Martí y segundo comandante de las FAPL

Fuerzas Populares de Liberación Farabundo Martí, integrantes del FMLN

Chalatenango, 31 de diciembre de 1983

Parte de Guerra No. 1

De la Comandancia General de las Fuerzas Armadas Populares de Liberación de las FPL «Farabundo Martí», miembro del FMLN

Informamos a la clase obrera y a todo nuestro pueblo y demás pueblos del mundo, que el día 30 de diciembre, a las 02.00 horas: La agrupación de batallones de Unidades de Vanguardia «Comandante Felipe Peña Mendoza» del Frente Farabundo Martí para la Liberación Nacional, iniciaron un fulminante ataque contra la Cuarta Brigada de Infantería, ubicada en El Paraíso, departamento de Chalatenango, compuesta por cuatro batallones de cazadores.

El fuego inició con un masivo ataque de nuestras Unidades de Artillería, usando morteros de 81 y 120 milímetros. Y cañones de 90 milímetros.; fomentando de inmediato el avance de las tropas de infantería, aniquilando en las primeras horas, cinco garitones del cuartel de la Brigada. Luego nuestras tropas asaltaron los nueve dormitorios, la guardia de prevención (...), El Polvorín, La Ulancia (...) y el puesto de mando donde se alojaban los coroneles y oficiales del cuartel. De inmediato las instalaciones fueron demolidas una a una, provocando el incendio en todo el cuartel.

A las 07.00 horas, controlamos el cuartel, causándole al enemigo centenares de soldados muertos y más de una docena de oficiales, destruyendo todos los arsenales y recuperando una tanqueta, varios vehículos militares y gran cantidad de pertrechos de guerra.

Esta maniobra se combinó con el asedio al destacamento militar Nº 1, asentado en la ciudad de Chalatenango. En este asedio participó el batallón «Rafael Aguiñada Carranza», del Frente Farabundo Martí para la Liberación Nacional. Simultáneamente se desalojó a una compañía del pueblo de El Paraíso; se atacó a la Guardia Nacional en San Rafael y se aniquiló a la guarnición que custodiaba el puente sobre el río Soyate, en la carretera que conduce de Chalatenango a San Salvador.

En horas de la tarde de este día 30 de diciembre, se han dado cruentos combates (...) la Cuarta Brigada de la dictadura. Esta acción revolucionaria se denomina «Unidos venceremos a la dictadura y a la intervención imperialista», la cual inaugura la nueva campaña del Frente Farabundo Martí para la Liberación Nacional «Todo el pueblo dispuesto a enfrentar la intervención yanqui hasta vencer».

Este golpe provocará un serio desequilibrio en las fuerzas de la dictadura, al destruir una de las seis brigadas, a la cual los asesores yanquis habían prestado especial atención en su entrenamiento. Asimismo, uno de los batallones cazadores aniquilados (...) que regresó de Puerto Castillo, Honduras, donde fue entrenado y armado por el ejército Yanqui.

Este parte de guerra es de carácter preliminar.

Llamamos a la clase obrera, a todo el pueblo salvadoreño y a los demás pueblos del mundo a mantenerse pendientes de los acontecimientos heroicos y victoriosos que se dan en todo el territorio de Chalatenango.

¡Gloria eterna a los héroes y mártires de nuestra guerra de liberación!

¡Unidos para combatir hasta la victoria final!

¡Revolución o muerte... venceremos!

¡Revolución o muerte! ¡El pueblo armado vencerá!

Por la Comandancia General de las Fuerzas Armadas Populares de Liberación de las FPL «Farabundo Martí», miembros del Frente Farabundo Martí para la Liberación Nacional. Firman los Comandantes:

Leonel González

Dimas Rodríguez

Milton Méndez

Salvador Guerra y

Ricardo Gutiérrez

Anexo: Allanamiento y toma de la casa del maestro de San Salvador

Escrito por el Profesor Noé Torres

"Aquella tarde del viernes 28 de julio de 1978, el Magisterio Salvadoreño escribió con la mano y la pluma de sus dignos dirigentes una página de supremo sacrificio y otra de valentía y gloria eterna. Esa tarde cientos de policías nacionales combinados con la guardia nacional, rodearon la manzana y la casa número 620 de la cuarta calle oriente, donde funcionaba la casa de la Asociación Nacional de Educadores Salvadoreños — ANDES 21 DE JUNIO. La casa fue transgredida y tomada por encargo del Gobierno presidido por el General Carlos Humberto Romero (1977-1979). El irrespeto del Gobierno con lujo de barbarie a través de su Institución de "seguridad" fue terrible, entraron disparando con sus armas de guerra.

Los maestros que se encontraban en actividades normales propias del gremio magisterial y de la Cooperativa de Ahorro y Crédito de la Asociación Nacional de Educadores Salvadoreños fueron obligados a lanzarse boca abajo al suelo y para intimidarlos más, dispararon ráfagas hacia las paredes de la casa. Unos cuarenta maestros aproximadamente fueron vejados, capturados y subidos a un camión militar, trasladados a las cárceles secretas de la Policía Nacional.

El brutal acontecimiento se dio a conocer de inmediato por radio YSAX, gracias a la habilidad de un maestro que estando dentro de la casa tomada pudo salir, introduciéndose por el techo de una imprenta adyacente y denunciar el hecho a través de la emisora. Cientos de maestros acudieron al instante a la casa del maestro y con valientes gritos rechazaron aquella acción y exigían el respeto a los maestros. Fueron capturados con amañados métodos los profesores: Salvador Sánchez Cerén, Pedro Bran Arévalo, Ana María Castro Guzmán de Argumedo, Raquel Pérez de Cañas y aproximadamente 36 maestros más. Después, cada paso embustero del Gobierno era vigilado de cerca por cientos de maestros que no permitieron la desaparición física de Salvador y Pedro, que era el propósito del Gobierno. La presión y denuncia de los maestros obligó a que en menos de 72 horas el gobierno dejara en libertad al mayor número de maestros capturados y a partir de entonces comenzó lo que podría nombrarse —si no fuese por el sufrimiento— "la danza de la muerte" Salvador y Pedro fueron encarcelados primero en cárceles internas y secretas de la Central de la Policía Nacional, luego trasladados clandestinamente a las cárceles públicas de Nueva San Salvador hoy Santa Tecla, posteriormente a la Penitenciaría de Santa Ana, después a la Penitenciaría de Morazán y en todas partes los maestros capitalinos y departamentales seguían la huella y acompañaban el sufrimiento de los dignos maestros presos con su sufrimiento, exigiendo al gobierno el respeto a la vida de los compañeros y su libertad inmediata. Así lo cuentan las compañeras: Marina Estela Peñate, Angelita Soriano, Otilia Serrano entre otras quienes trabajaron en aquella hermosa batalla por y para la libertad. No pudo contarlo Héctor Ramón Guardado porque fue asesinado por los Escuadrones de la Muerte del gobierno cuando transitaba la calle Gabriela Mistral. Tampoco lo pudieron hacer Carlos Barrera, Nicolás Morales, Margot Pascasio de López, maestros aún desaparecidos por lo que el magisterio esta esperando un acto de contrición del Gobierno explicando su paradero".

Hoy he querido retomar el relato de Noé Torres y las compañeras de ANDES de esa época, representantes actuales de Docentes por el Cambio para recordar y ampliar los hechos del ALLANAMIENTO Y TOMA DE LA CASA DEL MAESTRO DE SAN SALVADOR, que planteo en el capítulo II "De Maestro a clandestino".

Salvador Sánchez Cerén

Cateo y captura de más de 30 maestros en la casa del maestro,
28 de julio de 1978. La Prensa Gráfica

Profesoras Ana María Castro Guzmán, Raquel Pérez de Cañas, Pedro Bran Arévalo y Salvador Sánchez Cerén son consignados al Juzgado Tercero de Paz. *El Diario de Hoy*, 31 de julio de 1978.

Maestros, sindicalistas, campesinos y estudiantes se movilizaban a la cárcel de Nueva San Salvador para garantizar la vida y libertad de sus compañeros de lucha. Instalaciones lucen abandonadas en proceso de restauración como parte del futuro museo de la ciudad.

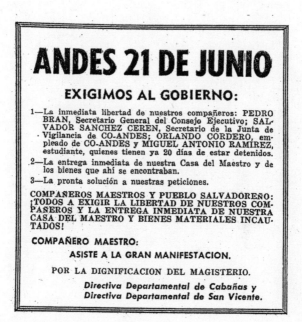

ANDES 21 DE JUNIO

EXIGIMOS AL GOBIERNO:

1—La inmediata libertad de nuestros compañeros: PEDRO BRAN, Secretario General del Consejo Ejecutivo; SALVADOR SANCHEZ CEREN, Secretario de la Junta de Vigilancia de CO-ANDES; ORLANDO CORDERO, empleado de CO-ANDES y MIGUEL ANTONIO RAMIREZ, estudiante, quienes tienen ya 20 días de estar detenidos.

2—La entrega inmediata de nuestra Casa del Maestro y de los bienes que ahí se encontraban.

3—La pronta solución a nuestras peticiones.

COMPAÑEROS MAESTROS Y PUEBLO SALVADOREÑO: ¡TODOS A EXIGIR LA LIBERTAD DE NUESTROS COMPAÑEROS Y LA ENTREGA INMEDIATA DE NUESTRA CASA DEL MAESTRO Y BIENES MATERIALES INCAUTADOS!

COMPAÑERO MAESTRO:

ASISTE A LA GRAN MANIFESTACION.

POR LA DIGNIFICACION DEL MAGISTERIO.

Directiva Departamental de Cabañas y
Directiva Departamental de San Vicente.

Campo pagado de Andes 21 de junio, publicado en *La Prensa Gráfica*, el 21 de agosto de 1978.

Bibliografía consultada

ARIAS GÓMEZ, JORGE: *Farabundo Martí. Esbozo biográfico*, San Salvador, Editorial Abril Uno, 2005.

ANDERSON, THOMAS: *El Salvador 1932*, San José, EDUCA, 1982.

ARMSTRONG, ROBERT Y JANET S. RUBIN: *El Salvador: el rostro de la revolución*, San Salvador, UCA Editores, 1972.

EQUIPO MAÍZ: *Historia de El Salvador*, 2005.

HARNECKER, MARTA: *Con la mirada en alto, historia de las Fuerzas Populares de Liberación Farabundo Martí*, San Salvador, UCA Editores, 1993.

MARTÍNEZ PEÑATE, OSCAR Y MARÍA ELENA SÁNCHEZ: *El Salvador diccionario: (personajes, hechos históricos, geografía e instituciones)*, San Salvador, Nuevo Enfoque, 2000.

MONTES, MÉLIDA ANAYA: *La segunda gran batalla de ANDES*, San Salvador, Editorial Universitaria de El Salvador, 1972.

NACIONES UNIDAS: *Acuerdos de El Salvador: En el camino de la paz*, ONUSAL, junio 1992.

RAMÍREZ OCAMPO, AUGUSTO: *Contadora. Pedagogía para la paz y la democracia*, Santa Fe de Bogotá, Ministerio de Relaciones Exteriores, 1986.

SANTACRUZ, DOMINGO: «La construcción del partido FMLN y el aporte de las cinco organizaciones históricas que lo constituyeron», 30 de julio de 2005.

VALLE, VÍCTOR: *Siembra de vientos: El Salvador 1960–69*, El Salvador, CINAS, 1993.

WEBRE, STEPHEN: *José Napoleón Duarte y el Partido Demócrata Cristiano en la política salvadoreña*, San Salvador, UCA Editores, 1985.

WHITE, ALASTAIR: *El Salvador*, San Salvador, UCA Editores, 1987.

Elementos de la estrategia político-militar de las FPL, enero 1976.

Cronología del origen y desarrollo del FMLN, Octubre 2002.

Índice de siglas

AGEUS Asociación General de Estudiantes Universitarios Salvadoreños

ANDES 21 de Junio Asociación Nacional de Educadores Salvadoreños

ARENA Alianza Republicana Nacionalista

BPR Bloque Popular Revolucionario

CONDECA Consejo de Defensa Centroamericano

COPAZ Comisión para la Consolidación de la Paz

CD Convergencia Democrática

CDI Centro de Desarrollo Infantil

CEMFA Centro de Entrenamiento Militar de la Fuerza Armada

CG Comandancia General

CGS Confederación General Salvadoreña

CP Comisión Política

CPDN Comité Permanente del Debate Nacional

CRM Coordinadora Revolucionaria de Masas

CSJ Corte Suprema de Justicia

DRU Dirección Revolucionaria Unificada

EGP Ejército Guerrillero de los Pobres-Guatemala

END Ejército Nacional para la Democracia

ERP Ejército Revolucionario del Pueblo

FENASTRAS Federación Nacional de Sindicatos de
Trabajadores Salvadoreños

FESTIAVTSCES Federación Sindical de Trabajadores
Textiles de Industria del Alimento, Vestido, Textiles,
Similares y Conexos de El Salvador

FAPU Frente de Acción Popular Unificada

FAL-PCS Fuerzas Armadas de Liberación

FAPL Fuerzas Armadas Populares de Liberación

FARN Fuerzas Armadas de la Resistencia Nacional

FDR Frente Democrático Revolucionario

FECCAS Federación Cristiana de Campesinos Salvadoreños

FMLN Frente Farabundo Martí para la Liberación Nacional

FPL Fuerzas Populares de Liberación «Farabundo Martí»

FSLN Frente Sandinista de Liberación Nacional

FSR Federación Sindical Revolucionaria

FTC Federación de Trabajadores del Campo

FUAR Frente Unido de Acción Revolucionaria

FUSS Federación Unitaria Sindical de El Salvador

ONUCA Grupo de Observadores de las Naciones Unidas
para Centroamérica

GN Guardia Nacional

LP-28 Ligas Populares 28 de Febrero

MERS Movimiento Estudiantil Revolucionario de Secundaria

MIPTES Movimiento Independiente de Profesionales
y Técnicos de El Salvador

MLP Movimiento de Liberación Popular

MNR Movimiento Nacional Revolucionario

Notas

Prólogo del padre Miguel D'Escoto

1. El prologuista se refiere —y más adelante profundizará— al levantamiento campesino ocurrido el 22 de enero de 1932 que concluye en etnocidio. Entre las causas del levantamiento están el malestar social provocado por la decadencia permanente de las condiciones de vida de las clases pobres y las elecciones fraudulentas de 1931 en que «llega» al poder Maximiliano Hernández Martínez. [A partir de esta, las siguientes notas de la editora serán marcadas por números continuos y las del autor se indicarán con un asterisco (N. de la E.)].

2. El prologuista se refiere al libro del intelectual salvadoreño Roque Dalton: *Miguel Mármol*, Ocean Sur, 2007.

I. Tiempo de juventud

3. En algunos países latinoamericanos, se llama chibola al balón o pelota; en El Salvador se denomina así a las canicas o bolas y, por metonimia, al juego de canicas. La mica es un juego al aire libre que consiste en que un niño(a) es la mica —nombre despectivo que se le da a la hembra del mono— y debe perseguir y tratar de tocar a otro para deshacerse de la mica mientras el resto corre huyendo. Capirucho o balero o güimba es una pieza de madera o plástico moldeada como cono con un agujero en la parte inferior en el cual se ensarta un palito sostenido por un hilo que pende del propio capirucho; el juego consiste, por tanto, en «enchutar» el capirucho. Piscuchas se le llama al papalote o chiringa (Puerto Rico).

4. La *pupusa*, comida típica de El Salvador y de Centroamérica en general, es una tortilla de maíz rellena de chicharrón, queso o frijoles.

5. La madera raspada que sobra al lijar un tablón; también llamada *viruta*.

6. Palabra usada en El Salvador y Honduras para designar a lo niños (en El Salvador también significa novio que enamora a piedritas y piropos).

7. *Chinear* es tener en brazos a un niño pequeño; consentir, mimar.

II. De Maestro a clandestino

8. Tener cuello es gozar del trato preferencial o privilegiado. Chero es amigo.

9. *Cuma* es herramienta de labranza similar al machete con la punta en curva.

V. Tiempo de guerrillas

10. Los *miguelitos* son clavos utilizados en calles y carreteras para impedir el paso de vehículos.

11. *Elfaro.net*, entrevista de Alicia Miranda a Leonel González, 11 de marzo de 2005.

VI. Tiempo de guerra

12. La estadounidense Lori Berenson fue arrestada el 30 de noviembre de 1995 en Lima, Perú, acusada de liderar una organización insurgente, el Movimiento Revolucionario Túpac Amaru (MRTA). Actualmente cumple una condena de 20 años por colaboración con el terrorismo. Más información en la página del Comité para la liberación de Lori Berenson: www.lorilibre.org/quien.htm

VIII. Chapultepec y la oportunidad del cambio

13. La Administración norteamericana no dio respiro ni oportunidad al cambio político en Nicaragua, organizando una guerra de desgaste contra la Revolución sandinista por el temor a que su ejemplo fuera seguido por otros pueblos de la región y de América Latina. Su política hacia Cuba se ha basado en esta misma estrategia.

14. La Tandona fue un grupo de militares de la misma generación unidos por una afinidad política fiel al tradicionalismo y a los intereses históricos de la derecha salvadoreña.

IX. Balance de mi vida

15. Iosu Perales es politólogo, autor de varios libros sobre la región.

RETAZOS DE MI VIDA
TESTIMONIO DE UNA REVOLUCIONARIA SALVADOREÑA

LORENA PEÑA

258 PAGINAS | ISBN 978-1-921438-42-4

"Este libro no sólo describe la vida de Lorena, también sintetiza el testimonio de las mujeres revolucionarias salvadoreñas, su heroísmo, su valentía, su entrega, su disposición al sacrificio y su indignación ante cualquier manifestación de injusticia. Una revolucionaria es una mujer que persigue los sueños todos los días de manera apasionada y apasionante, una mujer que se entrega a lo que cree, que le indigna la injusticia, que tiene un sesgo a favor de los de abajo, que cree en la solidaridad y la practica, que se sacrifica cuanto sea necesario para alcanzar los objetivos de la lucha, que estudia para enriquecer el pensamiento y hacer de las ideas una fuerza efectiva y transformadora, que ve con rigor crítico la realidad y su propio quehacer, que descubre la alegría y el sentido de la vida en medio de las adversidades, una mujer revolucionaria es aquella que cambia y trabaja por los cambios como eje de su conducta cotidiana. Ésta es Lorena, yo le conozco pero de nuevo la descubro en este texto que de manera pedagógica y hasta jodedora describe sus rasgos y su vida en una conjunción indisoluble con nuestra historia, con lo mejor de nuestra historia."

— Roberto Lorenzana, Prólogo de *Retazos de mi vida*

AMÉRICA LATINA
Despertar de un continente
Por Ernesto Che Guevara
La presente antología lleva al lector de la mano, a través de un ordenamiento cronológico y de diversos estilos, por tres etapas que conforman la mayor parte del ideario y el pensamiento de Che sobre América Latina.
494 páginas, ISBN 978-1-876175-71-9

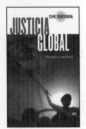

JUSTICIA GLOBAL
Liberación y socialismo
Por Ernesto Che Guevara
Estos trabajos escritos por Ernesto Che Guevara, constituyen verdaderos clásicos sobre solidaridad e internacionalismo, que nos presentan una visión revolucionaria de un mundo diferente en el cual la solidaridad humana, la ética y el entendimiento reemplazan a la explotación y agresión imperialista.
80 páginas, ISBN 978-1-876175-46-7

CHE GUEVARA PRESENTE
Una antología mínima
Por Ernesto Che Guevara
Una antología de escritos y discursos que recorre la vida y obra de una de las más importantes personalidades contemporáneas: Ernesto Che Guevara. Nos muestra al Che por el Che, recoge trabajos cumbres de su pensamiento y obra, y permite al lector acercarse a un Che culto e incisivo, irónico y apasionado, terrenal y teórico revolucionario.
452 páginas, ISBN 978-1-876175-93-1

FIDEL CASTRO
Antología Mínima
Introducción de Felipe Pérez Roque

La voz de uno de los más grandes políticos y oradores de nuestros tiempos, Fidel Castro, vibra en esta antología de sus discursos más representativos, que abarca desde los años cincuenta hasta la actualidad. Con la ola de transformaciones políticas y sociales que ocurren hoy en América Latina, el ideario de Fidel adquiere mayor vigencia.

560 páginas + 26 páginas de fotografías | ISBN 978-1-921438-01-1

PASAJES DE LA GUERRA REVOLUCIONARIA
Edición autorizada
Por Ernesto Che Guevara

Un escrito clásico que recuenta la guerra de revolución en Cuba, que transformó a un pueblo entero, y transformó al mismo Che, desde médico de las tropas, a revolucionario reconocido a través del mundo. Nueva edición que incluye las correcciones propias del autor.

320 páginas, ISBN 978-1-920888-36-7

EL DIARIO DEL CHE EN BOLIVIA
Edición autorizada
Por Ernesto Che Guevara

El último de los diarios del Che, encontrado en su mochila en octubre de 1967, se convirtió de forma instantánea en uno de sus libros más célebres. Esta edición ha sido revisada e incluye un prefacio de su hijo, Camilo Guevara, así como fotos inéditas.

291 páginas, ISBN 978-1-920888-30-5

LA GUERRA DE GUERRILLAS
Edición autorizada
Por Ernesto Che Guevara

Uno de los libros clásicos del Che Guevara, que se ha convertido en objeto de estudio por admiradores y adversarios. Estaba destinado a ser ampliado por un "maestro de la guerra de guerrillas", Camilo Cienfuegos, quien murió antes de poder hacerlo.

165 páginas, ISBN 978-1-920888-29-9

FIDEL EN LA MEMORIA DEL JOVEN QUE ES
Por Fidel Castro

Una selección que compila, por primera vez en un solo volumen, los excepcionales testimonios que en contadas ocasiones el propio Fidel ha dado sobre su niñez y juventud. Fidel Castro habla de su infancia, su formación universitaria, sus primeros momentos como líder estudiantil, hasta los momentos en que se preparaba para el ataque al cuartel Moncada en 1953.

182 páginas, ISBN 978-1-920888-19-0

MIGUEL MÁRMOL
Los sucesos de 1932 en El Salvador
Por Roque Dalton
Texto clásico de la historia contemporánea de El Salvador, en que el revolucionario Miguel Mármol, sobreviviente de la masacre de 1932 en su país, nos narra a través del inmortal poeta Roque Dalton la reconstrucción de esta historia.
401 páginas, ISBN 978-1-921235-57-3

TABERNA Y OTROS LUGARES
Por Roque Dalton
Premio Casa de las Américas en 1969, esta obra reúne poesías compiladas de sus notas y conversaciones en la antigua Checoslovaquia, a lo largo de muchas noches en una taberna en Praga, convertidas en un poema político.
164 páginas, ISBN 978-1-921235-68-9

UNA GUERRA PARA CONSTRUIR LA PAZ
Por Schafik Hándal
Esta es una breve reseña del proceso histórico de la revolución en El Salvador. Contiene un documento escrito por Schafik Hándal acerca de la historia política de El Salvador a lo largo del siglo XX, que explica las causas de los doce años de guerra en el país y la finalización de la misma por medio de la negociación de acuerdos políticos.
160 páginas, ISBN 978-1-921235-13-9

LAS GUERRILLAS CONTEMPORÁNEAS EN AMÉRICA LATINA
Por Alberto Prieto
Las guerrillas latinoamericanas son portadoras de una larga tradición. Desde la conquista hasta nuestros días, ha sido una de las formas de lucha más recurrida en el continente americano. Alberto Prieto nos introduce a los movimientos guerrilleros contemporáneos, desde la epopeya de Sandino hasta la actualidad, profundizando en acontecimientos relevantes y figuras significativas como Fidel Castro y Ernesto Che Guevara.
336 páginas, ISBN 978-1-921235-54-2

OTROS TÍTULOS DE OCEAN SUR

AMÉRICA LATINA ENTRE SIGLOS
Dominación, crisis, lucha social y alternativas políticas de la izquierda
Por Roberto Regalado

Este libro sintetiza las vivencias y reflexiones acumuladas por un testigo privilegiado, activo participante durante más de 30 años en los debates de la izquierda latinoamericana y caribeña.

277 páginas, ISBN 978-1-921235-00-9

CHE GUEVARA Y LA REVOLUCIÓN LATINOAMERICANA
Por Manuel "Barbarroja" Piñeiro

Como encargado de la política internacionalista cubana de apoyo a los movimientos de liberación en América Latina y África, Manuel Piñeiro colaboró de manera muy cercana con Che Guevara en las misiones del Congo y Bolivia. Este libro incluye informaciones poco conocidas acerca del papel de Cuba en América Latina, así como profundas valoraciones sobre la vida y el legado de Che Guevara.

321 páginas, ISBN 978-1-920888-85-5

¿GUERRA O PAZ EN COLOMBIA?
Cincuenta años de un conflicto sin solución
Por Carlos A. Lozano

Un significativo aporte a la discusión del largo conflicto interno, político y armado, que ha azotado Colombia durante los últimos cincuenta años, y la constante búsqueda del pueblo colombiano y la insurgencia por conseguir una solución política al conflicto que lleve a la paz con justicia social.

184 páginas, ISBN 978-1-921235-14-6

INTRODUCCIÓN AL PENSAMIENTO SOCIALISTA
El socialismo como ética revolucionaria y teoría de la rebelión
Por Néstor Kohan

El actual movimiento de resistencia global pone de manifiesto la necesidad de comprender y debatir la teoría socialista. Este texto ofrece una síntesis de la historia del pensamiento socialista mundial, desde una perspectiva latinoamericana.Incluye textos claves de la obra de Carlos Marx, Che Guevara, Fidel Castro, Rosa Luxemburgo, José Carlos Mariátegui, Julio Antonio Mella, Flora Tristán, entre varios otros.

263 páginas, ISBN 978-1-921235-52-8

ocean sur
una nueva editorial latinoamericana